LE
MARÉCHAL PÉLISSIER

2ᵉ SÉRIE GRAND IN-8ᵉ

Le maréchal Pélissier, duc de Malakoff.

LE
MARÉCHAL PÉLISSIER

DUC DE MALAKOFF

Par P. F.

PROFESSEUR D'HISTOIRE

TOURS

ALFRED MAME ET FILS, ÉDITEURS

—

M DCCC XCIV

AU LECTEUR

———

Jeune lecteur, tu es dans l'âge heureux des impressions vives et déjà durables. Celles que tu éprouves maintenant fixeront tes idées et contribueront à la règle de ta vie. Or, le baptême t'a fait fils de Dieu, destiné au ciel ; ta naissance t'a fait fils de la France. Ces deux origines ne sont pas, comme en d'autres pays, contradictoires entre elles : qui dit Français, dans le vrai sens du mot, dit chrétien ; chrétien décidé, à la foi solide, à l'action nette et hardie. Si des révolutions sanglantes, de terribles secousses politiques, des changements brusques dans la direction de ton pays, lui ont enlevé une partie de sa splendeur et de sa foi, intimement unies à travers quinze glorieux siècles d'histoire, la tradition n'en est pas restée moins forte, et elle se perpétue encore en ce siècle malgré les cris des impies et les défaillances des poltrons.

Un Français digne de ce nom est croyant et brave. Ce sont là les deux signes distinctifs dont, naguère encore, la parole imposante d'un pape caractérisait notre nation. C'est par milliers qu'à toutes les époques de notre longue histoire s'en rencontrent les exemples. C'est par milliers que, de nos jours encore, dans les tristes pages de notre dernière guerre (celle que tu n'as pas vue, mais que tous les *vieux* t'ont contée), et jusqu'à l'heure présente, à l'heure où j'écris, des Français, fidèles au vieux sang de la race, ont prodigué et prodiguent leur dévouement aux causes nobles, avec d'autant plus d'ardeur qu'elles paraissent souvent plus abandonnées des puissants.

Les deux plus grands sacrifices de ce monde sont celui de la souffrance volontaire et celui du sang. Les deux plus nobles causes qui les puissent motiver sont : DIEU d'abord, la PATRIE ensuite. La France est la grande pépinière des missionnaires et des soldats. Jeune Français, n'oublie jamais que si la foi et le bon sens te défendent l'orgueil et te commandent l'humilité quant à ta personne, tu as aussi, comme fils de l'Église et enfant du vieux pays, un double devoir : il faut faire honneur à ton baptême, honneur à ta patrie, partout et toujours !

Pour cela, tes maîtres te donnent les plus nobles exemples, et ils en ramassent de tous côtés avec un soin jaloux, afin de te les offrir. En voici de notre siècle et de notre âge. Tu verras, en les lisant, que s'il peut y avoir partout de bons capitaines, de hardis soldats, c'est en France que la valeur militaire a pris son expression la plus pure et la plus complète, par l'intime alliance du dévouement patriotique à la foi catholique. Un historien étranger a dit, avec une pointe de jalousie, que « dans tout Français, en dépit de ses défauts, il y avait une goutte du sang de saint Louis et une goutte du sang de Bayard ». Qui que tu sois, mon modeste petit ami, rappelle-toi cette parole et fais-la fructifier. Naissance oblige !

P. F.

LE

MARÉCHAL PÉLISSIER

DUC DE MALAKOFF

I

PREMIÈRES ANNÉES. — DÉBUTS MILITAIRES

La petite ville de Maromme, chef-lieu de canton dans l'arrondissement de Rouen (Seine-Inférieure), a possédé, depuis le règne d'Henri IV, une fabrique de poudre appartenant à l'État et qui n'a été *désaffectée* que sous le règne de Louis-Philippe. Outre les deux bâtiments spéciaux de manipulation, avec les hangars et les terrains nécessaires, la poudrerie comprenait une jolie maison d'habitation pour le service des bureaux et le logement du directeur. Solidement construite et agréable d'aspect, cette maison, qui faisait coin en bordure sur la route de Rouen, a porté jusqu'à sa désaffectation, au-dessus de la principale porte d'entrée, le distique suivant, qui témoignait à la fois de sa destination et de son âge :

> Ætna hæc Henrico vulcania tela ministrat,
> Tela giganteos debellatura furores[1].

On y reconnaît le goût de mythologie classique de l'époque.

C'est là qu'un jeune ménage vint s'établir dans le courant de l'année 1794; nous disons *jeune*, car le mari, Pierre Pélissier, tout récemment nommé contrôleur des poudres et salpêtres, atteignait à peine sa majorité légale. A ce moment la France, à peine affranchie de la dictature de Robespierre, luttait encore en armes sur toutes ses frontières

[1] Cet Etna fournit à Henri le Grand les traits de Vulcain; traits capables d'abattre la furie même des géants.

contre l'Europe coalisée ; à l'intérieur, la guerre de Vendée était à
l'apogée de son développement ; seul l'uniforme porté sur les champs
de bataille ou le titre d'employé dans une des branches de l'administration de la guerre pouvait éviter aux hommes de cœur et de principes chrétiens le redoutable dilemme de prouver, *par des actes*, leur
attachement personnel à la république, ou de se voir suspecter de
contre-révolution. Or, les Pélissier étaient, — comme la majorité des
braves gens d'alors, qui se tinrent à l'écart des troubles, — imbus de
solide christianisme. Ils venaient remplacer un précédent contrôleur
démissionnaire. Quelques mois après, le 6 novembre, dans une grande
et riante chambre du premier étage qui prenait vue par deux fenêtres
sur la route nationale, et par deux autres sur la plantureuse campagne
normande, naquit notre héros, l'aîné du jeune couple. C'était un gros
garçon d'apparence robuste, qui fut inscrit à l'état civil sous les prénoms de *Jean-Jacques-Amable, fils du citoyen Pélissier (Pierre), contrôleur des poudres et salpêtres, et de la citoyenne Catherine Chartier,
son épouse légitime.* Cet acte existe toujours aux archives de la commune.

Le zélé municipal qui reçut la déclaration aurait, d'après l'un des
biographes, enfant du pays, substitué lui-même, de sa propre autorité,
les noms de *Jean-Jacques* (en souvenir de Rousseau) à ceux de *Marie-
Anne*, qui appartenaient à la marraine de l'enfant, et qu'elle eût désiré
lui donner. La prudence était alors une nécessité ; les époux Pélissier,
de bon ou de mauvais gré, acceptèrent le *Jean-Jacques ;* mais ils ne
désignèrent jamais leur fils que sous son prénom d'*Amable,* qui lui
venait de son parrain. La mention même de ce parrain et de cette
marraine montre qu'en dépit des terribles lois de proscription qui
pesaient sur le clergé fidèle, les coutumes chrétiennes n'avaient pas
cessé de se perpétuer, surtout dans les campagnes et les petites villes ;
Amable fut régulièrement baptisé.

Combien de temps les Pélissier demeurèrent-ils à Maromme ? Nous
ne le savons pas au juste. Il est seulement avéré qu'Amable y passa sa
première enfance. La tradition locale en a conservé le souvenir ; elle
nous le représente studieux, sérieux de caractère, vigoureux de corps
et de santé, vigoureux surtout d'esprit et de résolution. Son trait dis-
tinctif était une indomptable opiniâtreté de volonté ; et le père Pélissier, tout en le corrigeant de cet excès de qualité poussé jusqu'à
devenir un défaut, consolait sa femme par ces mots : « Patience et
fermeté ! Ne crains rien, le garçon sera un homme, tu peux m'en
croire. » Au reste, l'enfant rude et obstiné par tempérament avait un
excellent cœur, et il savait à merveille réparer par un mot ou par un
acte, franchement dit ou accompli, les premières saillies de son impé-
tuosité naturelle. Nous aurons plus d'une anecdote à citer en ce genre
pour démontrer que si Pélissier est toujours resté brusque de carac-

tère, ce défaut, qui n'était que l'expression trop saillante d'une de ses plus hautes qualités, n'a jamais atteint les ridicules proportions que la malignité des petits esprits a prétendu lui donner, et qu'il était, du reste, amplement racheté par les plus beaux dons du cœur et de l'intelligence.

La famille Pélissier s'accrut successivement à Maromme d'un second garçon : *Julien-Nicolas* [1], et d'une fille : *Élisabeth-Catherine-Désirée*. Puis elle quitta Maromme, selon la loi commune à tous les fonctionnaires de l'État, pour les besoins du service et l'*avancement*, et les biographes nous font retrouver Amable Pélissier, âgé de dix-huit ans, au lycée impérial de Bruxelles, dont il était l'un des meilleurs élèves. Depuis 1795, Bruxelles était un simple chef-lieu français. Il est permis de croire que les honorables services du père créèrent une partie des titres du jeune homme à achever ses études secondaires dans ce grand établissement.

L'heure arrivait de faire choix d'une carrière. Le fils du contrôleur des poudres n'hésita pas : celle des armes convenait plus que tout autre à son caractère résolu, à son tempérament robuste et ardent. Mais, contrairement aux habitudes de la jeunesse de cette époque, qui souvent n'attendait pas l'âge d'homme pour déserter les bancs et courir se jeter dans les camps, avec plus de courage que de science, plus d'enthousiasme que de préparation suffisante, Amable Pélissier, suivant les sages conseils de son père, termina avec le plus grand soin le cycle complet de ses études secondaires, aussi bien scientifiques que littéraires, et n'entra au Prytanée de La Flèche qu'en 1814, âgé de dix-neuf ans et demi. Cette large base d'instruction avait, selon une heureuse expression de Pélissier lui-même, « solidement maçonné les fondations de sa carrière. » Une excellente éducation de famille et une direction sage et chrétienne, en imprimant dans cette âme forte leurs ineffaçables traces, la prémunirent contre l'abaissement qu'engendrent, chez les faibles, les corruptions faciles de la jeunesse, et sauvegardèrent les retours complets et définitifs de l'avenir. Pélissier put dire, dans sa vieillesse, à l'évêque d'Alger, Msr Pavy : « J'ai reçu la foi dès mon plus jeune âge, et, malgré tout, je l'ai toujours gardée. »

Le jeune Amable ne fit que traverser le Prytanée, dont l'accès lui était ouvert en sa qualité de fils d'un fonctionnaire du département de la guerre, et il se présenta immédiatement au concours d'admission à l'École spéciale militaire, où il entra deux mois après, avec l'un des premiers numéros. Le 18 mars 1815, il en sortait *sous-lieutenant provisoire* dans l'artillerie de la garde royale. Il n'eut pas la douleur d'assis-

---

[1] Mort jeune. Un troisième garçon naquit plus tard à Vouges (Côte-d'Or), pays originaire de la famille. Il porta les prénoms de Philippe-Xavier, devint général d'artillerie de marine et mourut questeur du sénat, en 1887.

ter aux sanglants et inutiles holocaustes de Ligny et de Waterloo ; sa lettre de service l'avait dirigé sur l'un des corps en formation dans les Vosges. Quand la France fut retombée sans force aux mains de ses vainqueurs peu disposés, cette fois, à la pitié, l'une des conditions mises par les coalisés à la paix fut le licenciement immédiat des débris de l'armée française, alors réunie aux bords de la Loire sous le chef qui avait au plus haut degré la confiance du soldat, sous le maréchal Davoust. Le nouvel officier fut compris dans le licenciement général des cadres ; mais son instruction peu commune et ses aptitudes notoires lui garantissaient un prompt rappel sous l'épaulette ; et tandis qu'un grand nombre de ses camarades, parvenus par leur courage plus que par leur valeur intellectuelle, se voyaient définitivement rejeter lors de la réorganisation, et allaient demander à l'étranger, — et jusqu'en Égypte, — un emploi de leurs forces et de leur bravoure, Pélissier était rappelé à l'activité dès le 25 octobre et placé dans la légion départementale [1] de la Seine-Inférieure. Il se retrouva près des lieux où s'était écoulée sa première enfance, et se fit un plaisir d'y retourner quand les loisirs du service le lui permettaient. Cette joie, toujours si vive pour quiconque a gardé d'heureux souvenirs du premier âge, tempéra l'amertume dont se gonflait son cœur de patriote à la vue de l'étranger vainqueur installé en armes dans plus d'un tiers de la France, en qualité d'occupant militaire. Le général, dans ses entretiens d'Afrique, retraçait plus tard avec une pittoresque véhémence l'ineffaçable impression que lui avaient laissée ses premiers débuts militaires accomplis en face et en quelque sorte sous le regard des envahisseurs du sol national.

Hélas ! une autre génération française devait connaître à son tour ce calice, et cette fois le vider jusqu'à la lie. Dieu fasse que la leçon ne soit pas perdue pour nos enfants !

Cette douleur passa : un ministre de grand cœur, le duc de Richelieu, dévoua sa vie à effacer l'insulte de l'invasion ; il obtint, en 1818, l'évacuation anticipée du territoire national. La France fut enfin chez elle, et sa jeune armée acheva de s'y réorganiser sous la direction d'un des plus glorieux maréchaux de l'empire, de Gouvion Saint-Cyr, à la fois grand homme de guerre et excellent administrateur. La nouvelle loi organique avait créé, pour l'élite des officiers instruits, le corps fermé de l'état-major. Pélissier, qui avait conscience de sa valeur, employa ses heures de loisir à un travail assidu et en recueillit le fruit : au mois de janvier 1819, il était admis dans le corps d'état-major à la suite d'un examen que la commission qualifia de « particulièrement brillant ». Selon les règles adoptées, il devait tour à tour faire un stage avec son grade dans les différentes armes, afin de bien se mettre au

---

[1] C'est le titre que portèrent pendant quelques années les régiments reconstitués.

courant des détails et des exigences variables du service dans chacune
d'elles. Il avait débuté dans l'artillerie; il arrivait de l'infanterie; on le
détacha dans la cavalerie (hussards de la Meurthe). Dix huit mois plus

Maromme : Maison où est né Pélissier.

tard il fut nommé lieutenant. En 1823, son stage ayant pris fin, il passa
au service spécial d'état-major, fut détaché auprès du général Gründler
et, presque aussitôt, partit avec lui pour la première campagne de la
jeune armée : la guerre d'Espagne.

II

L'ESPAGNE. — LA MORÉE. — LE GÉNÉRAL DURRIEU. — IBRAHIM-PACHA

La guerre de 1823 ne fut pas une lutte de nation à nation, mais une vaste intervention militaire, motivée par des raisons d'ordre social et politique, dans un pays ami [1]. Il s'agissait, pour le gouvernement royal, d'arracher le faible Ferdinand VII aux mains d'une faction démagogique des plus violentes pour renouveler et consolider, sur la base des principes communs et des liens du sang, l'union politique des deux pays et des deux monarchies. Au point de vue extérieur, et alors que l'Autriche venait en quelque sorte de se faire déférer l'année précédente [2], et d'accomplir par les armes une intervention semblable dans l'Italie méridionale, pour des faits analogues, le cabinet français n'acceptait pas l'idée qu'une autre puissance que la France pût être chargée d'une mission du même genre en Espagne [3]. Enfin, il y avait là une occasion décisive de montrer à l'Europe la France réorganisée militairement, et achevant de reprendre sa place parmi les grandes puissances par un acte de politique indépendante, personnelle, appuyée sur une armée solide.

Il s'y joignit un motif tout d'actualité, — quoique non cherché, — et d'une sérieuse importance pour le gouvernement royal. Les cadres de la nouvelle armée, composés d'éléments absolument disparates et même hostiles, offraient le spectacle d'un perpétuel antagonisme entre les anciens officiers de la république et de l'empire, d'une part, et les jeunes officiers royalistes, de l'autre. Leurs querelles avaient passé des cadres à la troupe ; six complots militaires contre l'État, en moins de

---

[1] Ce fut Chateaubriand qui la fit décider au congrès de Vérone; il a publié ses motifs et ses vues dans un ouvrage spécial intitulé : *Le Congrès de Vérone.*

[2] Au congrès de Laybach. Une armée autrichienne avait réprimé la révolution de Naples et rétabli le roi sur son trône.

[3] La Prusse s'était d'abord offerte; il eût fallu que ses troupes traversassent le territoire français; Louis XVIII s'y refusa énergiquement.

des populations qui voulaient se venger de la tyrannie des « constitutionnels », le duc d'Angoulême n'hésita pas à reprendre le pouvoir des mains du conseil de régence espagnol qui l'exerçait provisoirement et à le confier, avec des attributions de police, aux généraux français (ordonnance d'Andujar).

L'armée, divisée en cinq corps et une réserve [1], opérait à la fois sur les deux ailes extrêmes (Catalogne et Galice) et par son centre. Le roi avait été contraint de fuir avec les cortès jusqu'à Séville. Quand les Français poussèrent au sud, il refusa d'aller plus loin, et fut déclaré *déchu* par son entourage.

Dès lors la guerre prit une allure plus nette : les cortès, réfugiées à Cadix avec leur prisonnier, subirent un siège rigoureux ; le brillant assaut du Trocadéro par la garde royale, la prise des défenses maritimes par notre escadre de guerre, les contraignirent à capituler sans conditions entre les mains de Ferdinand lui-même, qui, de prisonnier, devint leur médiateur auprès du duc d'Angoulême. Le 2 septembre, tout était terminé.

Sur les deux ailes, les corps détachés de l'armée révolutionnaire, opérant dans d'âpres montagnes, sous la direction de généraux habiles tels que Ballestéros, l'Abisbal et surtout le fameux Mina, donnèrent fort à faire à nos jeunes soldats et leur fournirent de nombreuses occasions de se montrer ce qu'avaient été leurs aînés des grandes guerres, dont beaucoup servaient encore avec eux. Non moins acharnés, et plus nobles de caractère et d'actes, les Romagosa, les Bessières, les Quesada, les Mataflorida et le célèbre Anton'Moseu, dit *le Trappiste*, combattaient à côté de nos braves. Plus de soixante actions de guerre sont relatées dans l'historique de la campagne. Il y en eut de sanglantes. Aux combats de Talaveyra-de-la-Reina, d'Astorga, de Visillo, de Campillo d'Arenas, de Molins-del-Rey, aux sièges de Lérida, de Barcelone, de Saint-Sébastien, de la Corogne, comme au Trocadéro, le vrai soldat français se retrouva avec ses qualités natives d'audace, d'intelligence et de gaieté. Dès l'entrée du centre à Madrid, toutes les querelles étaient oubliées ; l'entrain et la concorde régnaient dans tous les rangs. Les exploits répétés de notre cavalerie, — aussi nombreuse que bien exercée, — l'intrépide hardiesse de nos colonnes d'attaque sous Cadix et de nos marins aux Santi-Petri, achevèrent de cimenter cette union et apprirent au monde que l'armée française, cette puissance légendaire et redoutée que l'on avait vue tomber, si cruellement atteinte,

---

[1] 1er *corps*, le maréchal Oudinot, duc de Reggio ; 2e *corps*, le lieutenant général Molitor ; 3e *corps*, le lieutenant général prince de Hohenlöhe ; 4e *corps* (Catalogne), le maréchal Moncey (chacun de ces corps avait quatre divisions, dont une de dragons ; la 1re brigade de chaque corps était *mixte*, deux régiments de cavalerie et un d'infanterie) ; 5e *corps*, maréchal de Lauriston, deux divisions ; *réserve*, le lieutenant général Bordesoulle, avec la garde royale.

aux champs de Waterloo, était de nouveau debout, forte et compacte, *palladium* de la vitalité même du pays.

Le général Gründler[1] étant chef d'état-major du 1er corps, Pélissier se trouva constamment à l'avant-garde et assista de sa personne au passage de la Bidassoa (7 avril), à l'investissement de Saint-Sébastien par la division Bourke, qui fut laissée pour en faire le siège, aux affaires de Talaveyra (brigade Valin), d'Astorga (cavalerie du général Castex), de Visillo (réserve Bordesoulle), d'Algésiras et du Trocadéro. Dans son pénible et périlleux service, il mit souvent l'épée

Officier d'état-major (1823).

à la main pour exécuter, avec les corps de troupe, les ordres de combat qu'il apportait; la vigueur physique et morale et la netteté qu'il montrait dans tous ses actes le firent remarquer et citer avec éloge par tous les chefs de corps auxquels il eut affaire : à l'assaut du Trocadéro, il reçut les compliments du prince commandant en chef; et il revint d'Espagne avec une lettre de félicitations, la croix de la Légion d'honneur et celle de Saint-Ferdinand. Rentré en France, il fut demandé, — nous dirions presque disputé, — par plusieurs des généraux qui l'avaient vu à l'œuvre pendant la campagne; et c'est ainsi qu'il passa successivement sous les ordres du général Valin[2], puis du général Bourke, et enfin du général des Essarts, en moins de trois ans. Avec ce dernier, il servit en 1826 au *camp de Saint-Omer*, vaste champ d'exercices théoriques dont l'utilité fut surtout manifeste pour les officiers. Le rapport technique qu'il adressa, — comme tous les

---

[1] Né en 1778; simple volontaire dans les guerres de la république, cet excellent officier avait été fait adjudant général en Espagne, en 1808, et général de brigade en 1812. Royaliste connu d'opinion, il fut désigné comme rapporteur du procès du maréchal Ney, et accusé de *mollesse* à cause de sa modération. Louis XVIII l'en estima davantage et le fit secrétaire général de la guerre sous le ministère du duc de Feltre. C'était un savant officier d'état-major.

[2] Officier de l'empire : excellent chef d'infanterie, qui commandait l'avant-garde du 1er corps en Espagne.

autres officiers d'état-major, — au ministre sur les exercices du camp, et les considérations militaires qu'il en tira, lui valurent coup sur coup une *mention hors ligne*, son passage rapide au 13e de ligne, de là à la garde royale (faveur très rare) et enfin, le 1er avril 1827, sa promotion au grade de capitaine, au choix.

Le studieux officier est donc déjà classé comme un militaire sérieux; ses capacités sont hautement reconnues et prisées. C'est à ce moment qu'il fut demandé comme aide de camp par un des hommes les plus savants et les plus modestes de son temps, le brave et aimable général Durrieu, qui venait d'être désigné comme chef d'état-major du corps expéditionnaire de Morée, et qui cherchait un officier sûr pour l'attacher à sa personne. Au bout de quelques jours, entre le vigoureux et affairé capitaine et l'accueillant autant que savant général, il s'établit un accord tout d'affection réciproque, qui devait survivre à leur réunion passagère.

C'est ici que se place un trait que nous ne voulons pas omettre, parce qu'il peint sur le vif le caractère de Pélissier. Il date de 1860. Depuis plus de vingt ans, le général Durrieu, après avoir été promu divisionnaire, s'était retiré à l'écart et y vivait sans bruit, en philosophe éloigné des agitations du monde, lorsque son ancien aide de camp, devenu maréchal de France, duc de Malakoff et membre du conseil privé de l'empire, apprit son existence et le lieu de sa retraite. Pélissier s'émeut; il court chez l'empereur, lui raconte avec chaleur les traits d'intrépidité, les vertus privées, les talents trop souvent méconnus ou mal payés de cet homme de bien, qui n'avait jamais su demander... Il obtient gain de cause, part aussitôt, se fait annoncer chez le vétéran surpris et charmé, se jette dans ses bras avec effusion et lui remet, avec des larmes dans les yeux, le cordon de grand-croix de la Légion d'honneur, en lui disant : « Mon cher, mon vieux général, il y a trente ans qu'on vous le devait, et j'aurais été bien fier de vous le voir porter alors ! »

Nous n'ajouterons rien à ce trait, sinon la réponse que fit Pélissier lui-même à l'empereur, lorsque celui-ci lui fit compliment de la longue durée de ses souvenirs : « Oui, Sire, je ne m'attache pas indistinctement, mais je demeure fidèle à ceux que j'aime. »

Au point de vue du métier, le capitaine Pélissier allait se trouver à la source même du service le plus important, celui de la direction générale d'une armée, avec les mille et si diverses occupations qui y aboutissent. Il était dit que Pélissier, avant de diriger lui-même, passerait par toutes les phases préparatoires du commandement, comme il passa par toutes les occasions de guerre qui se présentèrent alors.

L'expédition de Morée fut, comme celle d'Espagne, plus politique que militaire. Le coup décisif au point de vue de la guerre avait été porté l'année précédente, à Navarin, par les escadres alliées de l'Angleterre, de la France et de la Russie[1]. Il s'agissait seulement de forcer les troupes égyptiennes, qui continuaient d'occuper et de piller effrontément la Morée, à la stricte exécution des conventions intervenues entre les alliés et la Porte ottomane. Ces troupes, instruites par d'anciens officiers de l'empire, avaient une grande valeur militaire; elles étaient commandées par un général justement réputé, par le conquérant de la Nubie et de l'Arabie occidentale, le vainqueur des Ouahabites, Ibrahim, fils du célèbre pacha Méhémet-Ali. A côté d'elles, les garnisons turques isolées, irritées par l'insuccès de leur bravoure sauvage, refusaient tout net de se retirer sans des ordres positifs et parti-

Prise du Trocadéro.

culiers du sultan, qui se gardait bien de les leur envoyer. La principale affaire du commandant en chef, le lieutenant général Maison, et de son chef d'état-major fut donc de négocier, de presser, de menacer, d'accord avec les trois amiraux[2], tandis que leurs officiers d'état-major s'occupaient des détails techniques de l'expédition. Elle comptait quatorze mille hommes, qui débarquèrent en deux convois, à trois jours de distance, dans le golfe de Coron (Morée) et eurent à y subir, pendant plusieurs semaines, — du 30 août au 6 octobre 1828, — les ennuis de l'inaction forcée et les assauts de la maladie, épreuves plus

---

[1] Intervenues pour assurer la neutralité que les trois cours avaient proclamée, et entrant dans la baie de Navarin pour réclamer de la flotte turco-égyptienne le respect absolu des conventions stipulées diplomatiquement, les escadres furent reçues à coups de canon; elles ripostèrent et il s'ensuivit une bataille acharnée qui amena l'anéantissement complet de la flotte musulmane. Cinquante-huit navires furent coulés à fond ou sautèrent. Il périt près de neuf mille matelots.

[2] Celui qui commandait l'escadre française était le contre-amiral de Rigny, qui fut plus tard ministre de la marine.

redoutable à notre tempérament national que les fatigues des marches et les dangers du combat. Le camp était assis sur la pente nord-est du golfe, dans un site heureusement choisi : trois gros ruisseaux, descendant du Taygète, le traversaient avant d'aller tomber dans la mer ; en quelques jours de travail, nos troupiers en firent une véritable ville dont les rues alignées au cordeau, les jardins ombragés de myrtes, de lauriers et de figuiers, les cultures arrosées par de savantes dérivations des ruisseaux, frappaient d'étonnement les Grecs, accourus en foule pour saluer leurs libérateurs, — et aussi pour leur vendre le plus cher possible des provisions de qualité médiocre.

Le prince égyptien occupait alors Tripolitza (en Arcadie) ; malgré la délicatesse des questions pendantes et l'exaspération des troupes musulmanes, des rapports s'établirent, par ordre, entre les états-majors et devinrent quelquefois assez cordiaux. Quand les plus grosses difficultés parurent résolues, Ibrahim fit une visite officielle au général en chef français. Il examina curieusement le camp, les troupes, et assista à une revue d'honneur. Son enthousiasme éclata à la vue du 3e régiment de chasseurs à cheval, composé d'hommes d'élite, parfaitement instruits et admirablement montés ; le 3e chasseurs, déjà illustré sous l'empire et dans la guerre d'Espagne de 1823, avait pour chef le colonel de Faudoas [1], aussi connu comme *sportsman* émérite que comme intrépide soldat et excellent officier. Sous sa direction, le régiment était devenu l'un des plus beaux corps de cavalerie qui fût dans toute l'Europe ; il ne le cédait pas même à la garde. Ibrahim offrit au colonel son propre cimeterre enrichi de diamants, et chercha à l'attirer plus tard, — mais sans succès, — en Égypte, pour lui confier la réorganisation générale de la cavelerie qui devait, dans ses plans, remplacer les mameluks détruits [2].

Le soir, un grand dîner réunissait tous les officiers généraux et donnait à Ibrahim l'occasion d'édifier ses hôtes sur la *sobriété* musulmane. Le champagne aidant, il se montra d'une familiarité facile avec eux ; il prodigua ses meilleures amitiés, en dépit de toutes les observations, à un simple officier d'ordonnance, le marquis de Fitz-James, dont l'uniforme rouge et or (hussards de la garde) lui parut de meilleur

[1] Plus tard général de cavalerie en Algérie. Il dépensait toute sa fortune pour améliorer la situation et la tenue de ses hommes.

[2] Parmi les épisodes comiques de la revue du 2 octobre, on peut citer la singulière méprise du prince égyptien, qui prit tous les tambours-majors des régiments pour les colonels, et leur prodigua les politesses. Nous trouvons dans les *Souvenirs d'un adjudant* le trait suivant : « Il (le prince) s'inclina surtout avec admiration devant le tambour-major du 46e de ligne ; homme gigantesque. Celui-ci, prenant aussitôt une attitude noble, agita son plumet, secoua son grand bonnet à poils et répondit aux saluts du pacha avec une *grâce française,* accompagnée d'un superbe mouvement de canne (*sic*). Ibrahim regardait cette canne comme le signe *frappant* du commandement. » Pendant ce temps, le colonel, debout à dix pas de là, riait à se tordre.

goût que celui des amiraux et des diplomates. Un seul point noir avait marqué la fête : Nikétas, le fameux chef hellène, surnommé *Tourkofagos* (mangeur de Turcs), depuis l'affaire du col de Trêté (en Argolide), où il avait impitoyablement écrasé un corps turc et coupé sur l'ennemi « trois boisseaux d'oreilles[1] », se trouvait alors au camp français. Il avait rang d'officier général ; mais, de tous côtés, on prévenait l'état-major qu'il serait impossible de l'admettre en présence du pacha sans mettre en grave péril les oreilles de ce dernier. Il fallait choisir. La diplomatie l'emporta sur l'estime : le général Durrieu fut chargé d'expliquer à Nikétas les motifs qui empêchaient MM. les généraux et amiraux de le convier au festin. Le partisan grec regarda sa foustanelle et ses guêtres de cuir fauve, sourit et répondit simplement : « On vous a dit vrai ; eh bien, puisque vos dîners doivent délivrer mon pays, allez, et faites bien dîner même ce pacha ; nous autres, nous ne savons pas faire la guerre ainsi, parce que nous ne sommes pas aussi *avancés* que vous et que les Turcs. »

« Chienne de commission ! capitaine, marmottait le bon général exaspéré, en revenant au lieu du festin avec son aide de camp. Le général en chef aurait bien dû la faire lui-même. »

Et Pélissier de répondre de son air le plus froid : « Bah ! cela nous a valu de voir *un homme...* Maintenant, mon général, allons voir les bonshommes. On nous attend. »

Cependant les pourparlers avaient abouti ; les troupes égyptiennes avaient évacué la Morée ; mais les garnisons turques refusaient de les imiter. Il fallut employer la menace et la force pour les chasser de Navarin (6 octobre), de Modon (6 octobre) et de Coron (8 octobre) ; ce fut Pélissier qui, avec son chef d'état-major, opéra cette dernière expulsion à la tête de deux bataillons, après avoir fait pétarder les portes du fort, qui renfermait environ onze cents hommes avec du canon. Ils s'exécutèrent devant les baïonnettes de nos troupes.

Une brigade, celle du général Schneider, chargée de recevoir la capitulation du commandant turc de Patras, Abdoullah, s'y était transportée par mer et avait occupé la ville sans difficulté ; mais les troupes turques, mutinées sous leurs agas (colonels), se cantonnèrent à deux lieues de là, dans un grand fort qui commande l'entrée de la plaine, le *château de Morée* (Moréo-Castro), et reçurent à coups de canon les parlementaires. Le général Maison, informé le 8, s'y transporta aussitôt avec l'état-major et le 46e de ligne ; le 3e chasseurs et la brigade Higonnet

---

[1] Authentique. Il les envoya au gouvernement grec. C'était sa manière de compter les morts de l'ennemi. A ceux qui trouveraient ce procédé un peu trop primitif, nous rappellerons que nos spahis ont eu longtemps l'habitude de compter les morts par le nombre de têtes rapportées du combat. Ils les jetaient aux pieds de leurs chefs. Il sera question de cette arithmétique, acceptée par plus d'un de nos officiers, à propos de la prise de Laghouat.

le rallièrent par étapes; une tranchée fut ouverte sous le fort, à deux cent cinquante mètres des murailles. Bientôt une batterie de quatorze pièces, soutenue par les feux d'écharpe de deux vaisseaux de ligne, foudroya l'enceinte et rendit les Turcs traitables. Ils capitulèrent contents, — « puisque l'honneur était sauf, » — le 23 octobre.

Le capitaine Pélissier, qui n'avait pas cessé de travailler à la direction du corps expéditionnaire, quoique atteint des fièvres, fut cité à l'ordre de l'armée pour son énergie à l'attaque de Moréo-Castro; il reçut, en rentrant en France, la croix de Saint-Louis, décoration que le gouvernement royal n'accordait qu'avec beaucoup de réserve, afin d'en relever le prestige un peu effacé. Le bon et brave général Durrieu fut nommé grand officier de la Légion d'honneur. Il avait, pour sa part, supporté les cinq sixièmes du fardeau de la direction. Quant au général en chef, dont la responsabilité politique avait été annulée de fait par le conseil des trois amiraux alliés, investis depuis un an de pouvoirs très larges, et dont le rôle militaire s'était réduit à de modestes proportions, il fut nommé d'emblée maréchal de France. La malignité publique prétendit qu'il avait, avant de partir, stipulé cet énorme prix des services qu'il se supposait appelé à rendre. En tout cas, la récompense fut jugée supérieure au mérite acquis et l'on regarda le nouveau maréchal comme fortement engagé par la reconnaissance personnelle envers le gouvernement bourbonnien. Dix-sept mois plus tard, parmi les *commissaires provisoires* qui conduisaient Charles X détrôné sur la route de l'exil, et qui avaient accepté la pénible mission de le faire sortir de France *à tout prix* et par tous les moyens[1], se trouvait le maréchal Maison. Nous n'insisterons pas.

---

[1] Le capitaine Dumont d'Urville, escortant avec sa corvette le navire de passage qui emportait Charles X, reçut un ordre formel de le couler à fond s'il rétrogradait vers la France.

L'ordre était, pour le moins, inutile contre un vieillard, un enfant et deux femmes.

III

L'Espagne rude et fière, la Grèce poétique et opprimée, avaient tour
à tour offert à Pélissier, l'une son sol tourmenté, son climat changeant, ses sombres et infatigables *guerilleros;* l'autre son admirable
ciel, ses côtes merveilleuses, ses audacieux marins, et les traces de
son antique splendeur artistique, encore visibles à travers les désola-
tions et les ruines amoncelées par six siècles de vandalisme turc et six
années d'une guerre de races sans quartier. Esprit lucide et très observateur, il avait fait, à côté de ses études militaires, une vaste moisson
de documents de tout genre, dont le classement méthodique faisait,
depuis son retour en France, le charme de ses rares loisirs. Ainsi se
passa pour lui l'année 1829 et s'ouvrit 1830. Tout à coup, des deux
extrémités de la Méditerranée, l'attention publique, celle de l'armée
en particulier, se trouva reportée vers le centre, aux bords africains.
La question d'Alger, depuis trois ans pendante et traînée à travers la
voie tortueuse des menaces inefficaces, des blocus plus coûteux que
décisifs et des compromis insoutenables, venait subitement de prendre
une importance capitale; le gouvernement royal avait enfin résolu de
frapper un grand coup : la conquête d'Alger était décidée.

Attaquer Alger par terre, c'était oser ce que nulle puissance n'avait
entrepris sans y échouer, depuis que Khaïr-Ed-Din avait fondé, sur
l'ancienne terre de Genséric, ce formidable nid de pirates qui imposait
encore, en plein xixe siècle, ses tributs honteux aux nations chrétiennes[1]. Mais c'était aussi, pour emprunter le noble langage qui fut

[1] Charles-Quint, avec une grande armée, y avait échoué; il y perdit sa flotte.
Duquesne bombarda deux fois Alger. En 1816, les amiraux Exmouth (anglais) et
Décatur (américain), par un bombardement violent, mais peu efficace, obtinrent
quelques maigres satisfactions pour les griefs très graves de leurs nations respectives.
Alger était regardé comme inattaquable par mer, à cause de ses excellentes défenses
et de la valeur exceptionnelle de son corps de canonniers (*topdjis*).

porté à la tribune française, « c'était, en tirant une juste réparation des outrages subis par notre pavillon et des dommages causés à nos nationaux, confier à nos soldats, en même temps que la cause du pays, celle de toutes les nations civilisées, de la chrétienté tout entière; c'était affranchir l'Europe d'une honte trois fois séculaire, et la croix civilisatrice d'un défi permanent... Pour cette œuvre où d'autres, il est vrai, avaient échoué, la vaillance française, transmise à travers les âges, triompherait des obstacles, et rappellerait à l'orgueil musulman qu'il avait à compter, cette fois, avec les petits-fils des croisés de saint Louis. »

La vieille terre des croisés avait, en effet, qualité avant toute autre pour relever les défis de la piraterie musulmane. La *neuvième croisade* se préparait. Un cri d'enthousiasme courut dans l'armée, se répandit en France et, passant les frontières, trouva son écho dans tous les cœurs chrétiens. L'Espagne mit à notre disposition, sans frais, ses ports de relâche et ses hôpitaux. La bénédiction pontificale et un vaste réseau de prières publiques, organisé spontanément dans tous les pays catholiques, vinrent apporter les garanties d'en Haut à cette noble entreprise. Dans notre armée, chacun voulait être de l'expédition; les demandes affluaient, signées par des régiments entiers; l'on vit des officiers, des généraux, offrir leur démission afin de partir comme volontaires; d'autres renoncer à toute récompense et à tout avancement sous la seule condition d'être acceptés. Il fallut établir au ministère de la guerre un *bureau des Refus* pour répondre au flot montant des demandes. Toute la foi, tout l'honneur du vieux sang français, réveillés, se groupaient autour de ce mot magique : *Alger!*

Le capitaine Pélissier, qui avait pour lui, outre ses notes exceptionnelles, ses services en Espagne et en Grèce, obtint de faire partie de cette glorieuse expédition. Il fut mis au poste le plus envié, à l'état-major général de l'armée de débarquement; il collabora ainsi, dès le début, à tous les préparatifs militaires, avant d'assister aux actions de guerre. La Providence permettait qu'un des hommes qui devaient plus tard inscrire le plus haut leur nom dans la conquête et la civilisation de l'Algérie, pût assister dès la première heure, simple officier et attentif observateur, à la grandiose prise de possession de la terre africaine par le pavillon fleurdelisé de saint Louis. Et Pélissier, pour qui le sens secret des grands événements ne passait pas inaperçu, conserva de cette campagne une ineffaçable impression, supérieure à toutes celles de son existence. On en verra plus loin des preuves multiples et répétées.

Spectacle unique par ses contrastes et ses graves leçons! Un gouvernement vieux de treize siècles, à peine relevé de sa chute et déjà miné de tous côtés par des attaques auxquelles il ne savait opposer que le dédain ou la bonté inexpérimentée, allait, avant de succomber brusquement dans un coup fourré, léguer à la France cette gloire et cette conquête, la plus pure et chrétienne gloire, la plus utile conquête pour l'intérêt général de l'Europe qui soient à l'actif d'un peuple moderne.

L'histoire a déjà redit, pour l'étonnement de tous, les incroyables obstacles qui faillirent arrêter la mise en route de l'expédition : d'abord l'égoïsme jaloux et les hautaines menaces de l'Angleterre, auxquelles le baron d'Haussez, notre ministre de la marine, poussé à bout, finit par opposer une réponse dont l'énergie a dû être adoucie sous la phrase célèbre : « Milord, je me... moque de l'Angleterre. » Puis vinrent les propositions saugrenues du dehors et, il faut bien le dire à la honte des passions humaines, l'opposition tantôt railleuse, tantôt violente, toujours acerbe et sans vergogne, des partis hostiles au gouvernement. Les plus sombres catastrophes furent d'avance prédites, développées, commentées avec un luxe de détails prétendus scientifiques ; et ces décourageantes prophéties passèrent de la presse à la tribune, apportées là par des orateurs politiques à qui l'acharnement de la lutte fit oublier, en cette occasion, qu'ils avaient l'honneur d'être Français et baptisés.

Le préjugé touchant les difficultés de l'entreprise, propagé par la presse, finit par devenir si violent que trois des plus hautes illustrations militaires de l'empire, pour ne pas compromettre leur gloire acquise, en déclinèrent successivement le commandement en chef; et que Charles X, surpris et blessé, se décida à le confier à l'un des rares officiers généraux qui avaient soutenu la possibilité du débarquement, au comte de Bourmont, alors ministre de la guerre, caractère fier et ardent, excellent général (il avait fait ses preuves depuis 1806, sous l'empire et en Espagne), mais fortement attaqué dans la presse, à cause de son rôle pendant les Cent Jours[1]. Quant à la marine, de laquelle

---

[1] Commandant une division dans le corps du général Gérard, son ami particulier, il hésita longtemps entre ses convictions de royaliste, resté fidèle au gouvernement de Louis XVIII, et la crainte de paraître trahir son devoir de militaire en s'abstenant de combattre; il ne se décida que la veille de Waterloo; il quitta alors l'armée en envoyant à Gérard sa démission dans une lettre où il lui peignait son désespoir et ses anxiétés, avec la conviction des malheurs que le renouvellement de la lutte allait attirer sur la France. Napoléon, on le comprend sans pouvoir l'approuver, lui infligea publiquement l'épithète de *traître*, et la vieille armée lui pardonna malaisément, sinon le parti qu'il prenait, du moins l'heure à laquelle il le prit. Comme militaire, Bourmont avait de très beaux services; en Espagne, il marcha en tête de la garde et déploya ensuite, pendant deux ans, de remarquables talents dans la réorganisation des troupes espagnoles, à laquelle il fut prié de collaborer. Comme général en chef, on lui a reproché de manquer d'énergie avec certains chefs et de se laisser parfois dominer par des raisons de sentiment. Ses plans d'ensemble et ses ordres de route et de combat sont regardés comme excellents. Il s'entendait peu à l'administration civile, comme on le vit pendant les deux mois qui suivirent la prise d'Alger.

dépendait tout le début, le ministre seul, avec quelques jeunes officiers généraux, donna le branle au mouvement; parmi les *grosses
têtes* que leur situation et leurs services permettaient d'appeler au commandement d'une grande flotte, il ne s'en trouva pas une pour oser
publiquement approuver cette « redoutable aventure » (*sic*). Le vice-
amiral Duperré, homme de mer justement réputé, à qui échut le commandement, avait lui-même présenté au conseil des ministres, quelques
semaines auparavant, un *mémoire* contre le projet de débarquement.
Il n'en fit pas moins son devoir avec habileté et correction, sinon avec
empressement; et l'on ne put lui reprocher que de longues tergiversations dans le choix du point de débarquement, de fâcheuses lenteurs
de route, et une malheureuse hostilité personnelle vis-à-vis du général
en chef de l'armée.

Dans les rangs moins élevés, où nulle préoccupation politique ne
venait ralentir l'essor du dévouement au devoir, le zèle fut, au contraire, prodigieux. Les difficultés qui paralysaient le bon vouloir des
amiraux avaient été élucidées et complètement levées par les études
et les rapports de deux jeunes officiers supérieurs, employés depuis
trois ans au blocus de la côte algérienne, les capitaines de frégate
Dupetit-Thouars et Gay de Taravel, dont les conclusions se trouvèrent
d'accord avec la remarquable reconnaissance exécutée dès 1809, dans
les mêmes parages, par le commandant du génie Boutin. On peut dire
que les travaux de ces trois officiers ont été la base même de toute
l'expédition. Les amiraux avaient déclaré, documents en main, qu'on
ne pourrait être en mesure avant *huit mois*, attendu l'immensité des
préparatifs que nécessiteraient le transport et l'approvisionnement d'une
grande armée en terre barbare; les deux états-majors de terre et de
mer, et toutes les autorités civiles, maritimes et financières, surexcités
par l'impulsion du baron d'Haussez, travaillèrent jour et nuit, de telle
façon qu'on fut prêt *dès le troisième mois*. L'ordre, le soin, l'ampleur
des préparatifs, la justesse des prévisions, le choix judicieux des
hommes, des approvisionnements, enfin l'exactitude des plans et la
présence, quatre jours avant le délai fixé, de toutes choses, hommes,
bâtiments et provisions, aux points assignés, font de cette vaste expédition un modèle unique en tout genre, et qui n'a pas été reproduit
depuis lors, en dépit des immenses progrès introduits dans les navi-
gations par l'emploi de la vapeur.

La flotte comprenait une centaine de vaisseaux de guerre de tous les
rangs, près de cinq cents navires de transport ou de charge, et sept
bateaux à vapeur[1]; elle portait en munitions et approvisionnements
près de deux cent cinquante mille tonnes (deux cent cinquante millions

---

[1] C'est la première fois qu'on vit les *pyroscaphes* employés à la guerre. Ils servaient
d'aides de camp à l'amiral pour porter ses ordres aux divisions navales.

de kilogrammes), une armée d'élite, choisie homme à homme, de trente-sept mille deux cents soldats, et vingt-huit mille marins.

L'Angleterre, qui avait accueilli avec incrédulité l'annonce de nos préparatifs, et fait dire en plein parlement, par ses amiraux, que les Français ne pourraient pas quitter leurs ports avant quatorze mois, attendu l'état de la flotte et des arsenaux, vit avec un cri de stupeur nos six cents navires, tous solides, bien montés, bien commandés, chargés de leurs passagers et de leur matériel formidable, appareiller à heure fixe.

Le principal départ eut lieu le 16 mai 1830. Un peuple immense, accouru de tous les points du midi, s'étageait sur les montagnes qui entourent au nord la rade de Toulon, et saluait de ses *vivats* l'immense armement qui s'ébranlait dans un ordre parfait, escadre par escadre, division par division, couvrant à perte de vue la mer bleue des savants échiquiers de route formés par ses voiles blanches. A ces cris, la brise marine apportait comme réponse, par bouffées qui passaient au-dessus des flots, le son des musiques militaires jouant à bord, et les *hourras* joyeux des soixante-cinq mille soldats et marins embarqués. A cinq heures du soir, quand le soleil commença de s'incliner sur l'horizon, la dernière voile avait disparu au sud-est.

Pendant que voguait la flotte, une réserve de seize mille hommes se réunissait à Toulon, prête à partir, à son tour, au premier ordre.

On sait quelles furent les péripéties de ce long embarquement : portée d'abord rapidement sur les côtes algériennes, la flotte, sur des menaces de mauvais temps, rétrograda et vint s'abriter longtemps dans les ports des Baléares; elle en sort pourtant, reprend la direction du sud, reconnaît et fixe un lieu commode d'atterrissement, depuis vingt ans reconnu et préconisé par Boutin; puis elle se porte devant Alger, défile lentement à la vue de la population, massée derrière les batteries, et vient enfin, à la nuit tombante, s'aligner et s'ancrer avec ordre, sur plusieurs lignes, en face de la petite baie de Sidi-Ferruch [1]. Toutes les dispositions sont prises; dès l'aube le débarquement commence... On était au 14 juin, anniversaire des victoires de Marengo et de Friedland.

Abritées par un léger brouillard matinal, les troupes de la 1re division (Berthezène) prennent terre, se forment aussitôt, et, se portant en avant, couvrent de leur ligne le débarquement du reste de l'armée, tandis que deux navires légers, s'approchant à portée, canonnaient et réduisaient au silence une batterie turque installée au point culminant de la baie, à Torre-Chica. Bientôt le soleil levant inonda de ses feux la plage et la surface des eaux; l'armée avait devant elle une côte basse qui s'élevait, par une pente insensible, en terrain sablonneux

---

[1] En arabe, *Ferroudj*.

jusqu'au plateau de Staouéli. En face d'elle, vingt-huit mille hommes, Turcs et Arabes, se préparaient à l'attaquer ; ils étaient commandés par le gendre du dey, l'agha de la milice Ibrahim. Les Français les prévinrent : le général Berthezène, à la tête de ses deux premières brigades (Achard et Poret de Morvan), se porte rapidement vers la gauche ennemie, la déborde, rabat ses troupes sur elle et les lance à la charge ; la 2me division (Loverdo), se formant à mesure qu'elle débarque, suit le mouvement et attaque droit devant elle ; à onze heures l'ennemi était en fuite ; l'armée achevait son débarquement et, traçant aussitôt un camp retranché, s'y installait pour recevoir ses vivres et munitions avant de marcher en avant. L'urgence en était grande ; sur cette côte peu hospitalière, un coup de vent pouvait, en détruisant les navires, livrer l'armée, dénuée de ressources, à une perte certaine. Pendant plusieurs jours la masse formidable des vivres, munitions, chevaux, voitures, canons, ambulances, campement, rechanges, outils, vêtements, fut incessamment déversée par les navires dans les chalands, et de là à terre ; une tempête subite menaça la flotte d'une destruction totale et, fort heureusement, s'apaisa au moment où commençaient les désastres. Marins et soldats, en dépit des fatigues, déployèrent un zèle incroyable. Bientôt l'armée vit son existence assurée, quoi qu'il pût advenir sur mer, et dessina son mouvement en avant. Il était temps ; incessamment décimée et tenue en haleine, sous un ciel de feu, par les escarmouches de la cavalerie arabe et les audacieuses entreprises nocturnes des fantassins turcs sur le camp, elle perdait plus de deux cents hommes par jour, de ce seul chef, sans compter les autres causes. Le 18 juin elle se mettait en marche et conquérait, par une seconde victoire plus sanglante et plus disputée que la première, le plateau de Staouéli, sur une armée de cinquante-deux mille hommes, dont seize mille Turcs.

Le lendemain, qui était le premier dimanche passé sur la terre africaine, sur un autel formé de tambours et ombragé par un bouquet de palmiers, les aumôniers régimentaires offrirent le saint sacrifice, à la vue des soldats rangés en masses profondes, l'état-major en tête. Le souvenir de cette heure grandiose n'a point péri en Afrique, et c'est à Pélissier qu'en est due, pour la grande part, la conservation ; car c'est lui qui, en 1843, voulut montrer aux premiers trappistes de Staouéli l'emplacement où s'élevait l'autel. Le bouquet de palmiers, religieusement respecté, a grandi en hauteur ; monument verdoyant de l'histoire, il frappe le regard quand on entre dans la cour d'honneur de la Trappe, dont les bâtiments ont été rangés tout autour.

D'autres combats, d'autres fatigues devaient encore exercer nos troupes avant qu'elles s'emparassent de la clef stratégique d'Alger, du vaste *fort de l'Empereur* (*Solthân-Calassi*), dont le nom, comme l'origine, rappelait à l'orgueil algérien l'affreux désastre de l'expédition de

Charles-Quint. Mais nous n'avons pas à retracer ici les détails de cette glorieuse conquête. Il nous suffit de montrer rapidement le capitaine Pélissier, attaché à l'état-major général, dans ses courses et ses travaux incessants, aussi bien de nuit que de jour. Dès la première heure débarqué aux côtés du général en chef, qui se plaça pour mieux embrasser le panorama sur le rocher servant de base à la Torre-Chica, il voit deux boulets turcs s'abattre au milieu de l'état-major, et le comte de Bourmont disparaître dans les jets de terre soulevés par les projectiles ; pendant quelques secondes on crut le général mort, et ce fut avec des exclamations de joie qu'on le vit reparaître debout, la lorgnette à l'œil, attendant avec impatience que la poussière se dissipât... Dix-neuf ans plus tard, Pélissier, montrant cet emplacement à l'évêque d'Alger, Mgr Pavy, lui avouait en souriant que « ces boulets-là lui avaient fait peur pour la France ». Puis, après la bataille, viennent les soins multiples de la communication avec la flotte, l'organisation du camp, l'examen attentif du terrain et des hommes, l'étude du pays, le service compliqué des renseignements, les échanges d'ordres, de correspondances, d'explications verbales avec les chefs des divers corps et des divers services ; et enfin, sous les balles des tirailleurs arabes toujours en action, comme aux heures d'attaque régulière et de bataille en ligne, c'est la surveillance de tous les mouvements, l'examen rapide et le compte rendu immédiat au général en chef de tous les incidents, la transmission des ordres de combat, au grand galop, tantôt à travers la plaine, entre le feu de l'ennemi et le nôtre, tantôt à travers l'impénétrable fouillis des colonnes de marche ou d'attaque, des escadrons jetés en flanc, des sections d'artillerie qui galopent lourdement pour aller prendre position. Dans cette mêlée, l'officier d'état-major doit passer malgré tout, savoir tout reconnaître d'un coup d'œil, discerner chaque corps, sa position, ce qu'il va faire, quels dangers le menacent, donner au besoin un rapide conseil à une troupe flottante ou privée de son chef, rallier des indécis ou des fuyards, apprécier l'ennemi, sa vraie force, sa position, ses moyens, ses dispositions, et jusqu'au terrain où il opère... Et quand, délivré du souci d'un ordre pressant à faire exécuter, il peut sans remords céder à la clameur intérieure du vieux sang gaulois et, l'épée à la main, se lancer sur l'ennemi pêle-mêle avec les pelotons d'attaque, c'est son heure de joie, c'est son instant de repos d'esprit. Il sait que le général en chef, satisfait de voir ses ordres assurés, ne lui chicanera pas l'honneur (nous allions dire le plaisir) de courir au feu, à la française, à côté de l'officier de troupe, et de prouver à ce brave camarade, parfois un peu caustique à l'égard des « gants jaunes » de l'état-major, que ceux qui les portent n'ont pas oublié la sonnerie de la charge.

Telle était la vie que menait Pélissier. Présent à toutes les actions, à Sidi-Ferruch, à Staouéli, à Sidi-Khalef (24 juin), il vit, dans cette dernière et impétueuse affaire, tomber la plus réelle force du Deylik, l'*Odjak*, ou milice des janissaires, redoutable corps de quatorze mille vieux soldats, sous les baïonnettes de notre infanterie ; il y vit aussi tomber le jeune Amédée de Bourmont, mortellement frappé. Toute l'armée, oubliant les discussions de chambrée, voulut s'unir dans un témoignage de regrets et d'estime offert par une députation au père attristé, mais ferme et digne, qui payait ainsi l'honneur de ses victoires[1]. Ibrahim, disgracié, est remplacé par le bey de Titteri, et la lutte continue.

A travers les travaux pénibles, les reconnaissances fatigantes et les escarmouches meurtrières, l'armée gagne du terrain. Le 29, elle couronne les hauteurs dominantes du Bouzaréa, et salue de ses cris d'allégresse le splendide panorama qui se déroule à ses pieds : la Métidja fertile, bornée par les sommets violacés de l'Atlas, le Sahel vert et onduleux, couvert de ses riches jardins et de ses gracieuses villas, la mer bleue étincelant au nord, et, sous la main, à trois portées de canon, le vaste triangle blanc formé par la ville, qui descend de la Casbah à la mer, enchâssée dans un entourage de sombres verdures.

Par les crêtes du Bouzaréa, la ville est tournée ; les hauts et épais bastions grisâtres du fort de l'Empereur, s'élevant sans fossé ni contrescarpe sur son plateau isolé, apparaissent subitement aux regards. En quatre jours, malgré le feu incessant et les attaques continuelles de l'ennemi, les batteries sont établies sur le penchant de la colline des Consuls ; une dernière et sanglante surprise de nuit, dans nos ouvrages, est déjouée après un furieux combat corps à corps : le 4 juillet, nos batteries engagent dès l'aube, avec les deux mille canonniers du fort, le duel décisif ; en quelques heures elles prennent l'avantage et réduisent les Turcs au silence ; désespérés, et ne voulant pas rendre la forteresse sous un assaut, ils la font sauter, et l'explosion couvre les lignes françaises de débris et y cause les ravages d'un combat. Mais nos troupes se sont élancées vers le fort entr'ouvert ; déjà nos pièces, installées sur les portions de murs restées debout, menacent la ville et la Casbah. Janissaires, marins, canonniers, dans leur courage farouche, emplissent la Casbah de leurs cris, et veulent s'ensevelir sous ses ruines ; fureurs inutiles, tout est bien perdu : le dey capitule et, le 5 juillet, à dix heures du matin, Pélissier, à cheval derrière le général de Bourmont, entrait avec nos soldats dans Alger.

---

[1] On sait en quels termes simples et élevés le général en chef rendit compte de ce fait à la fin de son rapport :

« ... Un seul officier a été blessé dangereusement ; c'est le second des quatre fils qui m'ont suivi en Afrique. J'espère qu'il vivra pour continuer de servir avec dévouement le roi et la patrie. »

Quand le rapport fut publié, le jeune officier était mort, comme il avait vécu, en chrétien et en bon Français, offrant presque gaiement sa vie à Dieu, et le remerciant tout haut d'avoir pu verser son sang pour une si noble cause.

Comme pour compléter la moisson de ses observations, il reçut sa part de labeur dans les contradictoires essais d'organisation de la nouvelle conquête. Un jeune homme au renom étrange, qui arrivait de Tunis sur une de nos corvettes, fuyant le palais du bey après de romanesques aventures, venait alors offrir ses services et son habitude du gouvernement des indigènes à notre état-major; et, seul, il organisait la police d'Alger et la sécurité de nos troupes. C'était un enfant chrétien, pris jadis par un pirate de Tunis, et élevé au Bardo. Pélissier sut apprécier à sa valeur la souple intelligence, l'audace entraînante et le sang-froid gascon du jeune Yousouf; il apprit de lui à discerner, sous les costumes singuliers et les impassibilités voulues, comme sous les dehors de l'amitié obséquieuse ou de la brusquerie sauvage, les caractères, les passions et les intérêts secrets de cette population composite : Algériens, Maures, Turcs, Arabes, Koulouglis, nègres, Maltais, juifs, sans compter les aventuriers européens en rupture de pays, englobés sous le nom général de *mercantis*, que la conquête faisait subitement sujets de notre drapeau. De ce jour data la bonne amitié qui, depuis, ne se démentit plus entre ces deux hommes, si remarquables et si différents d'allures. Il eut d'autres émotions. Le jour de notre entrée dans Alger, Pélissier conduisait aux sinistres fossés de Bab-el-Oued une colonne d'infanterie, précédée d'un détachement de sapeurs du génie qui forcèrent les épaisses grilles des bagnes humides creusés sous les bastions même, et rendirent à la liberté près d'un millier d'esclaves chrétiens, horriblement maltraités; parmi eux étaient les survivants de deux de nos équipages de guerre, naufragés sur les côtes de Kabylie six semaines auparavant. Plus de la moitié avaient été d'abord massacrés sur place, par un ordre venu d'Alger. Il accompagna ensuite le général, devenu le *maréchal* de Bourmont, dans l'expédition de Blidah, où la colonne, composée par moitié d'officiers qui croyaient pouvoir se fier à l'apparence pacifique et aux promesses engageantes des Blidéens, faillit être entièrement détruite par les embuscades tendues à son retour; le maréchal lui-même, formant un escadron de ses officiers d'état-major et de ceux détachés à divers titres autour de lui, les conduisit à la charge à plusieurs reprises; on apprit ce jour-là ce que pouvait valoir la *bonne foi* musulmane, héritière des traditions puniques.

Et enfin, après les études et les spectacles offerts au soldat, il eut celui qui s'adresse le plus intimement à l'homme capable de dégager les conclusions morales des faits; il vit, à la nouvelle de la révolution de Juillet, un général victorieux céder avec résignation la place à d'autres qui, sans avoir été à la peine, étaient chargés de recueillir l'honneur. Il vit le maréchal de Bourmont, portant sous son bras une boîte qui renfermait, dans une enveloppe de vermeil, le cœur de son fils mort, errer silencieux sur les quais d'Alger, sans pouvoir obtenir de son subordonné de la veille, l'amiral commandant la flotte, une simple place à bord d'un navire français. Le conquérant d'Alger, réduit à louer de ses deniers, pour fuir sa conquête, une mauvaise barque espagnole commandée par un patron autrichien, aborda enfin, non sans péril, aux îles Baléares, et y rencontra son vaincu du 5 juillet, Hussein-Dey, installé sur la frégate française *la Jeanne d'Arc*, avec sa suite et ses trésors, comblé d'égards et traité en souverain. Le musulman respecté s'en alla débarquer à Livourne, salué par les canons de notre marine, pendant que son vainqueur proscrit gagnait péniblement Lisbonne, traqué par les agents du nouveau gouvernement, que le territoire français était déclaré interdit à sa famille, et qu'à Marseille les zélés agents du fisc, sous prétexte de s'opposer à la contrebande, ouvraient le cercueil où gisait le cadavre du jeune Amédée de Bourmont et fouillaient jusque dans les entrailles de l'officier mort pour son pays.

Le vice-amiral Duperré, partisan déterminé du gouvernement de Juillet, avait reçu dès la première heure le bâton d'amiral de France. Sur la terre d'Afrique, dont les habitants français se sont piqués de ne laisser aucune des gloires de la conquête dans l'oubli, où chaque général illustré par une belle action ou un service rendu à la colonie a son nom gravé sur les rues et les places des villes, il n'est rien qui rappelle le nom de Bourmont, proscrit par les étroites rancunes politiques des gouvernements qui se sont succédé depuis lors. L'Angleterre a publiquement amnistié Warren Hastings de ses immenses crimes, à cause des services rendus à la patrie; la France et son armée, qui n'ont pas su oublier l'heure d'une démission tardivement donnée, oublient volontairement tous les jours, depuis soixante ans, l'assaut du Trocadéro, les batailles de Sidi-Ferruch, de Staouéli et de Sidi-Khalef, la reddition du fort l'Empereur, la prise d'Alger, la noblesse du caractère, la pureté de la conduite, les douleurs de la persécution et de l'exil.

Ainsi va le monde politique.

Parmi les officiers qui vinrent, respectueux du malheur, saluer à son départ le maréchal de Bourmont, se trouvait Pélissier, d'autant plus louable en cela qu'il n'avait ni sympathies personnelles, ni attaches politiques avec le gouvernement des Bourbons.

Le changement de gouvernement avait produit un temps d'arrêt et d'incertitude dans la question algérienne; ces incertitudes devaient se prolonger pendant cinq ans. Le corps expéditionnaire, réduit par les détachements qui en furent faits sur Bône et sur Oran, fut ramené à un effectif de simple occupation, et non d'action. Pendant plusieurs mois, le gouvernement de Juillet ne se pressa pas de faire honneur aux propositions signées par M. de Bourmont, et l'armée d'Afrique attendit vainement les récompenses qu'elle avait si bien méritées. En revanche, des rumeurs déshonorantes et sans fondement couraient au sujet du fameux « trésor de la Casbah », qui avait été inventorié à une cinquantaine de millions, alors qu'on le prétendait de deux cents à trois cents millions; l'armée n'en toucha pas un centime. L'arrivée du nouveau commandant en chef, le général Clauzel, avait été signalée par des enquêtes et des mesures de suspicion qui étonnaient et indisposaient les vainqueurs d'Alger. Au bout de quelques mois, Pélissier jugea très

Alger (vue actuelle).

sainement qu'il n'avait plus grand'chose à voir, ni peut-être à faire, dans un état-major entièrement refondu. Il obtint de rentrer en France. Mais, avant son départ d'Alger, les récompenses nécessaires avaient été enfin distribuées; Pélissier, cité à l'ordre et nommé dans tous les rapports, était promu chef d'escadron (2 octobre 1830).

C'est avec ce grade qu'il fut détaché, comme sous-chef d'état-major, auprès du général Clément de la Roncière, pendant l'année 1831, pour passer ensuite, au mois d'avril 1832, au dépôt de la guerre. Il y survint juste à point pour collaborer aux travaux préparatoires à l'expédition d'Anvers, et fut, en automne, détaché à l'état-major général du corps d'observation qui, sous le nom d'*armée des Vosges*, se concentrait entre la Moselle et la haute Meuse pour observer la Prusse alors menaçante, et appuyer au besoin l'armée qui allait opérer en Belgique sous le maréchal Gérard. On nous dispensera d'entrer dans les quelques détails anecdotiques, de peu d'intérêt, qui marquèrent le passage du sévère officier dans ces situations trop ordinaires du métier, et que rien de spécial ne signale à l'attention du biographe. Le corps des Vosges n'eut pas à marcher; aussitôt disloqué, il rendit à leurs garnisons respectives les suppléments qu'il avait reçus en cadres et hommes de troupe; le commandant Pélissier, réclamé par le dépôt de la guerre, y retourna volontiers et s'y consacra, pendant deux ans, aux travaux spéciaux des renseignements, des plans et de la topographie militaire concernant l'Algérie; peu d'officiers étaient aussi aptes que lui à ce service, en raison de ses antécédents. Il collaborait ainsi, de loin, à la continuation du grandiose épisode de 1830, si malheureusement réduit et entravé dans ses conséquences. De 1834 à 1837, il passa, par ordre, au service à la fois le plus pénible et le plus délicat en temps de paix : celui de la place de Paris, où l'on n'employait, avec raison, que des officiers d'un sang-froid et d'un tact éprouvés, en même temps que d'une irréprochable exactitude disciplinaire. A tous ces points de vue, au dernier surtout, Pélissier était très haut prisé. Dans cette série de situations si diverses, il achevait de développer sa vigoureuse et calme maturité; son mérite, toujours égal et soutenu, lui avait valu dès 1832 la rosette d'officier de la Légion d'honneur [1].

Attaché, en 1837, comme chef d'état-major au général de Faudoas, commandant la 1re brigade de cavalerie (Lille), Pélissier devient inquiet : il n'a depuis longtemps plus rien à apprendre, rien à ajouter à ses titres de services, dans les nombreuses spécialités dont il s'est vu successivement chargé; sa robustesse naturelle de corps et d'esprit se trouve à l'étroit dans le cercle, devenu banal pour lui, de ses travaux ordinaires; il éprouve un impérieux besoin d'élargir son action et ses horizons, et cette disposition s'accroît chaque jour. D'Afrique une vague rumeur arrive et grossit peu à peu : les deux expéditions de Constantine ont fouetté l'opinion militaire; l'armée a les yeux fixés sur la nouvelle colonie; on se répète de plus en plus, entre officiers, que tout n'est pas fini là-bas; que tout, au contraire, pourrait bien ne faire que commencer... Le duc d'Orléans, suivant la montée progressive de l'opinion, va lui-même, après deux de ses cadets, faire acte de présence en Algérie, et passe le fameux défilé des *Portes de fer* avec la colonne du maréchal-gouverneur Valée (1839). Abd-el-Kader s'est ému; il va briser le traité de la Tafna, et entamer cette longue et célèbre

---

[1] Qui lui fut conférée *à titre exceptionnel,* tant ses services furent appréciés à l'armée des Vosges.

lutte qui, dans l'histoire, doit le placer à côté de Jugurtha par le talent militaire et l'énergie, et bien au-dessus par le caractère personnel et la fécondité des ressources. Les lettres qui arrivent d'Afrique, les officiers qui en reviennent, tout s'accorde à donner l'impression de la lutte prochaine. En Europe, la paix générale ne paraissait pas devoir être troublée de longtemps encore; et si des *points noirs* existaient quelque part, c'était précisément du côté de l'Orient : en cas de conflit par là, les troupes d'Afrique seraient les premières appelées à marcher, à moins qu'elles n'eussent déjà pareille ou plus forte besogne sur les bras en Algérie même. Pélissier pesa toutes ces raisons, et se trouva bientôt inscrit parmi ceux qui demandaient à passer en Afrique. La réponse se fit attendre, mais elle n'en fut que meilleure : le 2 novembre 1839, il fut promu lieutenant-colonel et mis à la disposition du ministre de la guerre pour être employé au dehors. Quelques semaines après, l'impassible officier tressaillit de joie; il était désigné pour « un emploi de son grade dans l'armée d'Algérie ».

Il avait trouvé enfin la véritable voie de ses destinées : le jour où le lieutenant-colonel Pélissier partait pour Toulon, Abd-el-Kader, rompant toutes les trèves, envahissait à la fois la Métidja et la vallée du bas Chéliff. La grande guerre était commencée. Elle allait durer plus de huit ans.

IV

LA GUERRE D'AFRIQUE ET L'ALGÉRIE EN 1839. — LE MARÉCHAL VALÉE
LA MÉTIDJA, MÉDÉAH, LE COL DE MOUZAÏA (LE TÉNIAH)
LE BOIS DES OLIVIERS. — MILIANAH. — CHERCHELL (1839-1841)

L'Algérie, encore si peu connue en 1839, est aujourd'hui terre trop
française pour que nous ayons besoin d'en tracer, à l'usage de nos lecteurs, la description géographique. On l'enseigne dans toutes les
écoles. Il nous suffira de rappeler les traits généraux de son relief,
sans lesquels on suit malaisément les évolutions de nos soldats.

Elle se compose de trois zones distinctes, du nord au sud. La première, la maritime, est formée par une série de massifs montagneux
côtiers : le Dahra, le Sahel, le Djurdjura (le plus considérable), et le
massif khroumir, que séparent de riches plaines; la seconde comprend les chaînons tourmentés et ramifiés de l'Atlas, sous les noms de
Ouarensenis, Grand et Petit-Atlas, monts Aurès, Bibans, etc., avec des
plateaux, les uns nus et âpres, coupés de profonds enfoncements où se
réunissent les eaux de pluie (chotts), les autres fertiles et herbeux,
avec de superbes pâturages; on l'appelle *région des plateaux.* Ces
deux régions réunies sont comprises sous le nom de *Tell,* c'est-à-dire
terre cultivable. La troisième zone est celle du Sahara algérien, et s'arrête au Djebel-Ammeur.

Les Romains avaient possédé et colonisé les trois zones, comme le
démontrent de nombreux vestiges de leur domination.

Alger est assis en pente douce sur les revers nord et est du petit
massif de collines fertiles appelées le *Sahel;* le point culminant, à
l'ouest, est le mont Bouzaréa; à l'est, un petit piton isolé, très près
de la ville, surplombe la rade et le golfe et supporte un énorme château fort appelé le *fort l'Empereur :* c'est la clef de toutes les défenses
d'Alger.

C'est dans le Tell que, jusqu'alors, notre domination limitée s'étendait lentement; mais les deux massifs du Dahra à l'ouest, de la Kabylie

à l'est, nous échappaient complètement; les villes occupées sur le littoral, comme Bône, Mostaganem, Oran, ne nous appartenaient réellement que jusqu'à la limite d'action de nos armes, et n'avaient de communications assurées que par mer. Quant aux villes de l'intérieur, — sauf Constantine, récemment enlevée dans un assaut qui restera l'une des grandes pages de notre histoire militaire, et Blida, fortement occupée par nécessité stratégique absolue, — nous ne pouvions nous vanter d'en posséder aucune avec certitude de la garder. Cet état précaire, après neuf ans de conquête, tenait à une cause extérieure.

La monarchie de Juillet, difficilement acceptée en Europe, à cause de son origine et de ses tendances, avait été longtemps ballotée entre les soulèvements légitimistes, les complots républicains, les émeutes ouvrières et les exigences contraires des grandes puissances, comme la Russie, l'Angleterre et la Prusse. Avant tout elle avait dû se préoccuper d'assurer sa propre existence.

Ce n'est qu'en 1834 que le gouvernement français, débarrassé de ses plus graves soucis, élargit enfin son horizon et, parmi les questions pendantes, s'occupa d'organiser notre colonie africaine en y important les rudiments des administrations civiles; premier essai qui, mal appliqué, réussit peu et provoqua d'interminables récriminations.

Jusque-là, une succession rapide de commandants en chef plus ou moins bien inspirés (Clauzel, Berthezène, Savary, Voirol, Drouet d'Erlon, Clauzel de nouveau, Damrémont, Valée), de brillants coups de main exécutés par de hardis officiers sur Oran, Mers-el-Kébir, Bône, Bougie, Djidjelly, Tlemcen, Mostaganem; de beaux travaux de voirie exécutés par l'armée, faisaient tout notre bilan; pour le reste, les querelles administratives, les tentatives avortées, tout un ensemble d'actes isolés et incohérents avaient singulièrement affaibli la portée du grand coup frappé par l'armée de Bourmont.

Quant aux populations du pays, nomades ou urbaines, montagnardes ou cavalières, si essentiellement différentes entre elles par l'origine, le langage, les habitudes, la situation même vis-à-vis du gouvernement turc renversé, elles s'étaient vite aperçues que les Français n'avaient encore aucun plan arrêté sur l'attitude à prendre envers chacune d'elles, et que les chefs, soit de l'occupation militaire, soit des services administratifs qu'on remaniait à chaque instant au hasard, manquaient presque tous de la plus élémentaire connaissance du pays, de ses habitants et de ses besoins.

On conçoit donc qu'à la faveur de ce relâchement, l'Algérie, qui devait, selon le plan élaboré en 1830, être complètement soumise et pacifiée dans un délai maximum de deux ans, fût devenue peu à peu le foyer d'une série d'intrigues et de résistances locales, qui prolongeaient indéfiniment l'incertitude. En 1834, à la tribune française, dont les échos, soigneusement recueillis et arrangés par des influences hostiles, se colportaient jusqu'au fond des tribus, on mettait encore publiquement en doute la possibilité et l'utilité de conserver Alger !... Des hommes d'intrigue, comme il en pullule en Orient, habiles à se faire valoir par de petits services démesurément grossis en importance, entraînaient nos généraux à des mesures incompréhensibles et à des compromis qui ruinaient à la fois notre influence et leur propre autorité. C'est ainsi que put grandir Abd-el-Kader.

Fils d'un marabout[1] renommé de la tribu des Hachems, près Mascara, élevé avec soin en savant et en lettré, trois fois emmené par son père au pèlerinage de la Mecque (qui confère le titre toujours respecté de *hadji*), puis voyageur dans l'Orient musulman, enfin nourri dans la haine des Turcs et l'ambition de rendre à la race arabe son indépendance et sa splendeur éteintes, Abd-el-Kader, rentré dans sa tribu en 1828, y jouissait déjà d'une grande réputation, qui s'étendait au dehors; il observa sans mot dire la chute des Turcs et les errements des conquérants chrétiens, de ces chrétiens contre lesquels le Coran prononce le droit de guerre continuelle, le *Djihad*. Son père, Mahi-Eddin, avait été proscrit par les Turcs pour cause de patriotisme arabe. Le fils, appelant à lui tous les Arabes au nom de la religion et du patriotisme confondus en une seule cause, tint une vaste assemblée au mois de septembre 1832, dans la plaine d'Eghris, et vit immédiatement trois grandes tribus se prononcer pour lui : les Hachems, les Beni-Ammer et les Hamyâns-Gharabas. Il avait alors vingt-six ans à peine, il était dans la plénitude de son talent et de sa renommée. A la tête de ses partisans, il attaque aussitôt deux tribus ralliées à notre cause, les Douairs et les Smélas, leur inflige des échecs, nous harcèle dans nos garnisons, et s'acquiert un prestige sans égal par devant les Arabes en venant nous assiéger, quoique très vainement, dans Mostaganem. Le général Desmichels, nouvel arrivant, traite avec lui d'égal à égal, lui reconnaît le titre (dont il ignorait l'importance) d'*émir* des Arabes de l'Algérie occidentale, et va jusqu'à le soutenir contre des révoltes particulières. Cette situation se prolonge pendant les démêlés sanglants de nos troupes avec les Kabyles de l'Edough, près Bône, et contre le bey turc Achmet, de Constantine. Abd-el-Kader étend chaque jour son influence; cependant Desmichels est rappelé et désavoué; le jeune émir n'hésite pas à continuer la guerre : il surprend et bat complètement le général Trézel sur les bords de la Macta (1835); cette journée nous coûta huit cents hommes, un tiers de l'effectif de la colonne. Le dévouement des Douairs et des Smélas, inébranlables adversaires de l'émir, sauva le reste. Pour réparer ce retentissant

---

[1] Les véritables *marabouts* sont de race noble (*djouadi*) et jouissent d'une haute influence.

désastre il fallut le retour de Clauzel en Afrique, d'amples renforts et
deux expéditions énergiquement menées, dans l'une desquelles Mascara, devenue la capitale du nouveau roi arabe, fut livrée aux flammes,
et Tlemcen occupée par nos troupes. L'année suivante, l'échec de
Clauzel sous les murs de Constantine, contre Achmet-Bey, le faisait
rappeler, et l'émir en profitait pour reprendre l'offensive. C'est alors
que le général Bugeaud, envoyé à Oran, le battit vigoureusement sur
la Sikkak, et conclut avec lui le traité de *la Tafna* (1837). Ce traité,
qui prétendait corriger le précédent, restait encore tout à l'avantage
d'Abd-el-Kader, qui, reconnaissant la suzeraineté nominale de la France
en Algérie (il ne pouvait faire autrement), se faisait abandonner le
principat de la moitié de l'intérieur, toujours avec le titre d'émir, à
des conditions qui eussent paru acceptables à un bey de Tunis ou
d'Oran. Bugeaud devait plus tard faire oublier cette erreur du début.

L'émir employa aussitôt la paix qu'on lui concédait à se former des
troupes régulières et disciplinées de cavalerie (*cavaliers rouges*) et
d'infanterie (*askers*), une artillerie, des fonderies, des magasins, des
dépôts de munitions. A la fin de 1838, il possédait onze bataillons de
réguliers à pied, à quatre cents hommes chaque, douze escadrons de
rouges, à cent soixante hommes chaque, une compagnie d'artilleurs
marocains, quarante-deux pièces [1]. Ces chiffres étaient doublés à la fin
de 1839. Il avait rebâti Mascara et choisi, avec un flair merveilleux,
comme magasins et bases d'opérations, les places, créées par lui, de
Boghar, Thaza, Saïda, Tafraoun et Tagdempt. Son ascendant sur les
Arabes était inouï; des Européens, jusqu'à des Français, séduits par
son génie, s'attachaient à sa fortune et lui servaient d'auxiliaires. Il
gouvernait souverainement tout l'ancien beylik d'Oran, sauf la côte, et
celui de Titteri; son État formait trois commandements (aghaliks)
confiés à des hommes de première valeur; il l'administrait en maître
habile et exigeant, et exerçait ses troupes par des *razzias* sur les dissidents et par une guerre de siège dans le désert, — contre les Tadjini
d'Aïn-Madhy, qui se déclaraient indépendants par droit d'origine.

La chute définitive d'Achmet-Bey et l'extension des Français dans
l'est, par la prise de Constantine, ne l'émurent pas; il les fit servir à
ses desseins et écrivit à toutes les tribus du centre et de l'ouest : « Les
Français ont fait sans le savoir l'œuvre de Dieu, ils ont renversé les
Turcs oppresseurs; Allah s'est servi des *kafirs* (infidèles) contre des
tyrans; maintenant, croyants, debout! Voici l'heure de vous unir tous
contre l'infidèle. »

---

[1] Nous ne comptons pas la force variable, mais toujours grande, des *goums* ou
contingents féodaux des tribus. Au début de la guerre, en 1840, il y en eut à la fois
plus de quarante mille sur les divers points de l'Algérie. Si l'émir avait eu le temps et
les ressources nécessaires, il eût pu alors nous en jeter sur les bras plus de cent
cinquante mille sans compter les Kabyles.

A ce moment, nos généraux entamaient dans l'est des hostilités maladroites avec les habitants des Babors, de race kabyle et ennemisnés de l'Arabe; Abd-el-Kader les laissa s'enferrer, puis, quand il fut prêt, il argua brusquement du passage des Portes de fer par nos troupes comme d'une violation des traités, signifia leur rupture, et lança sur nous ses trois aghas pendant que, de sa personne, il entrait dans la Métidja.

Le 20 novembre 1839, les Hadjoutes se jetaient par groupes à l'attaque de tous nos établissements de la plaine, saccageaient nos fermes et nos villages; en même temps, des nuées de cavaliers, commandés par le frère de l'émir, surprenaient à l'Oued-el-Halleg l'un de nos convois militaires et venaient se heurter à nos redoutes de Bouffarik. Dans toute la plaine il y eut des scènes dramatiques, des désastres isolés dont la presse et la scène s'emparèrent. L'émir, arrivant avec ses rouges, vint nous défier jusque dans le Sahel. Ce fut un coup de théâtre inouï; mais nos troupes veillaient : laissant Alger à la garde de sa milice, le général Rulhière lance la garnison dans la plaine, bat l'ennemi à l'Arrach et à Méred et rétablit nos communications avec Blida; puis le maréchal Valée en personne, ayant organisé une forte colonne, marche sur l'émir, le bat en arrière de Blida, le 30 décembre, et le rejette sur l'Ouarensenis.

Quand Pélissier débarqua à Arzew, au mois de janvier 1840, Ben-Thami, khalifa d'Abd-el-Kader à Mascara, à la tête de quinze mille Arabes pourvus de canons, se jetait sur le poste avancé de Mazagran, où les cent vingt-trois hommes du capitaine Lelièvre, par leur admirable résistance, conquirent un renom qui ne s'est pas effacé. Des faits d'armes pareils se renouvelaient au reste à ce moment sur tous les points attaqués du territoire d'occupation. A quelques lieues de là, c'était le lieutenant-colonel Yousouf qui, entouré avec ses deux cents cavaliers par huit mille Arabes aux ordres du khalifa de Tlemcen, opérait une retraite lente jusqu'à l'arrivée des renforts et, reprenant l'offensive, enfonçait et sabrait l'ennemi, lui tuait quatre cents hommes et le poursuivait jusqu'à dispersion complète. Ce combat de *Ben-Talmet*, semblable à celui du mont Thabor, à un contre quarante, n'a pas eu son retentissement; qu'importe, l'honneur en est le même! Aux environs de Bougie et dans la Métidja, vingt faits d'armes aussi brillants se passaient; des colons isolés, des groupes de soldats surpris accomplissaient à l'Arba, au Fondouk, à la Ferme-Modèle, des actes d'héroïsme dignes des vieux Spartiates. Il n'est pas un Algérien qui ne sache la défense adroite et couronnée de succès d'un vieux colon bien retranché et bien armé contre plus de huit cents Arabes, qui crurent avoir affaire à toute une garnison et tournèrent bride. Et l'éminent cardinal-archevêque d'Alger rappelait naguère, dans un beau discours, le noble souvenir de ce petit groupe de chasseurs d'Afrique qui, entourés subitement auprès de la Maison - Carrée par des milliers de Hadjoutes, et mis en demeure de sauver leur vie par l'abjuration, préférèrent tous, sans hésiter, la mort au reniement de leur baptême, et rachetèrent les erreurs de la vie des camps par un glorieux et vrai martyre.

A ces attaques concentriques, partant de tous côtés, le maréchal Valée jugea qu'il fallait opposer un front très solide et limiter de suite, en la coupant dans ses points d'appui, la zone de cette guerre. Il laissa donc au général commandant à Oran, soutenu par le vieux et expérimenté Mustapha-ben-Ismaïl[1], et à nos commandants de colonnes de l'est, appuyés sur l'habileté dévouée de Ben-Gannah[2], le soin de se défendre isolément contre les lieutenants éloignés d'Abd-el-Kader; et lui-même, à la tête des renforts qu'il avait demandés en France, résolut de frapper trois coups rapides sur le centre de la puissance de l'émir : par le premier (occupation de Cherchell) il créait un poste contre les tentatives de guerre dans le Dahra, et un débouché de flanc sur la Chiffa, débouché toujours en communication par mer avec Alger; par les deux autres, l'occupation de Médéah et de Milianah, il éloignait définitivement l'ennemi de la Métidja. Médéah commande en arrière le passage sud de l'Atlas; Milianah le passage ouest, celui qui donne accès, par la remonte de l'Oued-Djer, dans la vallée centrale du Chéliff.

Le 15 mars, après de courts engagements, Cherchell était occupé, et le 17e léger faisait flotter les couleurs françaises au sommet du Chenoua, puissant piton de huit cents mètres, qui surgit à l'extrémité orientale de la Métidja, et du haut duquel l'œil embrasse sans fatigue un panorama gigantesque : la Métidja entière, le Sahel d'Alger, le Dahra et sa surface tourmentée, l'immense nappe bleue de la mer; puis au sud, les croupes sinueuses de l'Atlas, la tête sombre du Zaccar, qui surplombe de loin Milianah, et enfin au sud-ouest, les ondulations boisées de l'Ouarensenis dessinées par le profil allongé de la montagne si pittoresquement surnommée par nos troupiers *la Cathédrale*, à cause de sa forme et de son clocher de pierre. De sanglants engagements, pendant le retour sur Blida, brisèrent la force des indomptables Hadjoutes et réduisirent des deux tiers le nombre des fusils de cette tribu, désormais peu à craindre.

A peine rentrée à Blida, l'armée se reforme et, portée à douze mille hommes, attaque Abd-el-Kader, qui l'a suivie de près. Un premier

---

[1] Vieux général qui avait servi sous les Turcs; créé agha des Douairs et Smélas, il nous resta toujours fidèle et fut tué deux ans après à notre service. C'était un véritable homme de guerre, dont tous nos officiers respectaient l'expérience et écoutaient les conseils.

[2] Excellent guerrier, il joua dans l'est le rôle que Mustapha jouait dans l'ouest; nous l'avions nommé commandant en chef des goums de l'est (*cheikh el arab*). C'est le premier qui ait osé, avec des Arabes, attaquer et battre les réguliers d'Abd-el-Kader, conduits par l'émir en personne.

combat à l'Affroun (27 avril) rejette dans l'ouest le khalifa de Milianah, Sidi-Embarek, regardé comme le meilleur général de l'émir. Une semaine de campagne et d'engagements sur la droite dégage la route de Cherchell, puis le gros de la colonne marche sur Médéah par le célèbre col de Mouzaïa ; là se passe un des faits les plus connus de la guerre, l'enlèvement direct du col sous le feu de dix mille Arabes, par l'audacieuse intrépidité de Changarnier et de ses hommes ; là se consacrent d'un ineffaçable éclat des noms déjà connus : Changarnier, Lamoricière, Duvivier, Bedeau, Le Flô ; et des régiments célèbres : les zouaves, et l'incomparable 2e léger, digne émule du 10e et du 17e. L'imprenable passage est forcé. Vaincu au Téniah, Abd-el-Kader dispute encore l'entrée de Médéah et ne la cède qu'après le sanglant combat du bois des Oliviers (16 mai). Le 17, Médéah est occupée et Cavaignac en reçoit la garde ; c'était dire l'inutilité de tous les efforts que pourrait tenter l'ennemi pour la reprendre. On sait comment le jeune colonel (il venait d'être promu) traça lui-même ses limites ; il pointa un canon, et montrant à ses officiers les éclats de roc soulevés au loin par le boulet : « Voilà, dit-il, nos frontières ; l'ennemi ne doit pas les passer. » Il en fut ainsi [1].

Les marches, les privations, les garnisons, le feu de l'ennemi avaient réduit à trois mille hommes la colonne, qui reprenait, le 20 mai, la route de Blida, toujours harcelée par l'infatigable émir. Elle le retrouva aussitôt au bois des Oliviers, point stratégique qui devait être en quelques mois le théâtre de cinq combats ; elle dut s'ouvrir une route sanglante. A peine reposée à Blida, elle en repartait le 5 juin, repassait la Chiffa, remontait son affluent, l'Oued-Ger, et entrait à Milianah sans bataille. L'émir, ne pouvant défendre la ville, l'avait à demi détruite. Il nous attendait au retour ; le combat du 15 juin, l'un des plus acharnés de cette guerre, nous coûta trois cents hommes ; Abd-el-Kader en perdit plus de mille. On passa. Derrière nous le cercle se referma sur Milianah en ruines et sa petite garnison de huit cents hommes. L'épopée de ce blocus, où les fièvres et l'épuisement réduisirent les défenseurs à deux cents, dont trente seulement valides, a été tracée par la sobre et forte plume de Louis Veuillot, sous la dictée du commandant de la défense, le colonel d'Illens. Le 4 octobre, Changarnier, chargé du ravitaillement, ramena ces restes héroïques, qui moururent en chemin ; seuls, les trente valides arrivèrent à Alger. Mais la ville avait été conservée à la France.

---

[1] Cavaignac, plus tard l'un des *cinq Africains*, sortait de Polytechnique, comme Lamoricière, et avait, comme lui, débuté dans le génie, qu'il abandonna pour l'infanterie. Officier sans égal pour la rigoureuse exactitude du service, dominant le soldat par sa froide intrépidité, c'était un enthousiaste aux dehors austères. Il fut ministre de la guerre en 1848, et *dictateur* pendant la période constituante. Il échoua aux élections du 10 décembre, pour la présidence, contre le prince Louis-Napoléon.

C'est par de tels héroïsmes, plus difficiles que tous les élans de la bravoure au feu, que l'Algérie est devenue et restée terre française. Il est bon que les nouvelles générations, qui recueillent la riche moisson du labeur et de la civilisation implantés en ces admirables sites, sachent quels dévouements, quelles morts l'ont fait germer, et de combien de sang et de souffrances il a fallu arroser chaque sillon ; comment des villes croulantes, des terres malsaines où régnait la terrible fièvre paludéenne, des plateaux couverts de l'ingrate et tenace végétation du palmier nain et de l'asphodèle ont pu devenir, au prix de sacrifices sans nombre, ces riants séjours parés du double attrait de l'Orient et du Nord civilisé, où se consomme la guérison de maladies rebelles au climat de la France, de luxueuses oasis de verdure aux eaux jaillissantes, qui approvisionnent les grandes villes d'Europe de leurs plantureuses primeurs en plein janvier. Sous chacune gisent par centaines les cadavres d'hommes de cœur, morts à la peine et au devoir. Milianah, Philippeville, Aumale, Orléansville, Biskra, Sidi-bel-Abbès, Bône, cinquante autres localités, renouvelées ou créées, et les superbes créations de Bouffarik, de Ben-Aknoun et de Staouéli, toutes datant de cette période de guerre, redisent sans cesse les travaux prodigieux, les souffrances vaillantes, les patiences sans fin et les morts sans plaintes de nos soldats, de nos colons, des jésuites et des trappistes français.

Mais le lecteur cherche le nom et le rôle de Pélissier à travers ces courts résumés de l'épopée d'Afrique. Son nom ? il était au bas de tous les bulletins ; il figurait deux fois en tête, cité à l'ordre de l'armée, le 28 mai et le 4 juillet, pour sa vaillance aux combats du 20 mai et du 15 juin ; dans cette dernière affaire, il avait été blessé d'une balle sans interrompre une minute son service ; et l'ordre général ajoutait avec justice cette phrase, qui reste acquise à la gloire des combattants : « Le souvenir du passage du col de Mouzaïa, des combats du 20 mai et du 15 juin, sera toujours présent à la mémoire des soldats d'Afrique. »

Quant à son rôle, il était des plus simples : Pélissier faisait campagne et remplissait à cheval, sous les balles, son emploi de chef d'état-major qui, en France, s'accomplit dans des bureaux bien meublés et bien chauffés. Pour salle de travail il avait sa petite tente, ou celle du général, ou tout bonnement la voûte sombre ou splendide du ciel d'Afrique, et l'ombrage des lentisques et des oliviers ; pour armoires, table, siège, casiers, bureau, les deux petites caisses rectangulaires appelées cantines, où chaque officier loge comme il peut ses effets personnels ; pour les porter, un de ces vigoureux mulets d'Espagne, au pied sûr, aux reins complaisants, qui accompagnaient nos colonnes à travers des montagnes où souvent le plus agile fantassin ne passait qu'en appelant la pioche des sapeurs à son aide. Ces braves animaux, indispensables auxiliaires du soldat en marche, se trouvaient toujours à point pour le recueillir, fatigué ou blessé, sur le *cacolet* d'ambulance ou lui apporter, à la fin du combat, dans les tonnelets de la cantinière, la *goutte* qui restaure et qui donne la force d'atteindre l'étape, pour y faire le *café-soupe*. Leur nom générique en campagne était *ministres*, « attendu, disaient leurs conducteurs, les soldats du train, qu'ils sont chargés des affaires de l'État[1]. » De même que le fantassin, le classique Dumanet amaigri, séché et recuit au soleil d'Algérie, insensible à la fatigue, toujours prêt au combat et « débrouillard en diable », s'était lui-même affublé du surnom de *dromadaire* ou *soldat-chameau*, qui le représentait pittoresquement dans ses marches fabuleuses à travers des pays déserts ou ravagés, sous la charge de ses huit ou dix jours de vivres, armes, munitions, ustensiles et objets de campement, soit trente-cinq à quarante-deux kilogrammes, — auxquels chacun ajoutait son lot personnel d'animaux, de curiosités, de souvenirs cueillis au passage entre un combat et une razzia; car il est bon de savoir que le *bibelot*, avant de passer dans la langue et les salons de Paris, a pris naissance dans l'argot et sur le sac du troupier d'Afrique.

C'était un zouave du 1er bataillon, la barbe tordue, au teint d'un brun chocolat, qui répondait alors au duc d'Orléans, passant la revue du corps après l'affaire du Téniah, et demandant à l'officier de peloton de quelle tribu était cet *indigène* si brun et de si belle attitude[2] : « De la tribu des Beni-Mouffetard, mon prince, » avec cet accent faubourien qui interdit le doute.

Nous passerons maintenant avec une simple mention sur les actions militaires qui, dans la suite de l'année, eurent pour but de dégager et de ravitailler les places conquises : affaire du Selsou, du général Duvivier sous Médéah, de Changarnier, à la tête des colonnes de ravitaillement de Cherchell, de Médéah et de Milianah; de Kara-Mustapha, etc. L'été fut exceptionnellement sec et chaud, et signalé seulement au mois d'août par le massacre d'un de nos convois, que surprirent les deux chefs Ben-Salem et El-Berkany[3]. Nos conquêtes, solidement défendues, repoussaient toutes les attaques de l'émir. Dans l'est, il essuya un échec sanglant et dut renoncer à se porter désormais de ce côté, grâce à l'énergie de notre *cheikh el arab* Ben-Gannah, qui l'attaqua audacieusement et lui tua cinq cents hommes; de ce côté, le prestige d'Abd-el-Kader s'évanouit.

Le ravitaillement d'octobre, où se distingua Changarnier, ouvrit la

---

[1] Un peu plus tard, le ministre de l'Instruction publique, M. de Salvandy, ayant fait une tournée officielle en Afrique, s'offusqua d'abord et crut à une plaisanterie de mauvais goût lorsqu'il entendit résonner cette appellation dans nos colonnes. On lui démontra que c'était une coutume invétérée, et il s'en égaya tout à l'aise.

[2] La majeure partie des zouaves était encore indigène en 1840. Ce n'est qu'à la formation des *turcos* ou *tirailleurs algériens* que le corps des zouaves fut exclusivement composé de Français.

[3] Ces chefs El-Berkany, Ben-Salem, Mustapha-ben-Thamy, etc., commandants des troupes de l'émir, étaient des hommes de réel talent et d'une grande vigueur.

voie à la dernière tournée militaire exécutée par le maréchal Valée, et dans laquelle les riches et remuants Righas, maîtres du Zaccar, furent châtiés et soumis.

Mais, au moment de clore cette liste de rudes travaux, pourquoi craindre d'allonger en inscrivant ici, pour mémoire tout au moins, quelques-uns des noms mis à l'ordre général de l'armée, avec celui de Pélissier? Ces extraits, semblables aux écussons glorieux dont nos cercles militaires revêtent leurs murs aux jours de fête, font battre le cœur d'une patriotique émotion. Dans le seul ordre du 28 mai, nous relevons au hasard les noms suivants : pour l'état-major, le lieutenant-colonel Pélissier, le commandant de Courtigis, le capitaine de Cissey, le capitaine d'artillerie Lebœuf; pour l'infanterie, les colonels Changarnier, Duvivier, Bedeau, Lamoricière, les commandants Renault, Regnault, les capitaines Barral, Le Flô, de Ladmirault, Cler, Saint-Arnaud, les lieutenants et sous-lieutenants Bessières, Le Poitevin, Ducrot; — fiers d'être mis à côté de braves soldats et sous-officiers tels que le légendaire carabinier Robinet (2e léger) et le fourrier duc d'Harcourt (zouaves); dans la cavalerie, les colonels Korte et de Bourjolly, le commandant Morris, les capitaines Boyer, Gastu, les chasseurs et sous-officiers Rougeot (modeste héros qui fut mis au théâtre et servit de modèle à la célèbre création du *brigadier La Ramée*), de Breteuil, Castéra, etc.

A six semaines de là, les deux tiers de ces futurs généraux étaient déjà promus de grade ou de décoration. Le surlendemain, l'ordre du 4 juillet y ajoutait, avec Pélissier encore, les d'Allonville, les Mac-Mahon, les Bouscaren, et le *brigadier* de gendarmerie maure Margueritte, âgé de dix-sept ans. Tout Français qui tient à l'honneur de son pays doit retenir ces noms-là.

Et cependant, à la fin de cette année si féconde en labeurs sanglants, le vieux maréchal n'était pas encore sûr des résultats obtenus. La ténacité du fanatisme religieux et patriotique des Arabes (utile leçon pour les Français de la décadence), admirablement entretenue et mise en œuvre par le génie d'Abd-el-Kader, remettait constamment tout en question. Pendant que le maréchal opérait au loin, des milliers de partisans hardis, par groupes de cinquante à trois cents, traversaient nos lignes, nos routes, nos communications, pillaient nos convois et brûlaient nos colons dans leurs fermes, à la vue des compagnies détachées dans le Sahel et la plaine. Le général Schramm, chargé de la garde d'Alger, était obligé de mobiliser par détachements la milice de la ville; en désespoir de cause, quelques officiers du génie faisaient adopter le plan d'une *fortification permanente* de la Métidja, espèce de muraille de la Chine, qui devait limiter notre autorité à un rayon de quelques lieues autour d'Alger. Le plus étrange, c'est que des travaux considérables furent exécutés selon cette bizarre conception, dont le moindre défaut eût été d'employer à sa défense autant d'hommes qu'il en fallait pour conquérir toute l'Algérie.

Les plans d' « occupation partielle et successive » présentés par Valée ne furent pas ratifiés à Paris, et il se vit refuser les moyens en hommes et en argent dont il voulait les appuyer. Déjà un nouveau système se faisait jour, préconisé par celui même qui allait recevoir mission de l'appliquer.

Le maréchal, fatigué, demanda son rappel et l'obtint facilement. Son successeur fut l'ex-négociateur du traité de la Tafna, le vainqueur de la Sikkak, Bugeaud, alors lieutenant général. Il arriva au mois de février suivant, avec des plans longuement mûris et acceptés du gouvernement. Les moyens ne lui furent pas marchandés. Deux mois plus tard, l'armée d'Afrique comptait soixante-treize mille fantassins, treize mille cavaliers ; soit, avec les armes spéciales et les troupes d'administration, cent mille hommes en bloc.

Parmi les renforts figurait, presque en entier, la division Castellane (de Perpignan), véritable modèle d'instruction militaire, d'entraînement et de discipline, qui allait dès ses débuts se mettre au niveau des vieux corps d'Afrique. Dans les promotions du mois d'août précédent, l'armée avait applaudi avec transports celle du légendaire colonel des zouaves Lamoricière, nommé officier général à trente-quatre ans. Turenne fut maréchal à trente-deux. Toutes proportions gardées, c'était tout aussi juste et utile. Ce fut à Cavaignac qu'échut la succession de Lamoricière à la tête du célèbre régiment. Lamoricière et Bugeaud ! ces deux noms vont dominer les événements des années suivantes. Pélissier, devant l'horizon qui s'élargissait pour lui, s'ancra résolument en Afrique.

V

Le 22 février 1841, Bugeaud débarquait à Alger et, dans deux proclamations adressées l'une aux colons, l'autre à l'armée, définissait tout son programme : Coloniser au fur et à mesure de la conquête, de façon que partout où les armes françaises briseraient la résistance arabe, un établissement fixe assurât la possession du sol.

Dans ce but, le gouverneur organisa les *colonnes mobiles*, toujours prêtes à marcher et rattachées à des centres fixes, toujours approvisionnés ; chaque rayon d'action devait être déterminé : de là la division du territoire en *cercles* militaires, sous des officiers supérieurs triés sur le volet, responsables devant les généraux de tout ce qui se passerait dans leurs commandements respectifs. Les limites furent tracées avec soin, de façon que l'ennemi ne pût jamais paraître dans un cercle sans y être aussitôt signalé et attaqué. Les colonnes furent allégées de tous les *impedimenta* et rendues d'une mobilité qui allait atteindre des proportions presque fabuleuses.

Il fallait procéder par degrés, et cette organisation prit de longs mois. En attendant, le printemps se passa, pour Pélissier et ses chefs, aux grands ravitaillements sur Médéah, Milianah, Cherchell et Tlemcen. Bugeaud, pour mettre les jeunes troupes à l'unisson des vieilles et bien prendre en main tout son monde, dirigea lui-même ces opérations ; les ducs de Nemours et d'Aumale figuraient dans la colonne, le premier à la tête d'une brigade, le second comme aide de camp de son frère. La marche sur Milianah amena les quatrième et cinquième combats du bois des Oliviers (26 avril et 14 mai) ; celle sur Médéah mit aux prises le vaincu de la Sikkak avec le vainqueur : Abd-el-Kader nous attendait au sortir de Milianah ; une erreur de direction dans notre colonne de gauche amena subitement le contact avec les réguliers de l'émir ; l'énergie des zouaves, sous le commandement de Saint-

Arnaud, eut bientôt réparé la faute. Mais l'émir, saisissant l'occasion, vint en forces tomber sur nous le 3 mai ; il jeta vingt-deux mille hommes aguerris contre nos sept mille. Bugeaud, prévoyant le mouvement, avait disposé une embuscade de toute son arrière-garde, pendant qu'Abd-el-Kader en tentait une semblable à notre centre, qui ne croyait pas devoir combattre ; une charge de la brigade Nemours déjoua le plan de l'émir, comme l'élan intempestif du centre déjoua le plan de Bugeaud ; cette bataille projetée en ligne, où chacun des deux adversaires avait résolu à part soi d'en finir par un coup suprême, ne fut plus qu'une sanglante mêlée d'où sortit, grâce à la vigueur de nos troupes et de leurs chefs de corps, une victoire complète. Dans un moment de désespoir, Abd-el-Kader voulut se faire tuer. Ses officiers l'entraînèrent et, sans l'excellence de son cheval, il fût tombé au pouvoir de Yousouf, — le premier cavalier comme le premier *partisan* d'Afrique, — qui finit par se trouver seul, au loin, à poursuivre le groupe fugitif sans qu'un seul d'entre eux osât se retourner pour faire tête au terrible colonel des spahis.

Dans l'est et le sud, les détachements de l'émir étaient battus et son lieutenant, El-hadj-Mahomed, chassé de Msilah ; au centre, le général Baraguay-d'Hilliers, avec une colonne spéciale, poussait rapidement sur Boghar et Thasa, magasins d'Abd-el-Kader, et rasait les murs de ces deux places. Quand Bugeaud revint à Alger, son adversaire n'avait plus un soldat ni une *gourbi* (cabane) dans l'est et le centre. Sans se reposer, Bugeaud s'embarque pour Mostaganem, y prend le commandement des forces réunies là (avec Pélissier pour chef d'état-major de la colonne), et marche sur Tagdempt. Abd-el-Kader, avec toutes ses forces, côtoyait notre marche, qui dura du 18 au 25 mai, avec de légères escarmouches ; chacun de nos cavaliers portait sur son cheval un sac de riz de soixante kilogrammes ; l'infanterie avait sur le dos ses vivres et munitions au complet. Arrivé devant la ville, Bugeaud charge les zouaves, commandés par Cavaignac, de maintenir l'émir ; il entre à Tagdempt, déjà désertée et en partie incendiée ; la pioche, le pétard et la mine achèvent aussitôt l'œuvre ; des hauteurs voisines, Abd-el-Kader assistait impuissant à la destruction de son principal dépôt d'armes. Ne pouvant reprendre la ville, dont les parapets avaient été relevés et, la garde confiée au brave Tempoure, il guetta l'heure de la vengeance, suivit la retraite de la colonne, que son itinéraire obligeait à se scinder pour traverser les dangereuses gorges d'Akbet-Kredda, et là, le 1er juin, enveloppa subitement l'arrière-garde. Il n'y trouva qu'un échec de plus, grâce à l'énergie désespérée de la brigade Levasseur.

Dans le rapport du 5 juin, daté de Mostaganem, au ministre de la guerre, le général Bugeaud, enchanté du service de l'état-major, en parlait en ces termes : « L'état-major, très bien dirigé par le lieutenant-colonel Pélissier, s'est multiplié pour suffire à toutes les exigences du service avec une ardeur et un courage admirables. » Le chef d'état-major d'Oran, le colonel de Maussion, ayant été mortellement blessé, ce fut Pélissier qui le remplaça, sur la demande expresse de Lamoricière. Quand Bugeaud fut reparti pour Alger, Pélissier repartit avec Lamoricière pour Tagdempt, d'où l'émir furieux cherchait inutilement

Tlemcen.

à déloger Tempoure. Tagdempt ravitaillé, la colonne se porte sur Mascara, y verse de vastes approvisionnements, en relève les murs, le fortifie et y laisse la défense solidement constituée; puis elle se dirige au sud, dans la *Yacoubia*, y détruit la *kethna* (installation fixe) des Hachems où était né Abd-el-Kader, oblique à droite, force la marche, tombe sur Saïda et en rase le fort. Harcelée par les Arabes, qu'elle écarte de ses feux et de la pointe de ses baïonnettes, l'implacable colonne nettoie tout le pays, et rentre à Mostaganem après trente-trois jours d'absence. Dans cette campagne quasi fabuleuse, la moyenne des étapes avait été de trente-sept à quarante kilomètres, parfois de soixante; une armée portant *sur ses épaules* tous ses vivres et approvisionnements, se mouvant en pays chaud par un été torride, à travers montagnes et plaines, sans abris, sans villes, sans chemins tracés, harcelée par les escarmouches quotidiennes de l'ennemi, avait constamment dépassé en rapidité le *double* et parfois atteint le *triple* de celle assignée comme maximum par l'expérience et la théorie aux armées d'Europe, libres de leur marche, abondamment pourvues, hébergées dans des cités riches, disposant de tout le confort des réquisitions et de routes bien entretenues. Lorsqu'elle rentra, sous ses uniformes usés mais glorieux, à Mostaganem, Lacretelle, commandant de la place, dit à Pélissier :

« Qu'est-ce que vous venez donc faire ici? Ne savez-vous pas que le *grand chef* (gouverneur) est attendu, et qu'il va vous remettre en route?

— Mon cher, répondit le chef d'état-major, nous venons chercher du linge. Le grand chef nous donnera bien le temps de passer une chemise, attendu que nous n'en avons plus sur le dos ni dans le sac [1]. »

Il arriva en effet; déjà l'infatigable division, surnommée les *Juifs Errants* par l'armée d'Afrique, avait changé de vêtements et astiqué ses fourniments; elle ne demandait qu'à partir. La marche se fit sur deux colonnes : Bugeaud d'une part, Lamoricière de l'autre, assez rapprochés pour se porter secours, — car Abd-el-Kader ne leur laissait pas une heure de répit; — on convergeait sur Mascara. A moins d'écrire un volume, nous ne pouvons relever ici toutes les actions de guerre qui eurent lieu. Citons au moins l'affaire de l'Oued-Moussa, dans laquelle nos goums, six fois chargés par les réguliers, pliaient et allaient succomber quand l'infanterie, faisant en une heure plus de onze kilomètres au pas gymnastique, arriva juste à point pour les couvrir et rengager l'action. Là se distinguèrent les *bataillons rouges* de l'ennemi, inébranlables sous le feu des nôtres combiné avec les charges répétées de notre petite cavalerie, et qui, forcés enfin de céder, firent une retraite fière et lente applaudie de toute la colonne. On ravitailla Mascara, devenu la clef des opérations; on reprit et redétruisit Saïda, sans pitié pour un adversaire que rien n'abattait.

Dans ces marches sans fin, Lamoricière, à pied, conduisait lui-même sa colonne. A son exemple, tous les officiers montés donnaient leurs chevaux aux malades ou aux blessés. C'est Lamoricière qui a dit, à cette époque, de ses soldats : «Un homme qui a fait colonne trois mois

---

[1] On conçoit que, pour tous ces faits, Pélissier n'ayant pas laissé de *Mémoires*, nous nous contentions de les raconter d'après les narrateurs et acteurs les plus autorisés, en y insérant tout ce que les documents officiels (*rapport* des généraux, articles communiqués par l'état-major aux journaux, etc.) y ajoutent à propos du colonel Pélissier. Nous devons à l'un de ses plus constants amis, le général Yousouf, plus d'un renseignement de ce genre.

avec moi n'a plus rien à craindre de la fatigue; il est indestructible. »
Et c'est Bugeaud qui a dit de Lamoricière et de sa division : « Nous avions égalé les légions romaines; vous autres, vous les avez depuis longtemps surpassées. »

Au retour, la principale affaire fut celle de Takmaret, qui mérite une mention à part. Le 26 octobre, la cavalerie indigène, très nombreuse, avait envoyé dans un ravin un *fourrage* considérable qui, trop écarté du gros de l'armée, fut en un clin d'œil surpris et cerné par les escadrons rouges, suivis d'une véritable nuée de cavalerie goumière. Au bruit lointain du combat, Yousouf, sautant en selle, s'élance à la rescousse et tombe à coups de sabre sur l'ennemi; derrière lui, ses spahis, lancés ventre à terre, s'efforcent de le rejoindre. Mais un seul homme, aussi bien monté que lui, se trouve à ses côtés; c'est Pélissier qui, rassurant d'un geste le général irrité de ce contretemps et peu disposé à s'arrêter pour quelques fourrageurs mal embarqués, s'est jeté aux côtés de son ami Yousouf. Les deux colonels, l'épée haute, s'engouffrent dans le remous de la masse ennemie qui étouffait de son cercle pressé nos fourrageurs. Là se livre un de ces combats corps à corps, acharnés, — si rares à la guerre, — où l'arme blanche et les pistolets pouvaient seuls agir. Nos cavaliers, qui viennent de voir disparaître leurs chefs, arrivent enfin avec des cris furieux; spahis et *rouges* se mêlent et se massacrent. Le rapport de Bugeaud disait le lendemain : « On se tirait de si près que le feu prenait aux vêtements; j'ai vu plusieurs cavaliers arabes brûlant encore dans leurs habits. Nos blessés avaient aussi leurs vêtements en feu, et auraient été consumés sans les soins de leurs camarades... » Enfin, les trompettes des chasseurs d'Afrique annoncent du renfort, et les réguliers, se dégageant, se reforment; mais nos spahis se rejettent sur eux, les enfoncent, les forcent à repasser le ravin sous le feu de nos fantassins qui accourent. L'affaire des fourrageurs est devenue toute une victoire. Le même rapport officiel cité plus haut, après avoir mentionné l'intrépide Yousouf, ajoutait: « En tête de la charge a marché (aussi) M. le lieutenant-colonel Pélissier, qui a puissamment contribué au succès par son exemple. »

Cette journée, où se resserra l'amitié qui déjà unissait Yousouf et Pélissier, coûta les deux plus beaux escadrons de l'émir au khalifa Ben-Thamy, et resta célèbre dans les fastes des spahis. Les Medjeher, nos nouveaux alliés, enthousiasmés, nous jurèrent une fidélité à toute épreuve[1].

---

[1] Depuis longtemps un parti s'était formé dans l'état-major pour dénigrer les actes et jusqu'aux manœuvres militaires de Bugeaud. Des officiers généraux (dont l'un se laissa peu après surprendre en rase campagne) ne dédaignaient pas d'y apporter leurs voix. Après Takmaret, comme la cavalerie rouge se repliait, Bugeaud demanda à Pélissier, qui revenait de la charge, de lui donner un ou deux bataillons pour la poursuivre. Aussitôt des rires étouffés se font entendre, et l'on murmure, dans un groupe, que

Le 16 novembre, Bugeaud rentrait à Alger à bord du *Phare*; depuis le 10, Pélissier avait flegmatiquement repris son poste à Mostaganem; mais pas pour longtemps; quand sonna la première heure de l'année 1842, la *colonne d'Oran* était en campagne et Pélissier avec elle.

Cette expédition d'hiver avait pour but d'installer à Mascara un bey nommé par la France (mais dont on n'eut guère à se louer); après avoir enlevé à l'émir ses places fortes et l'avoir forcé à la vie nomade, nous nous établissions chez lui. Au point de vue militaire, cette campagne fut un chef-d'œuvre de conception de la part du chef, et de fantastique rapidité de la part des soldats. La colonne comptait dix bataillons et deux cent cinquante cavaliers. Avisé par les rapports de ses espions que Lamoricière avait déjà tout préparé pour transporter le siège de son commandement à Mascara même, Ben-Thamy réunit toutes les tribus de la région, leur représente le péril, les entraîne et tombe sur l'immense convoi qui suivait nos soldats, au col d'El-Bordj; une moitié des troupes couvre le convoi et continue la marche en s'entourant de feux, tandis que nos trois petits escadrons dégagent constamment la marche par des charges répétées, en fourrageurs, sur les tirailleurs ennemis; l'autre moitié se forme en arrière, prend son élan à la voix de Lamoricière, traverse comme une trombe l'immense cohue arabe, se retourne, le reprend de flanc, couche à terre des centaines de cavaliers sous ses feux de peloton bien ajustés et rallie le convoi. En quelques jours, Mascara, puissamment ravitaillé, devient une place de guerre solide : ses défenses sont doublées ainsi que sa garnison. Quant à Lamoricière et à son chef d'état-major, ils sont occupés à pourvoir le soldat de petits moulins à bras pour écraser le blé, de moulins à café, de rations de sucre et de café en grains. Allégée, la colonne repart, sans voitures ni impedimenta, *omnia secum portans*; elle vient s'établir dans la plaine d'Egris, d'où était parti le signal de la guerre arabe en 1832; elle mange les récoltes de l'ennemi, chassé à coups de fusils; elle vide ses *silos* (magasins de grains creusés en terre), qu'elle apprend bientôt à découvrir [1]; le soldat fait lui-même sa farine et sa

« faire poursuivre les cavaliers arabes par des fantassins, cela passe les bornes »! Pélissier, haussant les épaules, s'abouche rapidement avec les compagnies légères les plus proches, qui, sous la conduite de leurs officiers, s'élancent sur la colline, la gravissent, redescendent à un gué dans lequel la cavalerie rouge, forcée de passer homme à homme, était encore presque tout engagée, l'y fusillent et lui font de nombreux prisonniers qu'ils amènent, une heure après, au général en chef. Celui-ci, l'œil goguenard, vient se placer à cheval au beau milieu du groupe des railleurs et dit simplement, du ton le plus froid : « Voilà comment on attrape de la cavalerie avec de l'infanterie. » Les critiques se turent désormais.

1 Voici le procédé : sur l'étendue signalée par les guides comme renfermant des *silos* de provisions, une ligne d'hommes, espacés, s'avance *en tirailleurs*, sondant le sol avec la baguette du fusil; chaque homme est responsable de son rayon de sondage, chaque *découvreur* de silo a droit à une prime. Le reste de l'armée protège l'opération; l'ennemi voit ainsi, avec désespoir, ses ressources pour l'année employées, sous ses yeux, à le battre et à nous entretenir.

galette par escouades; il les trouve exquises; la *razzia*, bien répartie entre les corps, lui assure de la viande grillée. Exaspérés, les Flittas, la principale tribu châtiée, se concertent avec Ben-Thamy et enveloppent notre colonne; on les attendait là : dans leur fureur, ils se sont mal gardés sur les flancs; quelques compagnies sont rapidement jetées en *potence;* le gros de la colonne, par un feu terrible, rejette et leur renvoie les groupes tourbillonnants de cavaliers, qui y sont reçus de même façon; le sol se couvre de morts; les survivants s'envolent au galop. Lamoricière achève et étend son impitoyable razzia, parcourt ensuite au pas de course les territoires de toutes les tribus entre Mascara et la mer, se rabat chez les Hachems (la tribu natale de l'émir), leur enlève des prisonniers, tous leurs animaux, toutes leurs subsistances, les voit fuir impuissants et émiettés au sud des chotts, et rentre à Oran à la fin de janvier. Hiver terrible, neiges, pluies diluviennes, tempêtes, rivières débordées, boues grasses et profondes, rien n'avait arrêté ni retardé d'une seule minute la série, fixée à l'avance, de ces opérations. Pélissier avait personnellement dirigé celle contre les Sbihh. Le caïd des Sbihh, réfugié près d'Abd-el-Kader, lui dit avec douleur : « Ces hommes ne sont pas faits de chair... Dieu seul peut les vaincre. »

A l'année brûlante, 1841, avait succédé l'année humide, 1842. Mais nos soldats n'en étaient plus à regarder aux intempéries. Dès le début du printemps, Lamoricière avait transporté son commandement à Mascara, menaçant de là toute la région des plateaux. Après avoir fait étendre et assurer complètement par le général Bedeau, — qui commandait en sous-ordre à Tlemcen, — notre domination intérieure jusqu'à Nedroma, qui fut prise et rasée, Lamoricière repart pour l'expédition combinée du printemps. Selon le plan convenu, il marche à la rencontre de Bugeaud par le Chéliff moyen, le joint à l'entrée de l'Ouarensenis, *nettoie* de concert avec lui toute la région sur les deux revers de la vallée du fleuve; puis le laisse occupé de l'achèvement et de l'organisation de son plan. La colonne d'Oran se sépare de nouveau de l'armée, reprend son élan, s'enfonce au sud chez les Djafras, poursuit les Hachems occidentaux (Hachems-*Gharabas*) qui avaient pris la résolution désespérée d'émigrer en masse et de s'établir au sud des chotts, les rejette coupés de leur direction sur Saïda, s'empare de leurs approvisionnements et les consomme; leurs alliés des chotts, les Djafras, sont vaincus et soumis à Aïn-Sfid. Isolés, affamés, épuisés, les Hachems, tournant le Chott-Gharbi, essayent en vain de subsister. Prétention vaine. Quelques jours après, une longue caravane d'hommes amaigris, au regard sombre, se présentait à nos avant-postes; c'étaient les notables Hachems apportant la soumission de leur puissante tribu, réduite à une foule sans forces et sans pain. Nos soldats leur rendirent aussitôt le reste de leurs provisions, et les attentions qu'ils prodiguèrent aux faibles, aux enfants, aux femmes, aux malades, surprirent et touchèrent les vaincus plus que n'avaient fait nos armes et notre valeur. Abd-el-Kader, forcé cette fois d'abandonner la partie, n'ayant plus de ressources à espérer de longtemps dans le Tell (nous avons omis les brillants faits d'armes de l'est et les célèbres combats de Changarnier dans le centre), réunit tout ce qu'il peut de Hachems *orientaux*, brûle ses derniers magasins volants et s'enfonce, avec les escadrons dévoués de Ben-Thamy, vers le sud, au delà du Sersou. Heureusement pour lui, les Flittas tiennent encore sur le revers de l'Ouarensenis. Il les jette en travers de notre colonne et va se réfugier au delà de Goudjilah. Lamorière a juré de l'y suivre; on est en plein été; les Flittas vont couper leurs superbes moissons. La colonne d'Oran, pointant à travers le Sersou, appelle à elle les vieux rivaux des Flittas, — les Arars, — leur livre les moissons de l'ennemi, qu'ils coupent sous la protection de nos baïonnettes, refait ses propres approvisionnements par les mêmes moyens, marche sur Goudjilah et y entre le 12 juillet. Du roc élevé qui domine la ville, Lamoricière et Pélissier embrassent l'immense étendue du Sersou. Rien n'y décèle la présence de l'émir. Les contributions de guerre frappent les tribus récalcitrantes; la colonne rentre à Mascara le 24 juillet. En quatorze mois de campagne, elle avait eu cinquante-huit jours de repos. Elle comptait alors sept expéditions, plus de quarante combats; elle avait sillonné du nord au sud, de l'est à l'ouest, tout le Tell oranais et le Sersou[1].

A Mascara, Lamoricière trouva la capitulation définitive des Hachems orientaux, apportée par leurs chefs. Pélissier y trouva, de son côté, son brevet de colonel et la lettre de service qui l'appelait à Alger pour y remplir, auprès de Bugeaud, les fonctions de sous-chef d'état-major général de l'armée d'Afrique.

L'un et l'autre étaient bien gagnés.

Nous avons dû laisser dans l'ombre les faits les plus saillants accomplis, pendant ces vingt mois, dans les deux autres provinces; là, le principal rôle fut tenu par Changarnier, — et c'est tout dire. Malheureusement, l'hostilité croissante du commandant de Médéah contre le gouverneur se décelait par une attitude telle qu'il allait bientôt falloir choisir entre les deux.

[1] Le 1er zouaves, appelé par le télégraphe pour être présenté au grand-duc Constantin, quitta la route à laquelle il travaillait, fit vingt-quatre lieues en trente heures, concha à la casbah d'Alger, y toucha des effets neufs, passa la revue d'honneur, le lendemain, à la Maison-Carrée (à 20 kilomètres), et repartit allègrement à ses travaux.

Le 7e bataillon de chasseurs, parti au nombre de plus de six cents hommes pour la campagne de Kabylie de 1854, qui fut terrible par ses fatigues, revint à Alger sans un seul malade ni traînard. Il ne manquait dans ses rangs que les hommes grièvement touchés au feu.

On pourrait multiplier ces exemples.

A l'instar de l'infanterie, nos chasseurs d'Afrique et nos spahis, durs cavaliers, ne connaissaient guère le mot *fatigue* que pour leurs chevaux.

Nous ne pouvons passer sous silence le rachat, par l'abbé Suchet, des prisonniers détenus à la kethna. Depuis 1838, un évêché avait remplacé la préfecture apostolique d'Alger, pauvre évêché, mais riche en dévouements apostoliques, parmi lesquels ceux de l'évêque lui-même, Mgr Dupuch, et de son unique vicaire général et aumônier, l'abbé Suchet, tenaient le premier rang. Depuis quelques mois, les Arabes, par ordre de l'émir, ne tuaient pas leurs prisonniers; il s'en trouva bientôt un assez grand nombre rassemblés à la kethna des Hachems. L'abbé Suchet, craignant à la fois pour leur vie et pour leurs âmes, expose ses angoisses aux généraux commandants; ils sont de son avis; mais quel Français oserait se risquer seul, en plein pays ennemi, chez des gens qui fusillent couramment les parlementaires? Le courageux prêtre s'en charge. Il obtient un sauf-conduit d'Abd-el-Kader, se présente à lui, en reçoit un accueil plein de déférence, et ne repart qu'après avoir délivré cinquante-neuf prisonniers et stipulé pour ceux dont la liberté lui fut refusée un meilleur traitement, le respect de leurs personnes, la sanctification du dimanche et, si leur nombre venait à s'accroître, l'autorisation d'avoir auprès d'eux un aumônier catholique. Quand on demanda à l'abbé Suchet quel serait le prêtre désigné (ce prêtre devait préalablement se constituer prisonnier lui-même), il répondit : *Moi, c'est mon droit.* Mgr Dupuch, heureux du résultat, heureux de revoir vivant son collaborateur dont on avait déclaré la témérité inexcusable et la mort certaine, écrivit lui-même aux divers kalifes de l'émir. L'un d'eux, Mohamed-ben-Abdallah, le titulaire de la province arabe de Milianah, rendit sur sa prière la liberté à cent vingt-huit prisonniers, et sa lettre à l'évêque, ses procédés envers lui témoignèrent du profond respect que le dévouement et la piété de nos prêtres et de nos religieux inspiraient aux indigènes, race essentiellement croyante.

Ense et aratro [1], disait la devise de Bugeaud, qui ne manquait pas de l'appliquer et de la prêcher partout, et qui, dans l'hiver de 1841, inaugurait la colonie pénitentiaire agricole de la Maison-Carrée, en grande pompe, avec soixante charrues attelées dont lui-même, en grand uniforme, guida d'une main sûre et ferme la première.

Ense et Cruce [2], pensaient alors, autour de lui, des hommes qui, déjà éclairés sur la vérité chrétienne ou bien près d'y arriver, comme Pélissier, Duvivier, Lamoricière, ne négligeaient aucune occasion d'affirmer leur respect pour Dieu et son prêtre, d'appeler et d'encourager, aux colonnes de marche et dans les hôpitaux, l'aumônier militaire, ou de confier leurs malades, leurs blessés, leurs enfants de troupe, aux mains si consolatrices et si douces des sœurs de Saint-Vincent-de-

---

[1] *Par l'épée et la charrue;* c'était la devise de Bugeaud, agronome passionné et propriétaire de grandes cultures dans le Périgord.
[2] *Par l'épée et la Croix.*

Paul, à la direction ferme et sage des frères des Écoles chrétiennes.

La guerre d'Afrique ressemble fort aux campagnes lointaines des bâtiments isolés à travers l'Océan. Elle ne met pas en mouvement des masses compactes d'hommes-machines auxquels on ne demande que de manœuvrer, les yeux fermés, selon des ordres dont l'ensemble même n'est pas, le plus souvent, pénétré par les officiers. Elle ne supporte pas de non-valeurs. Chaque individu y joue son rôle intelligent, « y va de sa peau, » selon l'expression troupière, aussi bien dans les marches périlleuses où l'on voit, en été, les hommes tomber foudroyés par la chaleur, la soif, la dysenterie, en hiver s'enliser dans les fondrières ou rouler dans les torrents grossis, que dans les luttes d'embuscades, d'adresse, d'inventions de tout genre contre un ennemi autrement leste et vigilant, brave et rusé, que les Peaux-Rouges tant célébrés par nos romanciers ! Elle tient en éveil toutes les facultés de l'homme; elle lui montre le danger et les difficultés sous tous les aspects. Une telle vie, comme celle du marin; prédispose singulièrement à bien saisir les vrais aspects des choses, à ne s'attacher qu'aux points essentiels, par conséquent à comprendre mieux et à recevoir avec plus de respect les graves enseignements de la douleur, de la souffrance, de la mort toujours présente. Nous reviendrons bientôt, par les faits, à ce sujet dont l'importance se rehaussait, pour Pélissier, de toute la puissance d'une conviction établie. Voyons-le d'abord dans ses fonctions.

Le sous-chef d'état-major général, laissant à son chef titulaire (qui était un officier général) les responsabilités de certaines décisions spécialement graves et les invasions fréquentes et forcées dans le champ colonial et politique, avait pour rôle quotidien, outre le contrôle des bureaux et la signature de tous les ordres de service, l'organisation détaillée de toutes les expéditions, tournées et démonstrations militaires en projet, ou subitement commandées par une situation imprévue. Quand de la préparation l'on passait à l'exécution, le sous-chef d'état-major, avec le titre de *chef* dans la colonne, suivait le gouverneur dont il devenait le bras droit, l'auxiliaire indispensable, pendant que le chef d'état-major titulaire, remplaçant à Alger le gouverneur, administrait avec les bureaux, toujours organisés. Afin de né pas élargir démesurément le cadre qui nous est tracé, nous laisserons donc de côté les faits anecdotiques, dont nous avons rappelé quelques-uns pour caractériser les habitudes, les caractères, le *genre* spécial des troupes d'Afrique, et nous nous attacherons à indiquer sommairement l'ensemble des opérations dont le colonel Pélissier était désormais la cheville ouvrière, le surveillant officiel et l'impartial appréciateur.

Chassé du Chéliff par le gouverneur de Tlemcen (par Bedeau), de partout par Lamoricière, Abd-el-Kader ne s'abandonnait pas; il remplaçait sa capitale perdue par une capitale ambulante, — *la Smalah,* —

qui compta bientôt plus de trente mille habitants, et entamait la guerre
au désert pendant que ses lieutenants nous harcelaient sur tous les
points et soulevaient les montagnes berbères, — les Kabyles. Il n'entre
pas dans notre cadre de raconter ici les actions brillantes et héroïques
de cette lutte de détails : les exploits du colonel Korte à Aïn-Télemsil,
du général de Négrier dans l'est, la fameuse charge du 2e chasseurs
d'Afrique, qui acheva de disperser l'ancien parti du bey Achmet, ni
même le célèbre combat de Changarnier à l'Oued-Foddah. Pélissier,
qui n'y assista point, eut au moins la satisfaction de les enregistrer, et
d'en dicter les rapports pour être transmis au *Moniteur* avec les noms
des chefs qui venaient de s'illustrer.

C'est également en 1842 et dès le printemps (11 avril) que remonte
l'immortel fait d'armes du sergent Blandan à Beni-Méred. Il est trop
connu pour que nous le racontions par le menu. Bugeaud, dans deux
ordres à l'armée successifs, le qualifia sans hésiter : « le plus glorieux
de ceux qu'il connaissait, » et s'inscrivit en tête de la souscription destinée à en consacrer la mémoire par un monument. A cette pyramide,
élevée aux braves de Beni-Méred sur l'emplacemeent même où ils tombèrent, une seconde souscription a récemment ajouté la statue de
Blandan, solennellement inaugurée par l'armée sur la place de la
bourgade.

On avait déjà vu, dans cette année, le gouverneur mener lui-même
trois fois de suite nos colonnes contre Abd-el-Kader. A l'entrée de
l'hiver, il y revint une quatrième fois, contre un soulèvement des
Ouled-Ouragh et des Sbihh (ou Sbéahs), fortes tribus établies entre
l'Ouarensenis, la mer et le Dahra. Changarnier les attaqua par l'Oued-
Rihou ; puis un mouvement combiné des deux colonnes rejeta les
guerriers des deux tribus au pied du pic de Chafra et les força d'im-
plorer l'*aman*. Comme toujours, Pélissier était le chef d'état-major du
corps expéditionnaire, et ce fut lui qui eut charge de conduire la
colonne détachée qui *razzia* les Sbihh. Il s'en acquitta en conscience.

Cette opération, en nous entr'ouvrant le Dahra, nous y montra des
populations indépendantes et belliqueuses; les succès du jour appelaient les luttes du lendemain. Mais un grand fait était acquis : la communication régulière entre Alger et Oran, par Milianah et Mostaganem, c'est-à-dire par terre, en prenant à revers le Dahra. Il ne restait
plus qu'à y créer le centre définitif nécessaire; ce fut fait au printemps
suivant.

Ainsi se termina cette année 1842, inscrite en tête des plus rudes
qu'ait eues à traverser notre armée d'Afrique. Par les multiples mouvements de nos colonnes, l'émir avait perdu tous ses points fixes dans
le Tell; le roi de Mascara se retrouvait chef nomade, promenant les
tentes de sa smalah dans les steppes du sud; ses plus fidèles tribus
étaient décimées et réduites à l'impuissance; mais il avait encore pour

lui le dévouement sans bornes de ses *rouges* et de leurs aghas, l'adhésion secrète et le fanatisme latent de centaines de tribus, au Maroc comme en Algérie; il était à peine entré dans la maturité de l'âge et de la vigueur physique; et enfin, ce même génie qui avait su faire tête, avec quelques milliers d'hommes bien dressés, à toute la puissance de la plus grande nation militaire de l'Europe, qui avait tenu en haleine et mis sur les dents, pendant deux ans, dix-sept grandes colonnes d'opération savamment guidées, intrépides au feu et à la souffrance et commandées par des hommes tels que Bugeaud, Lamoricière, Changarnier, Bedeau, Yousouf, Gentil, Négrier, Randon, Baraguay-d'Hilliers, Cavaignac et autres, appuyés, par la possession du Tell, sur cinquante mille hommes de renfort, quatorze places centrales et tout l'argent de la France, — ce génie indomptable et fécond le soutenait toujours et lui faisait retrouver son prestige partout où il passait. Comme chez les vieux Gaulois luttant sans parvenir jamais à s'unir tous ensemble contre César, il avait ses ennemis en plein pays musulman : à l'est, notre redoutable et actif Ben-Gannah, à qui l'opinion arabe n'accordait d'égal, parmi les généraux de l'émir, que le seul Ben-Thamy; à l'ouest, outre nos fidèles Douairs et Smélas, marchant comme un seul homme sous le vieux et réputé Mustapha Ben-Ismaël, notre politique venait de lui susciter un adversaire résolu dans le nouveau khalifa Ben-Abdallah, des Ouled-sidi-Cheikh[1], et lui-même s'en était créé dans les oasis du sud, qui forment de véritables séries de cités fixes et indépendantes, en réduisant par la force et maltraitant les chefs vénérés d'Aïn-Madhi et de tous les *k'sours* du centre, — les Tedjini.

Nous commencions à mieux comprendre le caractère arabe et les ressorts à faire mouvoir pour diviser et opposer les chefs et les clans; nous en profitâmes, et 1843 fut l'année fatale de l'émir.

Elle débute, dans le Tell et sur la côte, par une série de coups de vigueur dont le but est d'assurer la parfaite tranquillité de toute la région. C'est d'abord le duc d'Aumale qui expulse l'émir de l'Ouarensenis, y détruit les ressources de ses partisans et y disperse la kethna de son khalifa Ben-Allal; puis, à l'est, la répression d'une brusque attaque des Khabiles sur Bougie, par le général Randon, et diverses actions de détail aux environs du désert et sur la frontière tunisienne; au centre, la rapide colonne menée par le duc d'Aumale, à peine de retour, pour installer et faire obéir, malgré les résistances locales, le

---

[1] Cette confédération à part ne reconnaissait Abd-el-Kader ni religieusement ni politiquement. Les Arabes, féodalement organisés sous des familles investies de la *noblesse religieuse*, forment des séries de confédérations ou confréries (*kouans*), qui ne s'accordent pas toujours entre elles. De plus, ils n'ont que peu de points communs avec les populations fixes des *k'sours*, villes situées, soit isolément, soit par groupes, dans les oasis, et ayant toutes leur gouvernement à part.

khalifa nommé par nous pour nous représenter dans la vallée du Sébaou : ces deux dernières actions nous mettaient, par les deux bouts, aux entrées de la grande Kabylie, objectif secrètement caressé de Bugeaud ; deux ans après, la fondation d'Aumale, en arrière du Djurdjura, pour établir la communication par terre permanente d'Alger à Bougie d'une part, à Sétif de l'autre, devait achever l'isolement de ce vaste pâté montueux et de ses immenses populations aux mœurs et au langage à part. Dans l'ouest, le Dahra fut resserré de même par ses deux extrémités ; le général Gentil, qui commandait à Mostaganem, réprima durement les mouvements des Beni-Zéroual et leur porta un coup terrible par la destruction du marabout [1] vénéré d'où partaient les excitations à la guerre, le tombeau de Sidi-Lekhal, situé chez la *ferka* (fraction de tribu) des Ouled-Khreloufé (19 mars) ; du côté de Cherchell, le général de Bar dirigea une expédition contre la plus redoutable tribu avoisinante, celle des Beni-Menacers ; elle réussit mal, et le gouverneur s'empressa de la renouveler en personne, accompagné de l'inséparable chef d'état-major ambulant, Pélissier. Ce fut court et bien mené.

Puis le gouverneur, emmenant Pélissier, se rendit dans l'ouest pour y conférer avec Lamoricière, qui rentrait de sa dernière tournée militaire, sur les opérations d'été. C'est là qu'il reçut le cordon de grand-croix de la Légion d'honneur ; le même courrier lui apportait les deux nominations qu'il sollicitait depuis quelque temps : celles de Changarnier et de Lamoricière comme lieutenants généraux. La première témoignait nettement de l'impartialité de Bugeaud envers son trop jaloux lieutenant ; mais Changarnier ne lui en sut nul gré, et en vint peu après à une rupture complète qui nécessita son rappel. La seconde couronnait dignement, d'une autorité qui allait être bien employée et d'une gloire largement méritée, l'incomparable commandant de la division d'Oran et son noble caractère, son obéissance loyale, son indomptable énergie, ses vastes talents. La division qu'il ramenait à ce moment de l'intérieur avait tenu la campagne, sac au dos, trois cent dix jours sur trois cent quatre-vingt-quinze[2].

Bugeaud et son illustre lieutenant, dans des conférences où Pélissier fut appelé, résolurent alors le problème posé l'année précédente : le point précis d'établissement d'un centre d'action destiné à boucher l'espace trop vide qui s'étendait entre les quatre places de Mostaganem

---

[1] Monument religieux d'un saint, ordinairement la chapelle funéraire qui occupe le centre d'une enceinte consacrée, et sert le plus souvent de lieu de pèlerinage (et de prédications guerrières). Il y en a de très réputées. Des legs pieux les entretiennent.
Quand le *marabout* est riche, il s'y forme une *zaouïa* (couvent), avec des *marabouts* vivants, des *santons* (ascètes) et des *tolbas* (savants), qui vivent d'offrandes et des revenus des biens légués. Ces biens sont appelés *habbous*, et dispensés d'impôts. Il y a des zaouïas très étendues. On y prêchait la guerre sainte, naturellement.
[2] C. Rousset, *la Conquête de l'Algérie* (1840-1857).

et Mascara d'une part, Médéah et Milianah de l'autre. Lamoricière opinait pour Tiaret; Pélissier, avec la précision scientifique de l'officier d'état-major, fixa le vrai point : El-Esnam [1], parfaitement placé pour communiquer, par la coupure qui règne entre les deux parties du Dahra, avec le port de Ténès, à quinze lieues à peine; et, de plus, commandant à la fois les pentes de l'Ouarensenis au sud, celles du vrai Dahra (le Dahra occidental) au nord. Aussitôt, les colonnes du centre et de l'ouest se portent et s'échelonnent sur les points indiqués; la pioche remplace le fusil, la route part de Ténès et s'allonge jusqu'à El-Esnam; d'autres sillonnent la vallée du Chéliff et repartent d'El-Esnam vers Milianah; Ténès est rebâtie et agrandie, sa rade foraine aménagée; puis, sur les débris romains d'El-Esnam, les magasins s'élèvent; bureau arabe, *cercle* ou maison du commandant supérieur, écoles, église, hôpital, maisons alignées en rues et places, tout surgit : *Orléanville* est fondée, et ce cercle important reçoit pour premier commandant supérieur le colonel Cavaignac. Ce ne fut pas sans des tentatives de résistance dans les tribus avoisinantes : Changarnier d'une part, le général de Bourjolli de l'autre, en eurent vite raison. L'émotion, propagée jusque chez les Flittas que la nouvelle ville menaçait de loin, les décide à une prise d'armes (en mai); Gentil, à la tête de sa brigade mobile, les réduit à l'impuissance, et un fait d'armes retentissant vient s'inscrire à la suite des autres fastes de l'armée d'Afrique : le glorieux combat du 4e chasseurs d'Afrique à Sidi-Rached [2].

Pélissier, aux côtés de Bugeaud, surveillait les travaux de la route de Ténès; on attendait le résulat (février) d'une marche de Bedeau contre les Djafras soulevés dans la plaine d'Eghris, lorsque arriva au camp une grosse nouvelle : la smalah d'Abd-el-Kader était prise. La smalah, nous l'avons dit, était la capitale ambulante de l'émir depuis qu'il n'avait plus de capitale bâtie; c'était une ville de tentes, ville mobile, riche et bien gardée, comprenant une population de près de quarante mille âmes, répartie entre sept quartiers. La famille de l'émir, ses trésors, ses hauts fonctionnaires étaient là, sous la protection de cinq mille cavaliers d'élite fournis par les tribus les plus dévouées, et de deux bataillons et six escadrons de *réguliers,* avec de l'artillerie de campagne. Elle était campée à quatorze lieues au sud-est de Goudjilah, quand le duc d'Aumale, battant l'estrade avec cinq cents chasseurs d'Afrique et spahis, sous les colonels Yousouf et Morris, la rencontra

---

[1] *Les Statues.* Ce village ruiné offrait des débris nombreux de statues de dieux romains.

[2] C'est là que le trompette Escoffier, blessé, força son capitaine, démonté, à accepter son cheval en lui disant : « Vous êtes plus nécessaire que moi à l'escadron. » Les Arabes, qui le prirent, ne le tuèrent pas, et Abd-el-Kader, informé du fait, loua son action et permit au commandant de Mostaganem de faire parvenir au prisonnier la croix de la Légion d'honneur, qui lui était conférée par décret particulier.

et, tombant au milieu par une charge foudroyante, s'en empara. Ce fait d'armes prodigieux, autant par sa réussite que par l'audace qu'il dénotait, a été le sujet d'un des plus beaux tableaux d'Horace Vernet.

Bientôt les colonnes de prisonniers se succédèrent à Alger, où elles reçurent le meilleur traitement; quand l'heureux vainqueur de ce coup hasardeux y passa à son tour, rentrant en France, la population lui décerna une ovation méritée, et Bugeaud donna une fête en son honneur.

Arrêtons-nous un instant à ce palais du gouvernement, ancien hôtel de l'*agha de la milice*, délicatement sculpté à la mode orientale; pénétrons dans ses cours dallées de marbre, entourées d'arcades finement ciselées, un soir de *réception officielle*. La haute stature et la tête grisonnante de Bugeaud dominent les groupes; auprès de lui le général de Bar, le commandant de Crény, reçoivent les invités et les présentent. Les nouveaux débarqués, officiers ou touristes, artistes en quête de sujets, écrivains en quête d'un livre, employés civils ou propriétaires acquéreurs de terrains se montrent avec curiosité, après le célèbre et bonhomme maître du logis, la figure caractérisée de Pélissier, dont les sourcils noirs sous des cheveux drus et déjà blancs, et les traits calmes et accentués accusent une indomptable énergie; près de lui, Yousouf, le célèbre commandant en chef des spahis, étincelant d'or sous un magnifique costume oriental, attire tous les regards par sa figure intelligente, ses traits fins et réguliers; son œil pénétrant, sa soyeuse barbe noire et la vigueur nerveuse qui éclate dans toutes les attitudes d'un corps plus souple que grand, mince et parfaitement proportionné; on se répète sa vie étrange et ses faits d'armes fabuleux; les Arabes, qu'il courbe d'un regard devant lui, le prétendent invulnérable; il a déjà sa légende. A côté de lui, sous la tunique bleu de ciel à grands plis et la fourragère d'argent, ou sous la veste rouge brodée de noir et d'or, et le grand manteau rouge, les héroïques chargeurs de notre cavalerie : Morris, Tartas, Noël, Marulaz; le commandant Daumas (spahis), au profil d'aigle, au flegme observateur, aussi calme en tête des *goums*, qu'il manie admirablement, que dans les salles voûtées, tapissées de faïence et de marbre, du gouvernement général; lui seul, avec Yousouf, sait les secrets du désert comme ceux des plaines et des montagnes du Tell, l'histoire des tribus, les mœurs des nomades, et les retracera dans des livres demeurés classiques. Le sombre uniforme des chasseurs à pied côtoie les pantalons rouges de la ligne, les éclatantes tuniques plissées des tirailleurs algériens et des zouaves, les aiguillettes de l'état-major, les grands burnous, les fins haïks de mousseline et les vestes lourdes d'or des chefs indigènes qui cheminent gravement, guidés par les interprètes de l'armée en élégante tenue noire et bleue. Les figures bronzées des vieux officiers d'Afrique, vrais bulletins de la gloire du pays, portant des noms qui ont retenti dans les journaux, s'y détendent dans de gais entretiens ou d'affectueuses confidences. L'interprète principal Roches[1], à la vie romanesque, au courage à la fois impétueux et réfléchi, le capitaine d'état-major Durrieu, dit « la Boussole » (à cause de son rôle de guide ordinaire de l'armée), le capitaine Vergé, à la fois officier français et *kaïd* indigène d'une tribu qui lui était dévouée, le commandant de Martimprey, et tous ces officiers dont les noms ont été souvent redits ici, avec ceux qui commençaient à être connus à leur tour, les Canrobert, les Bosquet, les Mac-Mahon, les Clerc, les Forey, les Salignac-Fénelon, les Bourbaki, se croisaient sous les arceaux mauresques, heureux d'échanger une poignée de main en attendant que le clairon les appelât, — quelquefois le lendemain même, — à un nouveau départ pour de nouveaux combats, avec tout l'attrait qu'exerce sur les âmes fortes la perspective des périls inconnus.

Des écrivains comme le critique Chrestien (Paul-Fabert)[2], Ducuing, L. Veuillot, des peintres comme Philippoteaux, Decamps et Vernet, venaient mêler leurs fracs noirs aux uniformes multicolores d'Afrique, et, accueillis en camarades, recueillaient là une ample moisson d'impressions.

Comment s'étonner du profond souvenir gardé de ces temps mouvementés par les vieux survivants, du généreux enthousiasme et des avides curiosités qui poussaient tant de *jeunes* vers le rivage africain, du cuisant regret avec lequel les *anciens* le quittaient? L'expansivité française ne retrouvait-elle pas là, en plein XIXe siècle, en plein régime bourgeois, une page nouvelle des croisades, ou des *caravanes* des chevaliers de Saint-Jean de Jérusalem, écrite à la pointe du sabre par des Français, sous un ciel ardent comme celui de la Palestine, à travers des montagnes plus hautes que le Liban et des déserts plus vastes que ceux de la Syrie?...

L'infatigable Lamoricière, aux aguets, avait achevé de recueillir les fruits de la victoire du duc d'Aumale. L'occasion était bonne pour récompenser des mérites constatés; les promotions arrivèrent nombreuses. La plus saillante fut celle du chef qui avait tout organisé, tout dirigé, de Bugeaud, nommé maréchal de France; pendant qu'il recevait les félicitations de ses officiers, le général Changarnier lui faisait de froids et hostiles adieux et rentrait en France. Pélissier, colonel depuis un an seulement, ne pouvait être promu; mais Bugeaud n'était pas homme à oublier le collaborateur qu'il s'était lui-même choisi et dont il avait reçu de si précieux services. Le 6 août, le colonel Pélis-

---

[1] Qui vécut plus de deux ans auprès d'Abd-el-Kader en admirateur et ami de l'émir, jusqu'à la guerre de 1839. Plus tard consul général et ministre plénipotentiaire. Il avait fait le pèlerinage de la Mecque; au retour, il se convertit à Rome et fut fervent chrétien. Bugeaud avait pour lui la plus haute estime et une grande affection.

[2] Qui se fit trappiste à Staouéli, en 1845.

sier était nommé commandeur dans l'ordre de la Légion d'honneur, alors que tant de généraux n'y avaient encore que le rang d'officiers. Il en fit l'observation à Bugeaud, qui lui répondit : « Mon cher colonel, il ne me convient pas de me donner les gants d'être injuste; c'est le règlement seul qui vous empêche de passer maréchal de camp [1], non le mérite; si vous ne le saviez pas, je vous l'apprends. Quant à la cravate [2], vous la trouvez exceptionnelle? Soit. Mais à services exceptionnels, honneur exceptionnel. Rien de plus équitable. Il n'y a plus de sabres d'honneur, voilà une cravate d'honneur; elle vous ira très bien, et nous risquons de vous marier avant la fin de l'année. » Sauf le mariage, Pélissier s'inclina.

Des nombreuses expéditions qui signalèrent la fin de cette année et le début de 1844, nous ne mentionnerons en passant que celles du duc d'Aumale sur Biskra et du général Marey-Monge au centre sud, dans le pays du M'Zab. Là régnait un chef religieux dynastique, le marabout Tedjini, qui avait eu maille à partir avec Abd-el-Kader et se montra accessible à notre alliance.

Au retour de cette dernière expédition, nos troupes passèrent pour la première fois à Laghouat, la célèbre « clef du Sahara », qui devait, huit ans plus tard, former l'un des fleurons de la couronne militaire de Pélissier.

Celui-ci, assidu à la besogne, tantôt à cheval aux côtés de Bugeaud, tantôt absorbé dans les laborieux travaux des bureaux, continuait à diriger avec sa vigueur accoutumée le service d'état-major. Parmi les travaux de fin d'année, il eut à en préparer un d'une importance exceptionnelle : celui de l'organisation générale des bureaux arabes, à la suite d'essais faits dans l'ouest par Lamoricière et le commandant Daumas. Ce ne fut pas un des moindres soins de l'état-major que l'élaboration détaillée de ce vaste plan d'administration des tribus, sur place, par l'autorité militaire, du sectionnement des territoires arabes englobés par les dix-sept bureaux créés, et de l'établissement des règles relatives à la direction, au contrôle, aux relations et aux attributions des chefs de ces bureaux. L'arrêté d'organisation générale parut le 1er mars 1844.

A cette époque, Abd-el-Kader, retiré d'abord au sud, y avait éprouvé d'amers chagrins de famille; nous passerons sur les étranges imputations auxquelles ils donnèrent lieu contre d'honorables officiers français. Puis, il s'était replié sur le Maroc, où les populations fanatiques et ardentes du Riff, de même que les Kabyles du sud-ouest, l'accueillirent comme le héros de l'Islam. C'est alors que, tout en observant

---

[1] Le règlement exige, à moins de cas spéciaux, trois ans au *minimum* dans chaque grade.

[2] La croix de commandeur se porte au cou, suspendue à un ruban rouge *en cravate*.

attentivement les agitations marocaines, qui ne prendraient jamais au dépourvu un homme comme Lamoricière, Bugeaud put jeter le premier jalon de la vaste entreprise qu'il méditait depuis longtemps : la soumission de la Grande Kabylie, la Suisse de l'Algérie.

L'émir, vaincu et chassé d'Algérie, reparaissait plus fort que jamais par les intrigues de ses lieutenants. C'était son khalifa Mohamed qui avait armé les Ksouriens du Zab (région de Biskra); c'était un autre de ses khalifas, Ben-Salem, qui soulevait les Kabyles par ses exhortations et celles des marabouts de la montagne, et décidait la grande tribu des Flissas à se lever tout entière en armes contre nous. A la prise de sa famille et de ses biens, à la dispersion de ses troupes, à la soumission forcée de ses derniers partisans armés, Abd-el-Kader répondait par un plan général de soulèvement de toute la Berbérie, de Tunis à Mogador, et commençait par nous jeter sur les bras les Kabyles, afin de se donner le temps d'arriver à son but chez les Marocains. On le croyait épuisé de douleur, dépourvu d'influence, sans ressources, désespéré (il n'y a qu'à lire les racontars des journaux algériens de l'époque); il se relevait, secouant chagrins et défaites, maître de son cœur et de ses volontés, plus écouté, plus hardi, plus vaste dans tous ses plans que jamais on ne l'avait vu.

L'expédition des Flissas va donc clore ce long chapitre. Les vingt mille combattants de la tribu, formant dix-neuf ferkas, groupèrent en quelques jours un nombre égal d'alliés, accourus de tous les plateaux voisins[1]. La colonne qui allait pénétrer dans ces hautes montagnes, au milieu de plus de soixante mille fusils prêts à tirer et d'un nombre égal qui pouvait les rejoindre d'un jour à l'autre, comptait environ six mille hommes, y compris les *Maghzens* aux burnous noirs (cavalerie arabe) sous les ordres du lieutenant-colonel Daumas; mais presque tous vieilles troupes, rudes à la fatigue, froides au péril, ardentes à l'attaque[2].

---

[1] Dans cette région, les villages, assis sur les plateaux ou aux points de jonction des gorges et des hauts ravins, sont si nombreux que l'on en compte toujours de quarante à soixante dans un rayon moyen de trois à quatre lieues, souvent davantage.

La Grande Kabylie renfermait alors près de sept cent mille habitants.

[2] Les Kabyles, descendants des anciens Berbères, parfois purs, parfois mélangés de sang arabe, ont été jadis en partie chrétiens. Les femmes portent toutes encore une *croix* bleue tatouée sur le front (signe de reconnaissance de leurs ancêtres pendant la guerre d'invasion des premiers Arabes). Ils sont sédentaires, laborieux, vivant de leurs cultures; leur mahométisme est très mélangé, et ils n'aiment pas les Arabes nomades. Leur organisation municipale est la plus complète qui existe, et ils y tiennent absolument. Au physique, montagnards trapus, agiles, très braves et excellents tireurs. Ils ont des fusils à canon très long, d'une grande justesse, portant bien à sept cents et huit cents mètres, qu'ils ajustent en les appuyant sur les branches de leurs épais fourrés. Pour arme blanche, le *flissa* ou *fissih* (du nom de la grande tribu qui les fabrique), à la lame pesante et bien en main, très pointu, très acéré, emmanché de cuivre ouvragé et porté dans un fourreau de bois sculpté, formé de deux parties jointes en long.

Une messe en Kabylie (d'après un dessin d'Horace Vernet).

La marine envoya des navires pour entretenir la communication par Dellys, qui fut préliminairement occupée, et forme aujourd'hui la tête de nos routes d'accès en Kabylie, du côté ouest. Puis la petite armée s'engagea dans la vallée du Sebaou. Pélissier dirigeait l'état-major et faisait les honneurs de l'hospitalité en campagne à des touristes militaires, tels que P. Fabert, autorisés à suivre les opérations.

Dès l'abord, il fallut franchir l'Isser par un temps affreux qui s'était transformé en tempête. En ce cas, ce sont les humbles et dévoués soldats du train qui, avec les sapeurs, les conducteurs d'artillerie et des groupes de cavaliers, se lancent à l'eau à tous risques, à travers les remous perfides et les quartiers de rocs que roule le torrent grossi; plus d'un y perd la vie, mais la *chaîne* vivante qui brise le courant, et la *cintenelle* (corde tendue des deux bords) qui doit soutenir le fantassin sont établies, et l'on passe. On passa. La tourmente était telle que les montagnards, assis dans leurs maisons basses, ne supposaient pas même qu'une troupe osât tenter de marcher, et attendaient la fin de l'orage pour envoyer reconnaître l'armée. Quand ils sortirent, les cris confus de leurs éclaireurs annoncèrent l'apparition des Français, qui gravissaient, en s'accrochant aux arbustes, les pentes détrempées et ruisselantes des contreforts, hauts de six cents mètres, séparant l'Isser du Sebaou. Avant qu'ils fussent revenus de leur surprise, ils étaient abordés à la baïonnette, sur les plateaux, par des hommes couverts de boue et dégouttants d'eau, rejetés et poursuivis dans leurs villages, et pourchassés dans les gorges. Sans s'arrêter, nos troupes se fractionnent, franchissent les ravins et portent la destruction à droite, à gauche, sur tous les points. Les Amraouas, — c'était la tribu qui nous faisait tête, — sont dispersés et leurs villages incendiés, aux yeux des Flissas rassemblés au delà du Sebaou.

L'armée se refit à Bordj-Menaïel, et reçut la soumission de la tribu domptée. Les Flissas, ébranlés, avaient entamé des négociations. Leurs *marabouts* et une femme énergique, une *prophétesse*, les firent rompre. Leur chef, Ben-Zamoun, chargé du commandement général des tribus, inclinait à la paix, *car il ne voulait pas obéir à un Arabe;* mais il répondit aux émissaires du maréchal que si les Flissas reculaient devant la bataille, « leurs alliés cracheraient sur eux et leurs femmes les souffleteraient avec leurs pantoufles. » On se battit donc. L'armée, après avoir ramené un vaste convoi de munitions et de vivres apporté par mer à Dellys, reprit sa marche à travers monts. La plume pittoresque de Christian a retracé en traits caractéristiques la physionomie du combat du Sebaou, dont l'honneur resta aux fusiliers à cheval du colonel Daumas, puis l'enlèvement de Taourga et la bataille d'Ouarez-ed-Din, véritable combat en ligne, sur des pentes de quatre cents ou cinq cents mètres et des plateaux rocailleux. Elle nous a montré Bugeaud, dans le moment décisif, debout sous les balles et tête nue, — son képi avait été emporté, — dirigeant avec soin les mouvements de ses troupes contre dix-huit mille Kabyles, sur un front de plus de trois kilomètres; puis elle nous fait voir, au moment où un bataillon un peu jeune au feu, ébranlé à côté de lui sous l'avalanche des coups de fusil qui le traversaient, hésitait à charger, le maréchal, encourageant du geste et de la voix les soldats, ramasser le clairon d'un homme qui tombait frappé, s'élancer sur une pointe de roc en défiant les balles, et là, l'instrument aux lèvres, sa haute taille légèrement penchée vers les chasseurs qui formaient leur colonne d'attaque, le bras droit étendu vers l'ennemi, sonner lui-même à pleins poumons la charge, ne s'interrompant que pour crier de sa voix retentissante : « Allons donc, les enfants! En avant, soldats français! » Elle nous a retracé les épisodes de l'enlèvement de Tamdaït, et l'arrivée au camp français de la députation conduite par Ben-Zamoun, qui dit simplement au maréchal : « Tu es le plus fort; Dieu a décidé; nous capitulons. »

La bataille d'Ouarez-ed-Din nous coûta un sixième de notre effectif; elle est placée par le capitaine Blanc, du 1er zouaves, qui en fut un acteur et narrateur autorisé, au rang des trois plus grandes actions militaires de la guerre d'Afrique (les deux autres sont : la prise de Constantine et la bataille de l'Isly).

Une cérémonie grandiose, dont Pélissier fut l'organisateur, vint clore cette courte et sanglante expédition, et frappa vivement les esprits simples et religieux des montagnards. Sur le vaste plateau de Bordj-Menaïel, où campait l'armée, en présence de deux cents *adels* (chefs des villages), des *amines* (chefs des corporations), de soixante mille Kabyles assemblés au loin dans leurs *djemaas,* sous le ciel bleu foncé que découpaient, rangées en cirque, les arêtes sombres des hautes montagnes descendant jusqu'à la mer qui scintillait au loin, notre ennemi d'hier, Ben-Zamoun, devenu l'ami d'aujourd'hui, s'avança, entouré de ses notables, au centre des troupes formées en carré long, et reçut du maréchal l'investiture du *khalifat* général de la montagne, par le burnous rouge et le sabre, auxquels Bugeaud ajouta la croix de la Légion d'honneur. Les musiques saluent le nouveau khalifa, les tambours et clairons battent et sonnent aux champs, les officiers se découvrent, la troupe présente les armes, et nos canons, qui, cinq jours avant, criblaient d'obus les villages kabyles, lancent aux échos la *taraka,* la salve d'honneur qui va, se répandant dans les gorges profondes, annoncer aux Kabyles, debout dans leurs maisons, comment la France, après avoir réduit ses ennemis, sait traiter aussi ses amis. Puis les chefs locaux approchent, présentés par Ben-Zamoun, et sont investis un à un. Leur défilé terminé, sur un signe de Pélissier, debout à côté du maréchal, deux officiers conduisent les chefs à courte distance, sous un vaste abri de toile pittoresquement établi dans les bouquets d'oliviers sauvages. De là, ils voient nos troupes rompre et se reformer par colonnes autour d'un autel de verdure improvisé ; la croix qui le surmonte a été faite, en quelques coups de hache, de deux troncs de chêne abattus dans le camp ; les lustres qui se balancent aux arbres sont formés de pistolets ; quatre canons dressés soutiennent les angles de l'autel rustique, dont la table est supportée par des tambours et que décore, en avant, une *gloire* de sabres et de baïonnettes entrelacés. Bugeaud et son état-major viennent se placer devant l'autel, qu'entourent les drapeaux des régiments accompagnés chacun des deux plus anciens sous-officiers. Les aumôniers célèbrent le saint sacrifice ; à l'élévation, le canon tonne, les drapeaux s'inclinent, la troupe agenouillée rend les honneurs. Muets, les Kabyles suivent avec attention toutes les phases de la cérémonie sainte. Et quand, la troupe rentrée au camp, ils viennent se présenter pour le repas de gala, la *diffa*, par laquelle le maréchal veut prendre congé d'eux, Ben-Zamoun, s'avançant, dit au colonel Pélissier : « On nous avait juré que les chrétiens ne croyaient pas à leur religion et ne respectaient pas Dieu. J'ai vu que vous étiez forts... Je vois maintenant que vous êtes croyants... C'est bien. Vous pouvez compter sur moi et les miens. » A quoi Pélissier répond avec un sourire, en prenant par le bras l'aumônier de la division : « L'homme qui ne rend pas honneur à Dieu est comme le fils qui crache sur son père. Regarde, voilà mon meilleur ami, ce *marabout*-là. »

La petite armée avait regagné ses garnisons trois jours après. Mais déjà Bugeaud, après avoir touché à Alger pour y expédier les affaires les plus graves, s'embarquait pour l'ouest ; sur son ordre, Pélissier, faisant remise de son service au commandant de Crény, allait prendre, à cent vingt lieues de la Kabylie, le commandement d'une brigade de l'armée hâtivement formée sur la frontière marocaine. Bugeaud, en le lui prescrivant, lui avait écrit : « Vous entendez bien que, pour une affaire aussi grave, il me faut des chefs de brigade en qui j'aie une confiance illimitée, que je connaisse et qui me connaissent. » L'affaire grave, c'était la guerre avec l'empire marocain. Il nous faut quitter les montagnes du Djurdjura pour suivre Pélissier sur l'Isly.

VI

Coupées du reste de l'Islam par l'établissement des Français en Algérie, et bien autrement belliqueuses que leurs congénères de la Tunisie, et même de l'est algérien, les tribus marocaines suivaient avec anxiété la lutte d'Abd-el-Kader contre notre puissance croissante; elles donnaient à leurs frères en Islam protection et refuge, et les alimentaient d'armes et de munitions, grâce à la munificence anglaise. Une très vaste et puissante confédération, celle des Angads, qui couvre de ses vingt-quatre ferkas les deux revers nord et sud du Riff, et qui avait même des territoires de pâture dans notre province oranienne, s'employait activement à cette propagande; le grand émir y était si populaire que, s'il avait réussi à se maintenir à Mascara, il n'eût eu besoin que d'un médiocre effort pour annexer le Riff sans combat. C'est donc dans le Riff qu'il avait établi, en dernier lieu, le foyer de l'agitation religieuse, de l'*alliance générale* musulmane contre nous. Dans tout le Maroc, au reste, les passions étaient fort surexcitées, et l'on y blâmait ouvertement l'empereur Mouley[1]-Abd-er-Rahman de son inertie vis-à-vis des chrétiens. Placé entre la crainte de se voir dépossédé du trône au profit d'Abd-el-Kader, dont la puissante renommée remplissait toutes les bouches, et celle d'entrer en lutte avec la redoutable France, Abd-er-Rahman, qui hésitait depuis longtemps, fut entraîné par l'Angleterre et par la pression des événements. Une de nos colonnes fut attaquée en territoire algérien; Abd-el-Kader vint publiquement s'établir chez les Angads.

Nous passerons sous silence les échanges de notes qui avaient lieu à Tanger et à Cadix pendant que d'autres, plus brèves, s'échangeaient entre les autorités françaises et marocaines de la frontière. Au printemps de 1844, l'établissement d'une garnison à Saïda et la construction d'une redoute à Lalla-Maghnia pour tenir en respect les attaques venant du sud, le long de la ligne frontière, servirent de prétexte aux

---

[1] Titre qui signifie *maître;* équivalent à *sire* ou *monseigneur*. Il ne se donne qu'aux princes.

Marocains pour réclamer, comme si ces modestes précautions contre quelques Arabes avaient été le signal d'une invasion de l'empire par nos troupes. Abd-el-Kader, pour brusquer la situation, poussa les Angads, et, à leur tête avec ses rouges, il exécuta subitement, au mois d'avril, une énorme razzia sur les tribus oranaises du voisinage. A la demande de satisfaction adressée aussitôt par Lamoricière, le caïd El-Ghennaoui répondit « qu'il avait lui-même bien de la peine à empêcher ses maghzens de monter à cheval, et ne pouvait répondre d'eux ». Comme corollaire à cette étrange réponse d'un haut fonctionnaire, on pouvait distinctement entendre de la frontière, dès le 6 mai, les timbales et les fifres de la garde à cheval du prince Mohammed (les *Bokharis*), puis ceux de la garde de l'empereur (les *Oudéias*); en tout six mille hommes de choix, dressés à l'européenne. Bientôt les longues-vues montrèrent à moins de cinq kilomètres leurs camps dressés et leurs uniformes bien connus. Des goums nombreux et les maghzens [1] des diverses villes affluèrent; les Angads affirmaient avec orgueil que le camp, bien pourvu d'artillerie, comptait déjà plus de vingt-cinq mille cavaliers.

Lamoricière avait concentré ses troupes sous la redoute, heureusement terminée et armée. Les pourparlers avec El-Ghennaoui ne discontinuaient pas; mais, respectueux du devoir et bien résolu à ne rien se permettre d'entreprendre en matière aussi grave, le général pressait Bugeaud d'arriver, car chaque heure pouvait amener l'invasion de notre province. Quant à Bugeaud, en quittant brusquement Dellys, le 20 mai, il écrivait au ministre de la guerre : « ..... Ce que je demande à Dieu, avant tout, c'est que nos ennemis temporisent assez pour me donner le temps de rejoindre M. le général de Lamoricière. »

Il avait raison de se hâter; le 5 juin, en débarquant à Mers-el-Kébir, il y reçut le rapport du général sur l'affaire du 30 mai. Malgré les assurances pacifiques d'El-Ghennaoui ce jour-là, la vue de notre colonne en reconnaissance avait surexcité les Marocains, qui, passant la frontière, tombèrent sur nos soldats. Une manœuvre adroite des deux généraux Bedeau et Roguet accula les cavaliers à un angle de la rivière coupé de rochers, où l'on en fusilla deux à trois cents, et le reste s'envola. Le 12 juin, ayant formé sous Pélissier une colonne des troupes arrivées en hâte, le gouverneur vint rallier la division d'Oran. Le 15, Bugeaud, obligé d'attendre les résultats de la diplomatie, qui allaient encore faire traîner l'affaire plus d'un mois, accepta une conférence avec le caïd d'Ouchda, subitement élevé au rôle de représentant d'un empereur; il y envoya Bedeau avec quatre bataillons, quatre escadrons et deux obusiers; le caïd était escorté par cinq mille cavaliers impériaux et angads;

---

[1] Cavalerie du service administratif et militaire, qui sert à la fois de garde, de gendarmerie et d'escorte financière. Ce sont des hommes choisis parmi les plus braves des tribus, et bien rétribués.

la conférence fut coupée dès l'abord par les cris, puis les projectiles et enfin les attaques des Marocains. Lamoricière, qui s'était porté en soutien, refusa d'engager une action, attendu la présence des drapeaux de l'empire, avec lequel la guerre n'était pas signifiée encore; il fit sonner la retraite. Bugeaud, survenant et devinant l'orgueil qu'en concevaient les Marocains, ordonna *face en arrière* et commanda le feu. Les agresseurs s'étaient arrêtés et semblaient attendre. Sur un signe du maréchal, Yousouf, avec quatre escadrons de spahis, leur infligea une de ces charges terribles dont il avait le secret : en un clin d'œil trois cents des leurs étaient sabrés sur place; le reste fit demi-tour.

El-Ghennaoui s'excusa faiblement, et Bugeaud, désespéré des reculades de la diplomatie (dues à l'Angleterre), et voyant grossir constamment l'ennemi, prit le parti hardi d'aller s'établir à Ouchda, « non en ennemi de l'empire, déclara-t-il, mais pour châtier un district qui désobéissait à l'empereur en nous attaquant. » L'Angleterre entassait les difficultés et faisait sortir son escadre de Gibraltar, à la grande joie des Marocains. Sous cette poussée, l'empereur vint s'établir à Fez, et le prince Mohammed, notre ennemi juré, prit officiellement le commandement du camp. A la fin de juillet, il comptait cinquante-deux mille combattants dont moins de six mille à pied. Les négociations continuaient à Cadix, et le cabinet anglais, ainsi que le prouvèrent les pièces diplomatiques publiées dans l'*Annuaire historique* de 1844, avait « établi une connexité secrète entre la question du Maroc et l'affaire Pritchard ». Enfin, le 5 août, le contre-amiral prince de Joinville, stationné à Cadix avec son escadre (on l'avait choisi pour rendre plus difficile à l'Angleterre de s'opposer à une action de notre pavillon), reçut l'ordre de bombarder Tanger, et l'exécuta dès le 6 avec un succès complet. Le 8, l'escadre éventait ses voiles à l'ouest, malgré le gros temps; le 11, elle sommait Mogador, qui s'était mise en défense; une tempête la retint au large jusqu'au 15. Ce jour-là nos vaisseaux, audacieusement embossés entre l'îlot fortifié et les batteries de la côte, et dédaignant de répondre un seul coup aux volées des forts de terre, détruisaient méthodiquement toutes les batteries de mer ainsi que les deux forts; une colonne de cinq cents matelots, débarquée le lendemain, enleva l'îlot avec ses batteries rasantes. Quand l'escadre se retira, les Kabyles, massés sur les hauteurs, trouvèrent la ville bonne à piller, et en ruinèrent les habitants comme nous venions de ruiner leur empereur.

Bugeaud, qui ne dormait plus d'inquiétude, poussa un cri de triomphe en apprenant l'ouverture des hostilités et fit mettre à l'ordre le bombardement de Tanger. Il écrivit au ministre : « Enfin, c'est fait! Il était temps d'agir! Je vais acquitter avec mes soldats la belle lettre de change tirée sur l'armée par M. le prince de Joinville et ses vaisseaux. » Et il prit aussitôt position correcte en-deçà de la frontière. Le 12, il écrivait au prince-amiral pour le complimenter et lui disait :

« ..... Demain, 13 août, j'exécute une manœuvre qui me rapprochera, à son insu, du fils de l'empereur, et après-demain, 14, je le mets en déroute. » Ce fut ponctuellement accompli.

Le général Bedeau, après avoir battu les routes du sud par une forte reconnaissance, rejoignit le 12 au soir; ce même jour, quatre

Yousouf.

escadrons arrivés de France [1] avaient rallié le camp et étaient, suivant l'usage, fêtés dans un *punch* amical, le soir, par les chasseurs d'Afrique et les spahis. Bugeaud se reposait, accablé de fatigue, quand son familier, l'interprète en chef Roches, le réveilla pour lui transmettre l'invitation des officiers de cavalerie à « honorer le punch de sa présence ». Bugeaud le reçoit mal et finit par céder en grommelant. Mais le grand air dissipe sa somnolence; reçu avec acclamations dans l'enceinte pittoresquement illuminée sous les grands arbres, il sourit, se rassérène et, devant l'auditoire respectueusement attentif, dévoile tout à coup son

[1] Du 2ᵉ hussards et du 1ᵉʳ chasseurs à cheval.

plan de bataille. Comme Bonaparte aux Pyramides, il met sa force dans sa manœuvre et dans le nombre même de l'ennemi : « Avec ma petite armée je vais attaquer le prince marocain, dont la force peut aller jusqu'à soixante mille cavaliers. Je voudrais qu'il en eût le double, le triple ! Plus il y en aura, plus le désastre sera grand. *Moi, j'ai une armée, lui a une cohue.* Je vais vous expliquer mon plan d'attaque : je donne à mon armée la forme d'une *hure de sanglier.* Entendez-vous bien ? La défense de droite c'est Lamoricière, la défense de gauche c'est Bedeau, le museau c'est Pélissier, et moi je suis entre les deux oreilles. Ah ! mes amis, nous entrerons dans l'armée marocaine comme un couteau dans du beurre ! »

Le 13, cette formation fut mise à l'ordre. Elle donnait à l'armée la forme d'un grand losange, marchant par sa pointe et tronqué en arrière. Elle comprenait : une avant-garde de quatre bataillons aux ordres de Cavaignac ; le maréchal et Lamoricière escortés de deux bataillons et l'artillerie ; puis, s'élargissant progressivement des deux côtés : à droite, la brigade Bedeau ; à gauche, la brigade Pélissier (6e léger, 48e de ligne, 10e chasseurs à pied) ; au centre, Tartas, à la tête de toute la cavalerie, dont la colonne de droite était commandée par Morris (2e chasseurs d'Afrique, escadrons de France et maghzen d'Oran), et la colonne de gauche par Yousouf (spahis et 4e chasseurs d'Afrique) ; en arrière, les ambulances, les bagages, les vivres ; et pour fermer la marche, trois bataillons sous le colonel Gachot.

En tout huit mille cinq cents hommes d'infanterie et mille sept cents de cavalerie. L'armée marcha dans cet ordre, le 13, en fausse direction, pour tromper l'ennemi ; elle dormit quelques heures et reprit sa marche le 14 à l'aube. Le commandant de Martimprey, avec son fanion surnommé l'*étoile polaire,* la précédait flegmatiquement pour donner la direction. On passa l'Isly à gué. La grosse voix de Bugeaud s'éleva dans l'air pur du matin :

« Martimprey ! hep ! là-bas ! Êtes-vous sûr de votre direction ?

— Absolument sûr, monsieur le maréchal.

— Alors, *bono ! bono !* Ça va chauffer. »

Et les soldats de rire tous en répétant : « Ça va chauffer, *bono ! bono !* »

On repassa l'Isly sinueux, on gravit une pente, et à six heures, sous les rayons du soleil, on découvrit à petite distance les sept vastes camps marocains, échelonnant en bon ordre leurs tentes multicolores et leurs bannières flottantes depuis Ouchda jusqu'à l'Isly, et couverts en avant par un deuxième coude de la rivière. Les Français étaient dans l'intérieur du coude. Après quelques secondes d'arrêt, un long hourra s'élève des rangs, les musiques et fanfares sonnent joyeusement la marche de chaque corps, et l'armée, d'un seul mouvement, descend dans la rivière, la passe, remonte la berge et se déploie en élargissant ses intervalles.

ques détachements ennemis, lancés aussitôt pour l'empêcher de
[passer] le gué, avaient été tenus à distance par les tirailleurs de Cavai-
[gnac;] quand les Français s'arrêtèrent pour rectifier les intervalles,
[l'armée] impériale était rangée sur le front des camps; un immense
[hurl]ement s'éleva et dix-huit mille cavaliers, s'ébranlant subitement,
[se rue]nt à la fois sur la pointe et les deux ailes du losange, l'envelop-
[p]ant d'un nuage de poussière et de coups de feu, de leurs cris et du
[tonn]ement des chevaux, sur un front sinueux de trois kilomètres.
[E]n deux minutes, le ciel et le camp ont disparu; on n'entend que
[les] hurlements de l'ennemi et les commandements de nos officiers ;
[un o]rage de balles couche les Marocains au pied de nos colonnes; on
[ne] voit plus rien que des groupes d'hommes sortant de la fumée pour
[ven]ir s'abattre au galop sur les faces des bataillons, ou se lancer dans
[les] intervalles. Puis la charge se ralentit, la vue s'étend, des hommes et
[des] chevaux jonchent le terrain. Les Marocains se replient rapidement.
[Bie]ntôt la *marche* sonne et bat, le *losange* avance de nouveau et gagne
[du] champ, quand la seconde ligne ennemie se jette sur lui à son tour,
[et] l'arrête une seconde fois. Ce n'est bientôt plus qu'un vaste remous
[d'a]ssaillants, qui finissent par se contrarier à cause même de leur
[nom]bre, et qu'on voit bondir, tirer, tourner bride et revenir, —
[tand]is que nos soldats, attentifs et méthodiques comme au champ de
[man]œuvres, en couchent des lignes entières devant eux sous leur feu
[co]ntinu et, sans même former le carré [1], ne laissent pas entamer un
[seu]l de leurs intervalles. A chaque répit, le losange redoutable avance
[ver]s le camp. Un instant tout l'effort de l'ennemi porte sur la tête de
[c]olonne où flotte le fanion du maréchal : la petite troupe de Cavaignac
[es]t submergée sous le flot; mais elle ne bronche pas et son feu, sou-
[ten]u par les volées à mitraille des quatre pièces de campagne dont
[Bour]geaud commande lui-même le tir, sème la mort et décourage l'as-
[sai]llant. Le fanion repart de l'avant. A travers les éclaircies fugitives
[de]s troupes marocaines, on commence à distinguer la ligne fortifiée du
[ca]mp à moins de cinq cents mètres; il en sort d'immenses rumeurs;
[u]ne moitié de l'armée ennemie s'y est jetée pour le défendre. Pélissier,
[dr]essé sur son grand cheval blanc, ordonne subitement l'arrêt; de vifs
[écl]airs jaillissent du camp, d'énormes boulets traversent nos rangs, la
[gr]ande batterie marocaine établie sur le front a ouvert son feu formi-
[d]able. Le soleil à son zénith brûle de ses ardeurs nos soldats fatigués;
[le]s jambes vacillent, la sueur inonde les capotes et se mêle au sang et
[à la] poussière; les boulets ennemis arrivent plus nombreux. Tout à
[cou]p, la terre tremble sourdement derrière nos fantassins, un vacarme
[conf]us approche, éclate et passe : c'est Yousouf, qui entraîne au
[gra]nd galop ses spahis par les intervalles de l'infanterie; il a déjà dis-

[1] Il n'y eut que deux bataillons qui se mirent en carré. Les autres combattirent en
[ordre] de marche.

paru dans la fumée; il est tombé le sabre en avant sur la grande batterie, qui est prise en un clin d'œil. Le second échelon, formé du 4e chasseurs d'Afrique, l'a suivi de près. Nos escadrons bondissent dans le camp et y sabrent l'infanterie marocaine. Bugeaud fait pousser la marche en avant. Cavaignac et Pélissier, l'épée levée, entraînent les troupes, ranimées par le succès, à l'aide de nos cavaliers qui luttent, entourés de milliers d'ennemis, sur les places du camp.

Pendant ce temps, Morris, porté trop loin en dehors de l'aile droite par l'ardeur d'une charge semblable à celle de Yousouf, a été perdu de vue par la brigade Bedeau. Les six mille cavaliers impériaux (Oudéias et Bokharis) avaient juré d'exterminer les redoutables chasseurs d'Afrique; ils entourent aussitôt nos cinq cent cinquante *vestes bleues*, qui ripostent à un contre onze, par des feux de file et des coups de sabre. Cette lutte inégale se prolonge. A la fin, l'interprète Roches, envoyé en reconnaissance de ce côté, franchit audacieusement seul, par une pointe à fond, la ligne ennemie, communique avec Morris et revient par un détour annoncer la situation. Quatre bataillons lancés au pas de course dégagent nos intrépides cavaliers; puis tout entre dans le camp. Les dernières résistances tombent; l'ennemi fuit partout, poursuivi par les balles de notre réserve, qui s'est avancée rapidement au milieu du camp central. Bugeaud s'arrête et tire sa montre. Pélissier arrive avec Lamoricière : « Midi! leur crie le maréchal, bataille gagnée! » Au même instant Yousouf paraît avec ses spahis dont les sabres dégouttent de sang; des têtes coupées [1] pendent à tous les arçons : « Monsieur le maréchal, dit-il, voici qui vous revient de droit. » Et il lui présente le parasol impérial, entouré des drapeaux pris sur l'infanterie. La tente impériale, les canons, dix-huit drapeaux, la caisse du prince, les vêtements somptueux, les armes ciselées, les chevaux de prix, tout est resté aux mains de nos soldats; huit cents morts et deux mille blessés ennemis couvraient le terrain de la lutte. Les vainqueurs, harassés, se couchent à l'ombre « sans plus bouger pendant quatre heures », écrivait Lamoricière, pendant que la réserve prenait le service d'ordre et ramassait les prisonniers et le butin.

Telle fut cette bataille de l'Isly, comparable à celle des Pyramides par sa tactique et aussi décisive par ses résultats, dans laquelle l'armée française vainquit, à un contre cinq, un ennemi aguerri, mais sans discipline.

La brigade Pélissier, qui avait soutenu la principale attaque et marché sans se rompre, eut les honneurs de la journée avec la cavalerie, illustrée par la prise du camp (Yousouf) et la superbe défense de Morris contre les cavaliers impériaux.

Les suites de ce triomphe ne se firent pas attendre : paix avec le

---

[1] Habitude arabe que nous ne pûmes pas, de longtemps, déraciner de nos troupes indigènes.

Maroc, mise hors la loi d'Abd-el-Kader dans les deux territoires algérien et marocain, entente sur la délimitation frontière, etc. Bugeaud désirait, — et c'était justice, — en indiquer lui-même les conditions essentielles. Le roi le fit *duc d'Isly,* mais écarta la demande [1]. C'est ainsi que le vaincu, toujours abrité sous la bienveillance anglaise, échappa à la plus ordinaire des conséquences de sa triple défaite, à celle qui lui eût été le plus sensible : le payement des frais militaires auxquels il nous avait contraints. Le cabinet français, craintif jusque dans sa victoire, songea plus à calmer l'irritation de l'amour-propre britannique déçu qu'à user du premier droit de la guerre. Son orateur trouva un mot à mettre, au lieu des millions du Maroc, dans la balance des frais de campagne : *La France est assez riche pour payer sa gloire!* A la séance suivante, elle ne fut pas assez riche pour payer ses employés, et l'on fit des économies sur les instituteurs.

Pélissier passa l'hiver de 1844 à 1845 dans la province d'Oran, auprès de Lamoricière, qui exerçait, en même temps que son commandement de l'ouest, l'intérim du gouverneur général appelé à siéger à la chambre des députés. C'est pendant ces quelques mois qu'il acheva de se lier intimement avec l'illustre général, et cette liaison d'estime et de principes dura autant que leur vie.

Nous arrivons à l'un des plus célèbres épisodes de nos guerres d'Afrique, celui des *grottes du Dahra;* le nom de Pélissier y demeure indissolublement lié. Il nous faut donc l'aborder en détail.

Pendant l'hiver, de légers indices d'un prochain mouvement dans l'Ouarensenis et le Dahra attirèrent l'attention vigilante de Lamoricière et de son chef d'état-major; mais deux ou trois faits isolés ne suffisaient pas pour motiver une répression générale. On se tint prêt cependant, car on savait que les *Khouans* (affiliés religieux) de l'ouest s'agitaient sourdement.

Dans l'intervalle, Bugeaud était venu reprendre son gouvernement, et son premier soin, après avoir lu les lettres de Lamoricière, avait été de se montrer dans l'ouest par une rapide tournée, du 2 au 6 avril. Il y trouva un calme si parfait qu'il y fut lui-même trompé, et crut devoir reprocher malicieusement aux deux officiers supérieurs l'excès de leurs soupçons. Il revint à Alger par le courrier de mer. Le courrier suivant lui apporta la nouvelle de l'insurrection du Dahra. Les Khouans s'étaient bien dissimulés, cette fois.

Nous avons déjà dit ce qu'est le Dahra : un massif montueux de deux cent cinquante à quatre cents mètres d'altitude, qui s'étend de Cherchell à Mostaganem. Coupé en deux, d'Orléansville à Ténès, par les récents travaux de l'armée, il avait gardé dans sa plus grande moitié,

---

[1] Lamoricière lui écrivant pour lui faire compliment de la paix, il répondit : « ... Je ne m'applaudis pas le moins du monde, et je ne voudrais à aucun prix apposer ma signature au bas de ce traité. »

celle de l'ouest, une quasi indépendance. Nos troupes n'avaient franchi que les abords du plateau coupé, qui s'étend d'Orléansville à la mer, et dont le cap Ivi forme la saillie nord. Là vivaient plusieurs tribus qui, de temps immémorial, n'avaient pas payé l'*achour* ni la *zekkat*, pas plus aux Turcs qu'aux Français. La haine du Roumi y subsistait sans atténuation, appuyée sur l'orgueil local, car les habitants se regardaient comme inexpugnables. A quelques lieues de leur marché central, Mazouna, se trouvait l'une des grandes curiosités de la région, les gorges des Fréchich, formant de grandes cavernes qui barraient de leur entrée, jetée en travers du ravin même, la route de Mazouna. Un ruisseau, entrant au sud et sortant au nord, avait dans ses crues fouillé le terrain intérieur dont il ne restait que le roc, et déterminé ces cavernes sinueuses et très vastes. Aux jours de menace, quand le maghzen turc apparaissait pour contraindre par la razzia les tribus à payer l'impôt, — ce qui n'arrivait que rarement, — toutes les ferkas prévenues y mettaient en sûreté leurs biens, leurs troupeaux et leurs femmes sous la garde de quelques bons tireurs. Jamais les Turcs ne s'étaient avisés de forcer cette difficile barrière sous le feu de sa garnison. Ces fameuses grottes étaient situées sur le territoire des Ouled-Riah, auxquels appartient aussi Mazouna.

Ce n'est pas de là que partit l'insurrection *sainte*, mais un peu plus loin, de la tribu des Ouled-Djounès; le chef du mouvement n'opérait pas pour Abd-el-Kader, mais à son compte propre : c'était un jeune ascète de vingt ans à peine, révéré par les Khouans pour sa « sainteté », et suivi partout d'une chèvre apprivoisée; de là le surnom d'*homme à la Chèvre*, — *Bou-Maza* [1], — qui le désigna bientôt. De sa naissance, cette espèce de derviche s'appelait vulgairement Mohammed-ben-Abdallah, nom aussi commun en Orient que ceux de Martin et Durand chez nous. Il devait bientôt déployer du caractère et de vrais talents.

Son début fut brillant, mais court. Après quatre ou cinq jours de succès, il se vit traqué par trois colonnes mobiles, leur échappa pendant quelque temps par des coups d'adresse et d'audace, mais fut bientôt réduit par le colonel de Saint-Arnaud, commandant du cercle d'Orléansville, à se jeter dans une tribu amie. L'agha, qui était des nôtres, lui tua quatre cents hommes et faillit le faire prisonnier. Bou-Maza se déroba avec peine à sa poursuite et disparut pour quelque temps, faisant répandre le bruit de sa mort afin de dépister les recherches.

Mais la situation restait grave dans le Dahra, qui venait de se révéler hostile et redoutable. Le maréchal, avant de regagner Alger, ordonna d'en finir avec l'orgueil et la prétendue indépendance des tribus des plateaux, entre autres les Ouled-Riah, qui avaient franchement pris les armes à leur tour pour interdire aux Français l'accès de Mazouna.

---

[1] Littéralement : *le père la Chèvre* ou *le père de la Chèvre.*

Pour ce coup, trois colonnes furent formées : celles de Saint-Arnaud et de Ladmirault devaient traverser le pays parallèlement de l'est à l'ouest; Pélissier, chargé de la troisième, la plus importante, devait soumettre les Ouled-Riah, pénétrer à Mazouna et y être rejoint par les deux autres colonnes. Il reçut des instructions précises : à tout prix il devait passer là où les Turcs s'étaient arrêtés. Quant aux fameuses grottes, il avait ordre de les visiter et d'en détruire le prestige comme citadelle. Elles pouvaient être difficiles à forcer; en ce cas on lui rappela l'exemple des Kabyles qui avaient capitulé l'année précédente dans des grottes inaccessibles, sous la crainte d'un feu de bois vert qui les menaça d'asphyxie; ce moyen *ultime* était prescrit comme dernière ressource.

Le 18 juin [1], Pélissier arrivait avec sa colonne et refoulait les Ouled-Riah, dont une partie se jeta dans Mazouna ou alla se joindre aux tribus des environs, et dont l'autre, prenant avec elle des femmes, des enfants, des animaux, se retira dans les fameuses grottes. Le colonel, exécutant les ordres reçus, et ne pouvant au reste laisser de côté cette force armée qui menaçait sa marche, vint les sommer, et fut reçu à coups de fusil; après un court engagement sur le ravin les Riah se replièrent tous dans les cavernes. Elles avaient deux entrées superposées, auxquelles on accédait par un sentier qui suivait le flanc du ravin; les Français, à distance sur les flancs du ravin, dominaient les entrées. Un essai d'attaque coûta quelques hommes; la position était inexpugnable; les grottes furent bloquées, non sans l'espoir de s'en emparer même sans combat, puisqu'elles avaient, disait-on, une étroite issue supérieure, dissimulée dans des broussailles, et par laquelle on ne doutait pas que les assiégés, s'ils n'en profitaient pas, ne fissent filer les non combattants, quand ils constateraient l'impossibilité de déloger les Français du ravin. Mais les assiégés, confiants dans la position et uniquement dominés par la sauvage fierté musulmane, ne songeaient nullement à capituler ou à se dérober. Ils défiaient nos soldats par leurs cris et leurs coups de feu. La position s'aggravant, Pélissier, qui avait à craindre une attaque extérieure, fit de nouveau sommer par deux fois les assiégés, en employant des Arabes à cet effet, car ils tiraient sur tout ce qui était *Roumi*. On vit des vieillards se présenter entre des hommes armés sur le seuil supérieur. On leur expliqua que leur ville allait être prise, qu'une moitié de la tribu s'était soumise, et on leur démontra l'inutilité d'une résistance prolongée. Ils conférèrent brièvement avec la population des grottes, et ne rappor-

---

[1] En abordant cette question des grottes du Dahra, sur laquelle nous n'avions pas encore pu nous former une opinion complète, nous nous sommes éclairé de tous les documents, récits et avis que Paris, avec ses bibliothèques, peut fournir, ainsi que de ceux d'Algérie. Le *récit* le plus clair des faits est celui qu'en a donné dans le *Bulletin de la Société de Géographie* de Paris, fascicules de janvier à mars 1871, le commandant G. Bourdon, en traitant du Dahra et de ses habitants.

tèrent qu'une réponse toujours la même : « Que les Français se retirent et nous sortirons; nous ne refusons pas la soumission. » C'était la réponse qu'ils faisaient aux Turcs pour se moquer d'eux jadis.

Le soir était venu; les troupes, énervées et inquiètes, murmuraient à demi-voix, étonnées des atermoiements inusités du vigoureux chef de la colonne. C'est que Pélissier avait une résolution grave à prendre. Conformément aux ordres de Bugeaud, il devait forcer les Riah et en finir avec les grottes à tout prix, fût-ce par le feu. Il ne doutait pas que devant un tel danger les Riah ne s'empressassent au moins de mettre en sûreté les non-combattants qui pourraient se trouver avec eux; mais la mesure, quoique ordonnée, lui répugnait. Il fit néanmoins couper des fascines que nos soldats, moins scrupuleux, s'empressèrent d'entasser devant les cavernes, en les jetant du haut des pentes. Puis il tenta une dernière sommation, en montrant les amas de bois coupé, et menaçant d'y mettre le feu. Ce moyen excita les rires des Riah, et ils répondirent en abattant un soldat qui s'était laissé voir à découvert.

La nuit arrivait; la troupe, après avoir mangé, réclama l'ordre d'allumer les broussailles; le colonel ne le donna ni ne le refusa d'abord, et, par deux fois, nos hommas, pressés d'en finir, provoquèrent un commencement d'allumage en lançant sur l'amas verdoyant des fagotins secs tout enflammés. Le feu prit mais s'éteignit peu après, sans avoir nui aux assiégés. Enfin, à dix heures du soir, Pélissier, s'avançant à cheval, après avoir consulté ses officiers, donna tout haut l'ordre d'*allumer*. Cette fois le feu, bien alimenté, dura et s'étendit; mais on ne croyait pas qu'il eût grande efficacité quant au but poursuivi : les Riah s'étaient simplement retirés de côté, dans les cavités intérieures, après avoir envoyé en signe de bravade quelques coups de fusil.

La colonne de flammes, alimentée par les fagots verts que la troupe y lançait de temps à autre, s'élevait claire et haute, entourée d'une épaisse fumée dont le panache s'étalait lentement dans le ciel. Tout à coup elle oscilla, se contourna, tourbillonna dans tous les sens; une brise fraîche s'était levée soufflant à l'encontre des cavernes; puis flammes et fumée se courbèrent et parurent pénétrer dans les ouvertures. Les hommes les plus rapprochés crurent entendre des cris et des coups de feu mêlés à des beuglements d'animaux. Mais on savait les cavernes très vastes, on pensait que leur population d'un jour, terrifiée, s'était réfugiée dans des profondeurs peu accessibles aux effets du feu et de la fumée, d'où l'on se promettait de la retirer le lendemain, honteuse et soumise. A une heure du matin, le colonel fit éteindre. Il avait calculé que le brasier, en achevant de se consumer lentement, rendrait par sa chaleur le seuil des grottes inaccessible à l'ennemi intérieur jusque vers le point du jour, et voulait simplement y laisser pénétrer l'air du dehors, afin de ne pas pousser l'épreuve à l'extrême; à l'aube, on verrait probablement apparaître des parlementaires ; sinon, l'on sommerait de nouveau les assiégés, qui avaient dû dans leur angoisse faire de dures réflexions.

L'aube arriva, rien ne parut. L'attente se prolongeant, des auxiliaires indigènes sont détachés à tous risques sur le sentier ; ils reviennent bientôt, rapportant quelques malheureux à la peau brûlée, et presque asphyxiés, qui tentaient de se glisser à l'air par-dessus le seuil brûlant et calciné. L'un d'eux, qui conservait un vague reste de connaissance, murmura des réponses confuses, d'où l'on put induire que la population des grottes n'avait pas cru au danger et s'en était moquée jusqu'au moment où les flammes, chassées par le vent, pénétrèrent brusquement à l'intérieur, tandis que la fumée étendait progressivement ses tourbillons dans tous les recoins. A la stupeur avait, au bout de quelques instants, succédé le cri de la conservation à tout prix : les animaux, furieux, s'étaient précipités vers l'entrée ; mais, refoulés par les flammes, ils étaient devenus fous et s'étaient jetés à travers la foule ; les femmes, les enfants avaient supplié qu'on profitât d'une éclaircie (car il y avait des répits dans l'action du feu) pour appeler et se rendre ; mais les plus obstinés défenseurs, comptant bien que le mal n'irait pas jusqu'à l'anéantissement, s'y étaient opposés. Les Arabes qui interrogeaient le mourant crurent comprendre qu'on s'était battu dans l'intérieur.

Nos soldats, passant de l'hostilité à la pitié, s'élancent vers les cavernes et achèvent de disperser le brasier fumant. Après quelques tentatives, de courageux artilleurs parviennent à y pénétrer et en ressortent en courant, échaudés, à demi asphyxiés, avec des gestes significatifs. L'émotion est devenue générale ; on fait approcher l'ambulance, on dispose tout pour les soins nécessaires, et le refroidissement progressif des abords permet enfin aux détachements commandés en service d'explorer les cavernes.

Elles étaient grandes, mais beaucoup moins que, sur la foi des récits arabes, on ne l'avait cru. Un spectacle indescriptible s'offrit aux regards : des centaines de corps nus gisaient, dans les attitudes du désespoir et de la lutte, la plupart noirâtres, à demi calcinés, le sang figé par caillots autour des lèvres et sous les narines ; parmi eux, beaucoup de femmes et d'enfants. Un grand nombre portaient des blessures faites par les cornes ou les dents des animaux étendus pêle-mêle ; quelques-uns avaient reçu des coups de feu, soit qu'il y eût eu lutte entre les exaltés et ceux qui voulaient capituler (ainsi le conclurent et l'affirmèrent les indigènes), soit que les armes échauffées, partant d'elles-mêmes, eussent fait des victimes, ou qu'on eût tiré au hasard pour abattre les bestiaux dont la folie menaçait la vie des hommes.

Une vingtaine, selon certains narrateurs, une cinquantaine, selon d'autres, des mourants, — car il y en avait qui remuaient encore et qu'on s'empressa de soigner, — revinrent à la vie ; mais ils ne purent jamais donner de détails précis sur le drame des grottes. Les morts, — la presque totalité, — étaient au nombre de près de six cents.

Tous les cadavres furent inhumés, au grand étonnement des Arabes, qui admiraient tout simplement la réussite de ce coup de vigueur, sans se soucier outre mesure de leurs compatriotes morts « par la fatalité de la guerre ». Ils eussent été bien davantage étonnés, d'abord du sentiment d'horreur et de regret qui domina chez les vainqueurs, surpris eux-mêmes et bien loin de s'attendre à un pareil résultat, ensuite de l'explosion de pitié qui, en France, éclata au récit, exagéré comme toujours, de ce malheur, et rendit Pélissier le point de mire des attaques les plus violentes de la presse.

Le colonel n'avait fait qu'exécuter, à la dernière extrémité, des ordres positifs et inéluctables, auxquels se rattachait directement le salut des colonnes d'opération, et il en avait, par ses atermoiements volontaires et ses atténuations, prévenu, selon tout ce que la possibilité permettait, les éventualités les plus fâcheuses. Si la réalité les surpassait toutes d'un seul coup, il n'y pouvait rien, et ne crut certes pas sa conscience d'homme et de soldat compromise ; mais il en souffrit cruellement. Comme tous les caractères forts et réellement nobles, il avait le cœur et les qualités des vieux marins dont Lamartine a si bien dit : « Cœurs de fer pour le danger, cœurs de femmes pour la pitié. » (*Voyage en Orient,* t. I.) Toutes les mesures que commandait l'événement une fois prises, il marcha sur Mazouna et acheva froidement l'expédition. Mais ses sentiments intimes éclatèrent à la fin de son rapport officiel en une simple phrase qui, venant d'un tel homme, reste touchante comme un reproche voilé par le respect de la hiérarchie :

« Ce sont là, monsieur le maréchal, de ces opérations qu'on entreprend *quand on y est forcé,* mais que l'on prie Dieu de n'avoir à recommencer jamais ! »

Ce *quand on y est forcé,* qui résumait si bien la surprise et la tristesse de l'homme de guerre loyal devant une catastrophe inattendue, s'adressait aussi bien au maréchal qu'aux circonstances. C'était Bugeaud qui, sur l'avis de son entourage, avait lui-même indiqué le moyen du feu, sans y attacher du reste plus de sinistre gravité que Pélissier lui-même, et qui avait donné à son lieutenant, toujours strictement obéissant à la lettre comme à l'esprit du service, l'ordre positif de s'en servir en précisant la circonstance.

Bugeaud, dans sa loyauté, le sentit bien ; et sans hésiter, avec la netteté qu'il avait coutume de mettre dans tous ses actes, il revendiqua la responsabilité de « l'affaire des grottes du Fréchich », et se plaça hardiment entre Pélissier et l'opinion publique surexcitée. Il était malheureusement trop vrai que quelques rares officiers subalternes, par dureté personnelle de cœur, que parfois quelques soldats, dans l'exaspération que leur causaient les sauvages mutilations commises par un ennemi né barbare sur nos soldats blessés et nos prisonniers, avaient eux-mêmes autorisé ou commis des actes de cruauté privés. Ces exceptions, que l'on a fort exagérées et qui restent *des exceptions*, servirent de base aux adversaires soit du gouvernement, soit de la conquête, soit de Bugeaud et de l'armée, pour généraliser un système d'accusation tendant à faire de nos officiers et soldats d'Afrique des *reitres* à la conscience plus bronzée que leur visage, endurcis à la férocité froide, et toujours capables d'imiter et de surpasser la *sauvagerie* qu'ils reprochaient aux indigènes. Le sentiment, si noble en soi, d'humanité que porte au fond de lui tout homme digne de ce nom, fut exploité par les intéressés; et des écrivains qui, les pieds au feu dans les confortables appartements parisiens, s'émouvaient peu des terribles épreuves qui constituaient la vie journalière de notre armée d'Afrique, firent appel à l'indignation publique et obtinrent, dans les premiers moments, l'assentiment des esprits étroits, c'est-à-dire du plus grand nombre, contre « le bourreau des femmes du Dahra » (*sic*). Cette colère, factice dans son exagération, n'était pas durable et tomba d'elle-même. La conscience et l'honneur personnels de Pélissier étaient trop haut placés et trop bien établis dans l'armée pour qu'un événement inopiné de ce genre pût les amoindrir. Mais il n'en fut pas de même aux chambres. Là, le ministre de la guerre, le vieux maréchal Soult, embarrassé devant les clameurs de quelques groupes, sacrifia extérieurement le colonel, afin qu'on le laissât tranquille; système de tactique parlementaire que le vieux guerrier subissait puisqu'il s'y trouvait lié, probablement avec ennui. Il excusa personnellement Pélissier, dont il retraça les services et le caractère, et *blâma* le colonel pour le fait de la répression des Ouled-Riah; la chambre, devant cette attitude, vota un ordre du jour de blâme. Heureusement qu'aux yeux de l'histoire, comme aux yeux de la postérité, les ordres du jour des parlements ne constituent pas des arrêts irréfragables, et tombent vite dans l'oubli. Pélissier s'en occupa peu et continua de remplir ses devoirs.

Bugeaud ne le prit pas aussi simplement; il écrivit aussitôt au ministre :

« Je regrette, monsieur le maréchal, que vous ayez cru devoir blâmer, sans correctif aucun, la conduite de M. le colonel Pélissier. *Je prends sur moi la responsabilité de son acte.* Si le gouvernement jugeait qu'il y a *justice à faire, c'est sur moi* qu'elle doit être faite. *J'avais ordonné* au colonel Pélissier, avant de quiter Orléansville, d'employer ce moyen à la dernière extrémité; et, en effet, il ne s'en est servi qu'après avoir épuisé toutes les ressources de la conciliation. C'est donc à bon droit que je puis appeler *déplorables*, — bien que le principe en soit louable, — les interpellations de la séance du 11 juillet, etc. etc. [1]. »

[1] Extrait des archives de la guerre, par M. Camille Rousset (*la Conquête de l'Algérie*, t. II).

A cette énergique défense devant le gouvernement, le maréchal, soucieux de l'honorabilité extérieure de son armée, ajouta celle devant l'opinion. En réponse aux attaques des journaux, le *Moniteur algérien*, organe officiel du gouvernement général de l'Algérie, inséra dans sa *partie officieuse* du n° 695, daté du 15 juillet 1845, un article sur l'affaire des grottes, dont nous détachons les lignes suivantes :

« Trois colonnes furent formées, etc....

« M. le colonel Pélissier devait descendre le Chéliff jusqu'à Ouadizen, de là remonter chez les Beni-Zentas, et puis prendre par l'ouest la chaîne de montagnes que M. de Saint-Arnaud envahissait par l'est. Le colonel Pélissier, après une razzia chez les Beni-Zentas, somma les Ouled-Riah de se soumettre; une partie de la tribu y consentait en montrant beaucoup de tergiversations ; l'autre partie refusa d'une manière absolue, force fut de l'attaquer. Les guerriers, battus, se retirèrent dans leurs grottes célèbres, où d'avance ils avaient envoyé leurs femmes, leurs enfants, leurs troupeaux et leur mobilier. Le colonel Pélissier en fit l'investissement ; cette opération lui coûta quelques hommes, arabes et français. Quand l'investissement fut complet, il tenta de parlementer au moyen des Arabes qui étaient dans son camp; on fit feu sur les parlementaires et l'un d'eux fut tué. Cependant, à force de persévérance, on parvint à ouvrir des pourparlers ; ils durèrent toute la journée sans aboutir à rien. Les Ouled-Riah répondaient toujours : « Que le camp français se retire, nous sortirons et nous nous soumet-« trons. » Ce fut en vain qu'on leur fit à plusieurs reprises la promesse de respecter les personnes et les propriétés, de n'en considérer aucun comme prisonnier de guerre, et de se borner au désarmement. De temps à autre on les prévenait que le combustible était ramassé et qu'on allait les *chauffer*, si l'on n'en finissait pas. De délai en délai, la nuit arriva.

« Fallait-il que le colonel Pélissier se retirât devant cette obstination et abandonnât la partie? Mais les soldats et les chefs l'en auraient vivement blâmé. Les conséquences politiques de cette détermination eussent été funestes, car la confiance dans les grottes aurait beaucoup grandi. Aurait-il dû attaquer de vive force? Cela était à peu près impossible; et, dans tous les cas, il fallait perdre beaucoup de monde dans cette guerre souterraine, qui n'eût pas été beaucoup plus satisfaisante pour l'humanité. Se résigner à un simple blocus, qui pouvait durer quinze jours, c'était perdre un temps précieux pour la soumission du Dahra, et refuser son concours à M. le colonel de Saint-Arnaud. Après avoir pesé ces divers partis, il se décida à employer *le moyen qui lui avait été recommandé par M. le gouverneur général pour les cas d'extrême urgence.*

« De nombreuses fascines furent jetées d'en haut à l'entrée des grottes ; le feu y fut lancé de la même manière. A une heure du matin, le colonel Pélissier, mû par une vive pitié, le fit cesser. Il était trop tard, la catastrophe était arrivée.

« Ce cruel événement, qui nous afflige tous, suspend notre jugement par sa nouveauté dans les fastes de la guerre ; mais au fond il n'est pas plus barbare que plusieurs autres choses qui se pratiquent en Europe, et contre lesquelles l'opinion ne se récrie pas, parce qu'il est convenu que ce sont des maux indispensables. »

Nous avons donné au lecteur des éléments d'appréciation suffisants pour former son jugement, nous le dispensons donc d'entendre de plus longs extraits ; parmi les auteurs qui ont écrit sur les guerres d'Afrique et traité cette question, presque tous ont justifié Pélissier, d'autant plus que sa responsabilité personnelle était couverte par des ordres précis du maréchal ; peu l'ont blâmé, et ils l'ont fait avec atténuation, ou en le mettant personnellement hors de cause quant à l'étendue, que nul ne pouvait prévoir, de la catastrophe.

Quant à l'opinion même du maréchal Soult, il est à croire que le besoin de la tactique parlementaire en avait dicté les termes plutôt qu'une conviction raisonnée ; car, le 3 décembre de cette même année, Pélissier, relevé de ses fonctions de sous-chef d'état-major général, était chargé, quoique simple colonel, du poste le plus glorieux par ses souvenirs, le plus important à ce moment qui fût, dans la province d'Oran, confié à un officier général, du commandement de la subdivision de Mostaganem. Cet emploi lui présageait sa prompte promotion. En effet, dès le mois d'avril suivant (1846), il était nommé maréchal de camp (général de brigade) et confirmé dans son commandement. Le ministre, en réponse à Bugeaud, avait vu là sans doute toute la « justice à faire ». La question nous paraît donc jugée.

Avec ce commandement de Mostaganem commence une période nouvelle dans la vie de Pélissier. Livré désormais à ses propres inspirations et à la responsabilité de ses actes, sous le seul contrôle éloigné des généraux en chef, il va donner la mesure de ses talents et de sa prodigieuse activité, doublée dans ses résultats d'une volonté de fer. Si parfois la grande figure d'Abd-el-Kader nous entraîne, avant de disparaître de la scène algérienne, dans des récits généraux, ils seront courts et bornés à l'exposé d'ensemble nécessaire pour y relier notre sujet spécial. L'administration de Pélissier, autant et plus que ses actes militaires, doit maintenant attirer notre attention, et nous le montrer dans le cadre élargi de ses vastes aptitudes et de son amour du bien, basé sur un principe qu'il n'affiche pas bruyamment, mais qu'il introduit dans tous ses actes comme garant de leur bon effet : le principe de la civilisation et de la justice *par le christianisme*. C'est le bon.

VII

Le bruit soulevé autour de l'affaire du Dahra allait s'éteignant quand
Pélissier prit le commandement de la subdivision de Mostaganem ; ses
collègues de la province d'Oran s'appelaient Eynard, Cavaignac, Bedeau ;
le colonel de Mac-Mahon commandait à Lalla-Maghnia ; le colonel de
Crény était chef d'état-major ; Bosquet dirigeait les affaires arabes ;
Lamoricière concentrait et dirigeait tous ces talents.

L'été de 1845 avait été à peu près tranquille. Pélissier profita du
calme relatif où il trouvait la subdivision de Mostaganem pour s'adon-
ner à une série de travaux d'utilité publique où il apportait, avec son
intelligence administrative, ses larges talents spéciaux d'officier d'état-
major. En cette matière, un nom vient aussitôt prendre place à côté
du sien, celui du commandant Lapasset, qui remplit assez longtemps
les fonctions de chef d'état-major à Mostaganem, préludant ainsi au
commandement qu'il devait y exercer plus tard.

De cette activité, aussi grande dans l'œuvre civilisatrice que dans
le devoir militaire, surgirent de féconds résultats pour la région : de
larges travaux agricoles, des encouragements utiles à la colonisation par
capitaux (la seule assurée du succès), à l'élevage, et particulièrement
à celui des chevaux (Lamoricière avait déjà installé à Mostaganem un
haras, qui devint un des plus pressants soucis de Pélissier), la mise
en exploitation progressive des essences forestières, l'assainissement
des bas-fonds de la Macta et de l'Habra, le balisage et l'éclairage des
points dangereux de la côte, — telles furent les principales occupations
administratives du commandant de la subdivision de Mostaganem. Il
s'en donna d'autres d'un ordre plus élevé : la création d'églises et
d'écoles, trop négligée le plus souvent ; et enfin il se consacra spécialement, dès son arrivée, à un grand travail dont il avait non seulement reconnu l'urgence dans ses précédentes courses militaires, mais
encore arrêté déjà le plan d'ensemble dans sa tête.

L'armée d'Afrique n'a pas seulement combattu et souffert l'épreuve incessante des marches, des privations, des garnisons malsaines, elle a *colonisé*, sinon de sa personne, du moins et toujours par ses travaux. Ce titre d'honneur lui restera acquis dans l'histoire. Entre deux expéditions, et souvent même en cours d'expédition, le soldat a manié la pelle, la pioche et la faucille, parfois la truelle et le marteau, tout autant que le fusil. Les larges et nombreuses routes qui font aujourd'hui l'admiration du touriste, tantôt allongeant à perte de vue leurs blancs sillons dans les grandes plaines, tantôt enveloppant de leurs lacets savamment calculés les pentes et les sommets boisés des deux Atlas, des Aurès, des Bibans, du Djurdjura, du Dahra, des deux Sahels, sont tout entières l'œuvre de l'armée. Casernes, fortifications, maisons de commandement (*bordjs*), barrages, ponts, et même (jusque vers 1850) églises, écoles, villages, ont surgi des mains de nos soldats, transformés en maçons, en charpentiers et en terrassiers, comme ils s'étaient faits, selon le besoin, pâtres et moissonneurs, laboureurs et bûcherons. Telle est l'inépuisable gloire de ces laborieux bataillons, et surtout des chefs qui ont su les plier au labeur ; telle est la dette de gratitude qu'a l'Algérie française envers l'armée.

Pélissier, avons-nous dit, s'était spécialement absorbé dans un grand ouvrage ; il s'agissait du pont à construire sur le Chéliff inférieur. Les travailleurs civils étaient peu nombreux, variables dans leurs exigences, difficiles à manier. Le commandant de Mostaganem, qui regardait l'achèvement de cette œuvre comme indispensable à la sécurité future et au progrès pacifique de sa subdivision, fit aussitôt appel au dévouement des travailleurs militaires ; et, moyennant une faible rétribution, il eut en un clin d'œil des centaines de bras vigoureux, attentivement dirigés par des officiers compétents en la matière ; c'était le 9ᵐᵉ bataillon de chasseurs, un des plus vieux d'Afrique, qui les lui fournissait.

On sait combien est redoutable et capricieux le régime des cours d'eau africains. Le Chéliff, de beaucoup le plus considérable, guéable sur plus de soixante points en été, devient, sous l'action des pluies diluviennes de novembre et de février, un fleuve immense, roulant dans ses eaux jaunâtres des quartiers de roc arrachés aux flancs de l'Ouarensenis. Les difficultés de l'endiguement des berges et du placement des pilotis une fois vaincues, le travail soutenu des chasseurs fit le reste, et, le 23 septembre 1846, une fête pleine d'originalité consacra la pose de la première pierre des piles et de chaque culée.

Le temps était splendide. Auprès du gué de Sidi-bel-Athar, où s'élevaient les pilotis, les troupes de la brigade s'alignaient sur le terrain verdoyant, en grande tenue, avec leurs drapeaux et étendards ; en arrière, la longue ligne du maghzen et des goums Medjehers, divisés par ferkas, précédés de leurs musiques à cheval, de leurs drapeaux verts et des officiers des bureaux arabes entourés par les chefs, dessinaît sa sombre traînée brune et blanche. Un vaste pavillon, dont la charpente était déguisée sous la verdure et richement décorée de drapeaux par les soins du capitaine de port, abritait les chefs, les fonctionnaires, les étrangers en excursion, et l'essaim déjà nombreux des dames, amenées gratis dans des fourgons de l'artillerie, ornés de fleurs et attelés en poste, que menaient au galop des canonniers enrubannés.

Le général arrive avec son état-major et passe lentement la revue de ces vieux soldats qui l'ont vu si souvent marcher au feu en tête de leurs colonnes; puis le curé de Mostaganem, à la longue barbe grisonnante, procède à la bénédiction de la pierre destinée à être la première posée au fond du fleuve, dans un lit de béton; tous les fronts sont découverts, les troupes présentent les armes. Le général saisit ensuite la truelle, fait le simulacre accoutumé, et voit le lourd cube de granit descendre à la place qui l'attend. Il se dirige alors vers les troupes et, se plaçant au milieu du carré long qu'elles forment, leur adresse un discours substantiel et plein de nobles enseignements; il leur rappelle en bons termes que le plus solide titre de l'armée d'Afrique devant la postérité sera son rôle de civilisatrice laborieuse : « Quand le récit de vos faits d'armes commencera de s'effacer devant ceux plus actuels, sinon plus glorieux, de la génération qui doit vous remplacer ici, vos travaux parleront encore pour vous, et la reconnaissance publique les saluera de son témoignage. » Et il termine en faisant l'éloge du 9ᵐᵉ bataillon.

Sa parole nette et forte, bien scandée, portait facilement jusqu'aux derniers rangs; de ses études de jeunesse, il avait conservé le tour de phrase élégant et sobre. Des bravos enthousiastes l'accueillirent. Il revint à la tribune faire aux invités les honneurs d'une hospitalité raffinée; car le général, si brusque à l'heure des résolutions brèves, était, par éducation de famille, un homme du meilleur monde. Les troupes, rompant et formant leurs escouades, dînèrent sur l'herbe et « arrosèrent le pont », grâce à la munificence du commandant en chef. Puis les sonneries donnèrent le signal du départ, et les voitures des invités s'ébranlèrent au bruit des salves d'artillerie qui terminaient la fête.

Depuis un instant elles filaient au grand trot, sous l'escorte de deux pelotons de cavalerie, quand les appels rapides des trompettes les firent s'arrêter subitement. C'est une sonnerie d'alarme. On se regarde avec surprise. Sur la gauche, au fond de la vallée, un grand nuage de poussière monte et cache le soleil couchant; puis des cris lointains arrivent; une masse mouvante grossit rapidement, et l'on y distingue bientôt les burnous noirs, blancs, marrons, des diverses tribus. Au même instant, ils fondent sur la colonne qui a fait halte et font crépiter les coups de fusil. Mais, dès le premier appel, les dispositions ont été

prises, les voitures conduites au galop à l'abri d'un pan de roc, en
dehors du chemin; l'artillerie a pris position avec son soutien d'infanterie arrivé au pas gymnastique; les tirailleurs se sont élancés et épar-
pillés; leur feu rapide arrête net le premier élan de l'assaillant qui,

Abd-el-Kader.

bientôt renforcé, revient en masse comme une trombe et perce leur
cordon impuissant. Mais nos bataillons, avançant aussitôt déployés,
lui font face et le reçoivent, à moins de cent pas, par un feu roulant;
on voit les masses arabes flotter, se disperser, se réunir de nouveau
par groupes et former une longue colonne de charge, tandis que leurs
meilleurs tireurs, faisant voltiger leurs chevaux à distance, entre-

tiennent le feu pour faire diversion aux préparatifs de l'attaque. Ils se
sont habilement placés de façon à se faire masquer, par les Français
eux-mêmes, de la ligne de tir des canons, qui deviennent inutiles.
Le moment est grave; tout à coup le roulement sourd des chevaux et
le cliquetis des fourreaux de sabre se fait entendre en arrière des
fourgons. La cavalerie, dissimulée en contre-bas de la route, vient de
la franchir en se dérobant à la vue de l'ennemi; elle apparaît inopinément à deux cents mètres à peine de sa gauche; il tourbillonne déjà,
surpris et indécis; mais les trompettes sonnent, les escadrons déployés
partent brusquement à fond de train; deux fois ils traversent l'ennemi,
qui, deux fois, se rallie après leur passage. Soudain la retraite sonne.
Tout s'arrête. Français et Arabes reprennent rapidement leurs rangs
respectifs et reforment la colonne de marche; car, on l'a deviné, tout
ceci n'était qu'un jeu destiné à clore brillamment la fête, « le bouquet
aux dames, » comme le dit le général en venant les saluer pour prendre
définitivement congé d'elles [1].

Il est probable que des Parisiennes, dans une surprise de ce genre,
eussent frémi plus d'une fois; et le général aurait pu entendre d'amères
épigrammes tomber des lèvres féminines encore pâlies par l'émotion.
Mais à chaque pays ses mœurs. Les vaillantes femmes d'Afrique, dont
plusieurs avaient forcément assisté à des actions de guerre, et qui
avaient toutes l'habitude de vivre à petite distance de l'ennemi, furent
unanimement ravies, et elles comblèrent M. le général de compliments
pour l'ingéniosité de ses « attentions ».

Un grand repas, dîner de gala pour les invités européens, vaste
diffa pour les indigènes, termina les réjouissances. Pélissier, en allant
se coucher, se frotta les mains et dit à son laborieux auxiliaire : « Qu'ils
s'amusent!... En attendant nous allons leur faire un beau pont, hein !
Lapasset ? — Je l'espère, mon général. — Et ensuite il faudra leur
tracer une belle route, qui percera à travers la côte jusqu'à Ténès,
hein! Lapasset? — Ce sera long, mais je m'en chargerais au besoin,
mon général. — Vous? — Moi, certainement. — Eh bien, dans ce cas,
tâchez de la faire belle, mon cher, car c'est moi qui vérifierai le projet,
et je vous préviens qu'elle portera votre nom. — Nous verrons ça,
mon général [2]. »

Puis les deux braves officiers de rire et d'aller gagner un repos
mérité, pendant que les violons et les tam-tams, les flûtes longues et
les pétards faisaient rage sur la place.

La chronique particulière prétend bien que les relations du général
avec son chef d'état-major étaient parfois sujettes à de courtes brouilles;

---

[1] Nous avons trouvé ce récit dans les journaux d'Oran et d'Alger, avec le compte
rendu de l'inauguration du pont. Il est trop caractéristique des mœurs d'Afrique pour
qu'on nous reproche de l'avoir placé ici.

[2] La *route Lapasset* a été faite en effet; elle est fort belle et bien tracée.

mais il n'est si bons amis qui ne se querellent un peu, et le soleil séchait vite la pluie. Le pont du Chéliff est resté ; il témoigne de la sollicitude du général et de l'ardeur au travail du 9ᵐᵉ bataillon.

Il nous faut maintenant revenir à la situation générale, et là reprendre en 1845.

L'agitation avait repris dans l'ouest, sous la persévérante impulsion d'Ab-el-Kader, qui cherchait à réunir toutes les résistances sous sa direction. C'est à cette année qu'il faut reporter la destruction de deux colonnes, heureusement peu fortes : celle du colonel de Montaignac, à Sidi-Brahim ; et celle d'un détachement de ligne qui, surpris le lendemain, à Aïn-Temouchent, ne sut pas même se défendre et fut livré à l'ennemi par la lâcheté de l'officier qui le commandait. Nous taisons le nom de ce poltron obscur.

Bou-Maza, nous l'avons dit, avait agi isolément, comme simple *croyant,* et les montagnards lui avaient reconnu le titre de *chérif.* Mais la nécessité pouvait facilement faire taire les orgueils privés et aplanir les petites dissidences qui se hérissaient entre la montagne et la plaine, puisque le principe au nom duquel les chefs entraînaient leurs hommes était unique : l'*Islam,* la guerre aux chrétiens. Ce principe allait, en effet, joindre dans une action commune le jeune chérif issu d'une simple confrérie d'exaltés, et le grand émir issu d'une race de marabouts célèbres, et révéré pour ses exploits dans tous les pays d'Islam, du Maroc à Bornéo, de Samarcande à Tombouctou.

Contre ce prestige, Bugeaud avait habilement profité de l'hostilité qui existait entre l'émir et les chefs influents de quelques grandes confédérations du désert, entre autres les Tadjini d'Aïn-Madhi et les Ouled-Sidi-Cheikh d'El-Abiod. Il avait même eu l'adresse d'arracher au chérif de la Mecque une déclaration qui permettait aux musulmans de suspendre la guerre sainte et de vivre en paix avec nous, pourvu que nous leur garantissions le respect de leurs croyances et de leurs usages. L'interprète Roches, déguisé en pèlerin, avait accompli cette dangereuse mission à travers mille périls, et l'on n'avait su que bien plus tard comment l'audace d'un chrétien avait pu obtenir la *fettouah* (décret) du chérif de la Mecque.

Depuis lors les faits avaient marché ; si la fettouah de la Mecque était encore utile comme simple prétexte à nos alliés locaux, son effet était devenu nul chez la masse musulmane d'Afrique. Abd-el-Kader était vite redevenu le vrai chef de la défense religieuse pour les tribus de race arabe. Bou-Maza lui-même le comprenait ; aussi, tout en sauvegardant son commandement direct sur *ses tribus* de l'Ouarensenis et du Dahra, avait-il accepté le titre de mandataire et allié de l'émir pour cette région. Quant à ce dernier, réorganisant avec une merveilleuse fécondité d'audace et d'esprit ses ressources, sa *deyra* (smalah purement militaire), ses troupes, ses alliances, il allait mettre sur les dents, pendant une campagne prodigieuse d'activité, tous les généraux français. L'admiration de l'histoire s'impose devant un tel rayonnement d'énergie, de courage et d'intelligence, en dépit de la cause à laquelle ils étaient voués.

Le double coup de Sidi-Brahim et d'Aïn-Temouchent partait de lui. De son côté, Bou-Maza venait de se montrer aussi par une action de vigueur : il avait saisi et fait périr dans les tourments deux chefs fidèles à la France, Sidi-Lekhal et El-hadj-Ahmed, sous les yeux de leurs hommes réduits à l'impuissance; et, pour frapper l'imagination des tribus, il avait poussé une pointe audacieuse sous Mostaganem, d'où il fut promptement écarté par le chef du cercle, le colonel Mellinet. Lamoricière, arrivant aussitôt, met ordre à ce chaos, comme lui seul pouvait et savait le faire : en quelques jours les Traras sont châtiés, reçus à résipiscence et retournés contre l'émir; les Beni-Chougran se soumettent; les colonnes des cercles sont reformées, pourvues, dirigées sur des objectifs précis; puis le redoutable général s'enfonce dans le sud, chez les Sdamas et les Flittas, pendant que Bugeaud, doublant les étapes, arrivait d'Alger sur Orléansville, scindait ses troupes et, les découplant comme des lévriers, les lançait en onze colonnes à la poursuite de l'émir. Il y en eut un instant jusqu'à dix-sept.

Pélissier, arrivant à ce moment à Mostaganem, fut chargé d'abord de maintenir à la limite sud de son commandement les Flittas, et s'en acquitta avec sa précision ordinaire; puis, rassuré de ce côté, il revint au nord du Chéliff, chez les Beni-Zéroual, et châtia sévèrement deux de leurs ferkas, celles des Ouled-Fellahs et des Boutkourren, qui tentaient d'entraîner les autres. Sa présence, la crainte qu'il inspirait suffirent désormais à écarter tout danger de ce côté, et il put assister, spectateur vigilant et attentif, à l'immense chasse livrée par Bugeaud, d'après un plan conçu par lui seul, aux forces mobiles et toujours renaissantes de l'émir.

Ce drame compliqué a été très bien résumé en quelques lignes par un des plus récents et des plus autorisés historiens de la conquête, M. Camille Rousset :

« Alors, dit-il, commence une chasse prodigieuse où le fauve, dépistant les meutes, fatiguant les relais, forçant les chiens, narguant les veneurs, les entraîne sept mois durant, par une course brisée de sept à huit cents lieues de l'ouest à l'est, du sud au nord, depuis les steppes brûlants du Sahara jusqu'aux cimes neigeuses de la Grande Kabylie, puis encore du nord au sud, de l'est à l'ouest, et, les laissant épuisés, haletants, fourbus, finit par rentrer dans son fort. Cette campagne, la plus difficile et la plus sérieuse qui ait été faite en Algérie, ne se distingue par aucun trait saillant, par aucun combat de grande importance. Elle est admirable et fastidieuse; il est impossible de la décrire en détail; l'histoire y perdrait sa peine et le lecteur son attention. »

Ce fut Yousouf qui mena la chasse. Mal pourvu d'hommes, 1 400 à peine, il ne put atteindre l'émir, malgré des prodiges d'activité et de sagacité. Pendant ce temps, Pélissier administrait sa subdivision et, prenant deux fois les armes, contenait par des courses rapides les tribus tumultueuses des abords du Chéliff. Abd-el-Kader, après dix mois d'une campagne prodigieuse qui mit sur les dents dix-huit colonnes françaises, s'était réfugié au Maroc, chez les Beni-Snassen, après avoir ordonné, pour son éternel opprobre, le massacre des prisonniers français qui embarrassaient sa marche. Onze seulement parvinrent à s'échapper.

Le 2 novembre 1846, Abd-el-Kader, à bout de ressources, fit offrir la liberté des onze captifs survivants, par l'intermédiaire du commandant espagnol de Mélilla. L'enseigne de vaisseau Durande mena cette difficile négociation, qui dura un mois et faillit lui coûter la vie, avec un dévouement sans égal[1]. Enfin, moyennant une grosse somme en argent, Durande obtint la remise des prisonniers, à la tête desquels se trouvait le commandant de Cognord; il se hâta de les amener à Djemma-Ghazouat, où le colonel de Mac-Mahon les reçut, et de là à Oran, où l'accueil fut à la fois solennel et triomphal.

Lamoricière fit alors une vaste inspection de son beau commandement d'Oran, et y fut reçu partout avec des témoignages qui ne laissaient aucun doute sur l'estime sans bornes et souvent l'affection réelle que ses hauts talents, sa scrupuleuse équité, sa bienveillance engageante lui avaient values de la part des tribus les plus réfractaires à notre influence. Il put alors consacrer une large part de l'année 1847 à la colonisation, et l'autre à plaider à la tribune politique, comme député d'Indre-et-Loire, la cause de l'Algérie. Déjà Bugeaud l'avait précédé en France. Le maréchal ne revint pas en Algérie, dont le gouvernement général était déjà secrètement destiné par le roi au duc d'Aumale, le preneur de la smalah, le plus *Africain* de ses fils. Le prince en prit possession le 5 octobre 1847; les événements politiques allaient bientôt l'en précipiter.

Nous n'avons plus qu'à montrer Lamoricière et ses lieutenants, parmi lesquels Pélissier tenait sans conteste le premier rang, à leurs entreprises de colonisation dans le triangle qui s'étend entre Mostaganem, Oran et Mascara : la fondation de huit villages, l'adjudication des salines d'Arzew, la mise en défrichement de l'alfa, ce textile aujour-

---

[1] Il appartenait au *Véloce*, corvette à vapeur du service d'Oran au Maroc. Pendant cette périlleuse négociation, faite au rivage du Riff sur une petite barque espagnole, le *Véloce* fut envoyé, par un ordre venu de Paris, à Cadix, *pour servir de bateau de plaisance à M. Alexandre Dumas,* romancier populaire et ami des princes, qui avait envie de faire un tour sur la Méditerranée. Tout le service de ce bâtiment cessa; il fallut le suppléer par un petit bateau que ses maîtres, négociants à Oran, prêtèrent aussitôt *à leurs frais.*

Cette indignité n'a pas été assez relevée; nous devons la signaler ici.

d'hui passé à l'état de principale richesse de la région oranienne; dans ces travaux, Lamoricière avait à lutter contre le système de Bugeaud, son chef, partisan des seules *colonies militaires;* mais rien ne ralentissait son zèle. Et Pélissier, placé au point le plus important de l'entreprise, poussait avec vigueur la colonisation, et allait lui-même établir et inaugurer, à Sidi-Bel-Abbès, le camp définitif, l'alignement des rues, l'église, la municipalité, les écoles (confiées aux frères des Écoles et aux sœurs de Charité); puis il y revenait présider, en grande pompe, la distribution des prix, à côté du curé, l'excellent et dévoué M. Preyre, et, conformément à son caractère, clôturait la cérémonie par un assaut des gamins et des gamines dont il prit le commandement, à la boutique de l'unique pâtissier de l'endroit, qu'il avait préalablement achetée de sa poche.

En même temps il donnait à Mostaganem, décidément préférée à Arzew comme centre de la plus grande subdivision de l'ouest, un tout autre aspect et une importance dont elle n'a plus déchu. Nous en trouvons la preuve dans une étude publiée à ce moment par le *Moniteur algérien,* sur Mostaganem et ses travaux.

Après avoir rappelé, dans un aperçu historique détaillé, l'origine de la ville et son rôle sous les Arabes et les Turcs, l'auteur développait les raisons diverses qui avaient fait décider le maintien de ce commandement important, et ajoutait ensuite (nous écourtons forcément beaucoup) :

« Cette détermination fut le signal d'une régénération complète... Des magasins de toute nature, des logements pour huit mille cinq cents hommes de troupe et deux mille chevaux s'élevèrent comme par enchantement; c'était un camp immense, où régnait une prodigieuse activité. Bientôt les baraques tombèrent et firent place à des constructions durables; de nombreuses troupes, le génie, un commerce journalier avaient jeté dans Mostaganem des capitaux et une population européenne. Les échoppes sont remplacées par de belles constructions, les façades se régularisent, les rues s'élargissent et s'alignent, la population s'organise; le camp est devenu ville.

« Elle s'étend au dehors, des usines descendent sur le ravin, la culture reprend ses domaines délaissés... L'armée, ici encore, avait donné l'exemple; une ferme militaire et un haras avaient été les premiers jalons de cette voie nouvelle.

« Les exploitations particulières s'appuyaient bientôt à des centres agricoles : Mazagran, la Stidia; un autre village s'élève sur la route du Chéliff; d'autres sont mis à l'étude sur la route de Mascara, près des sources du Nadôr et de Souk-el-Mitou, sur les bords de l'Oued-Raïr.

« Maintenant la population *européenne* civile (non compris la masse des indigènes et la nombreuse garnison) ne s'élève pas à moins de trois mille huit cents âmes; les rouages administratifs fonctionnent bien; la ville voit rayonner autour d'elle des routes qui assurent ses communications; elle a des ponts à son service; l'avenir ne lui fera pas défaut. »

Nous avons voulu, en décrivant la création d'Orléansville (au ch. v) et celle de Mostaganem, montrer comment ont surgi en quelques années, par les soins d'officiers intelligents et laborieux, sur cette terre arrosée de tant de sang français, non seulement les ouvrages sans nombre auxquels nous faisions allusion plus haut en parlant de la fondation du grand pont du Chéliff par Pélissier, mais tant de villes charmantes, dont la construction est fort supérieure à la moyenne de leurs congénères de France : Bône, Dellys, Philippeville, Aumale, Cherchell, Djidjelli, Sétif, Ghelma, Bouffarik, Douéra...

Dans l'ouest, la part de Lamoricière et de son fidèle Pélissier fut la plus grande et la plus durable; ces deux noms sont inscrits à la suite l'un de l'autre en traits ineffaçables dans l'histoire du développement de la province d'Oran, qui précéda de plusieurs années celui des deux autres provinces.

On ne trouvera pas déplacée ici une dernière anecdote qui, rapportée par M. Keller dans sa belle *Vie de Lamoricière*, peint admirablement la délicatesse de conscience et le scrupuleux honneur de ces hommes qu'on a plus tard accusés de « s'être enrichis en Afrique ». La voici.

Pélissier possédait un bel étalon, qu'il céda au haras de Mostaganem alors en formation; il s'était verbalement réservé le droit d'y choisir un poulain en échange; mais il y eut malentendu; la direction du haras éleva des objections, et Lamoricière, informé, se porta médiateur : il proposa de prendre dans les chevaux razziés par Pélissier chez les tribus du Dahra (et remis au domaine public) un cheval de choix. Pélissier lui écrivit aussitôt pour le remercier de l'intention, et refusa. Nous devons citer cette lettre :

« ... Mon général, il m'a passé bien des chevaux entre les mains; mais j'ai toujours regardé les aubaines de la guerre comme une propriété acquise aux corps qui avaient souffert, aux officiers qui avaient fait des pertes. Accepter *en présent* un cheval du Dahra serait, à mes yeux, une dérogation à la règle.

« Quel que soit le sentiment obligeant qui ait dicté votre offre, mon général, je dois la refuser et vous montrer la douloureuse et respectueuse surprise que vous m'ayez cru accessible à des vues d'intérêt personnel, vous sous les ordres de qui je sers depuis si longtemps sans avoir jamais rien demandé en quoi que ce soit, mais surtout rien de semblable. Mes principes à cet égard, mon général, sont aussi invariables que l'attachement profond et sincère que je vous ai voué, et dont les preuves ne sont assurément plus à faire. »

Il les donna cependant encore, ces preuves, comme Bosquet, comme Trochu, comme tant d'autres nobles cœurs, pendant l'empire, en se mettant par deux fois sans la moindre hésitation, lui maréchal d'empire, à la disposition de Lamoricière proscrit et malheureux. C'est d'une telle atmosphère d'honneur militaire, de laborieux dévouements et d'abnégation entière que Lamoricière vint passer plusieurs mois dans l'air et l'entourage viciés du parlementarisme bourgeois sur son déclin. Mais avant qu'il quittât définitivement la terre d'Afrique, où il s'était montré si grand soldat et si grand colonisateur, Dieu l'y attarda une dernière fois pour donner à l'histoire, qui les lui demande, une de ces satisfactions qu'elle signale comme une justice et un encouragement à la conscience des peuples. Le plus grand général d'Afrique allait recevoir, d'une façon presque inattendue, la capitulation du plus grand des Arabes, échappée même à Bugeaud par une providentielle disposition.

Le général de division n'était pas encore parti d'Oran pour la session législative, quand il apprit coup sur coup les intrigues de l'émir chez les Riffains, ses querelles avec eux, puis avec les fils de l'empereur, sa rupture avec Abd-er-Rahman, qui craignait de nouveaux troubles, sinon une révolution; enfin les hostilités qui avaient commencé dans l'empire : Abd-el-Kader avait sabré deux escadrons marocains placés en observation à proximité de sa deira, et cherchait en même temps à négocier avec les Français. Abd-er-Rhaman, persuadé qu'il voulait se créer un État aux dépens du Maroc, fit marcher contre lui trois corps considérables, commandés par les princes. L'émir prend les devants, lance un de ses khalifas, Ben-Yaya, sur le camp des Angads rassemblés au bord de l'Oued-Azlaf, les disperse et fait couper la tête à leur commandant, le caïd El-Hammar.

A ces nouvelles, Lamoricière avisa le prince-gouverneur et vint s'établir en observation à la frontière même. Déjà le sultan était arrivé à Fez, et de rigoureuses exécutions jetaient la terreur dans les tribus algériennes qui avaient émigré au Maroc (les Ammer et les Snassen) et qui soutenaient tout haut Abd-el-Kader. Celui-ci, serré de près par les troupes marocaines, tente de frapper un dernier coup ; il risque une surprise de nuit, disperse l'un des camps, mais est arrêté par les autres et chassé à coups de canon. Il vient s'appuyer à la frontière; les troupes impériales l'y acculent; son propre frère l'abandonne. Alors, désespérant de la fortune, il fit passer la Moulouïa par ses rouges, en leur ordonnant de se rendre par groupes dans les tribus de l'ouest algérien; lui-même, avec sa deira, couvrit le passage en combattant jusqu'au soir avec fureur; il abattit plusieurs hommes, et eut trois chevaux tués sous lui. Ses fidèles, l'entourant, l'empêchèrent de se faire tuer ensuite (21 décembre). Lamoricière, devinant sa route, faisait garder les passages. Pendant la nuit, des coups de fusil éclatent au col de Kerbous, entre un peloton de spahis en vedette et un groupe d'arrivants. C'était l'émir. Se voyant pris, il envoya son cachet au général, à qui seul il voulait se rendre. Ce fut le colonel de Montauban qui reçut le prisonnier à la tête du 4me chasseurs d'Afrique, et lui fit rendre les honneurs. Le lieu rappelait un souvenir funeste; c'était le marabout de Sidi-Brahim. Le lendemain, Lamoricière vint prendre le vaincu pour le présenter au duc d'Aumale, qui, peu d'heures avant, avait débarqué à Nemours.

La grande guerre d'Afrique était terminée, mais non les grandes expéditions; car le Coran reste, et avec lui le principe de la lutte. Le Jugurtha moderne, aussi hardi, aussi plein de ressources et de talents que l'ancien, mais certainement très supérieur à lui par la hauteur des vues, la noblesse du caractère et l'ampleur de la conduite, n'était plus qu'un prisonnier de la France. Il n'a pas eu longtemps à se plaindre d'elle, et il en est resté l'ami fidèle jusqu'à sa mort[1].

Derrière lui, son véritable vainqueur, Lamoricière, quitta Oran pour la session législative de 1847-48; il ignorait quels événements allaient bientôt se dérouler et, après l'avoir porté un instant au pinacle, le rejeter proscrit en Belgique, où Dieu l'attendait pour se l'attacher définitivement[2].

L'hiver fut tranquille en Algérie, tandis que la métropole s'agitait; le prince et la princesse de Joinville étaient venus passer quelques jours avec leur frère, le duc d'Aumale, quand éclata la nouvelle des événements de février. Le duc maintint l'ordre avec soin, puis se retira. Le 3 mars 1848, il s'embarquait pour l'Espagne, avec son frère et sa belle-sœur, et cédait la place au premier gouverneur général républicain, Cavaignac, appelé par télégraphe d'Oran, où il exerçait l'intérim de Lamoricière.

En sept mois, l'Algérie allait changer cinq fois de gouverneur général. Quant à Oran, Pélissier y fut appelé à titre intérimaire pour y commander la division. Cet intérim devait durer deux ans.

C'est donc à Oran que nous nous transportons avec lui.

---

[1] Lamoricière lui avait promis de le faire conduire à Alexandrie. La chambre s'y opposa. L'émir fut détenu au fort Lamalgue (à Toulon), puis transféré au château d'Amboise, sur la Loire, avec toute sa famille. Là, malgré de bons traitements, il dépérit; en 1850, il obtint enfin du prince-président d'être envoyé en Turquie. Il s'établit d'abord à Brousse, et passa ensuite à Damas, où il est mort il y a quatre ans. Il vint en France, en 1867, voir l'exposition, et y fut reçu avec le rang et les honneurs princiers. A Damas, il s'était formé une garde d'Algériens dévoués, qui arrêtèrent une partie des massacres de 1860, exécutés sur les chrétiens de la ville avec la connivence des soldats turcs.

[2] De même que Bourmont, proscrit en 1830, rencontra aux Baléares le dey Hussein qu'il venait de vaincre, ainsi, en 1867, pendant l'exposition, Lamoricière, vaincu politique de l'empire et glorieux vaincu catholique de Castelfidardo, se rencontra avec l'émir, qui portait le grand cordon de la Légion d'honneur et se promenait à travers Paris dans les équipages de la cour, à la livrée impériale. Ces rapprochements sont la leçon de Dieu aux hommes, trop disposés à se laisser prendre aux passagères grandeurs de la terre.

VIII

Le retentissement des journées de février se traduisit en Algérie
par des désordres plus pénibles au patriotisme français que dangereux
pour la sécurité; ils n'eurent de développement réel qu'à Oran, privée
pendant quelques jours d'une direction ferme par suite du départ de
Cavaignac. L'arrivée de Pélissier y mit un terme; contre le désordre
on le savait inexorable.

L'opinion du public français a été fort longtemps que les Arabes ne
comprenaient rien aux questions politiques qui nous divisent, et qu'ils
n'en avaient cure. Chacune des crises gouvernementales qui se sont
produites en France a démontré le contraire. Pendant que nos colons
et les têtes exaltées des villes se livraient à des excès, sous prétexte
de *liberté*, les indigènes, témoins de l'inefficacité des correctifs et de
l'impuissance administrative, s'enhardirent à leur tour et s'agitèrent
sourdement. Si Abd-el-Kader avait été libre encore à ce moment, notre
domination se fût trouvée des plus compromises. Mais fort heureusement pour nous, le lien vivant de la vraie guerre venait d'être brisé;
les fusils étaient déchargés, les yatagans et les flissas pendaient rouillés
sous les tentes et les gourbis. Il n'y eut donc chez les Arabes que des
séditions partielles, réprimées sur place par les chefs locaux. Dans
l'ouest, la réapparition d'un chérif supposé chez les Achecha donna le
signal d'un mouvement sérieux; le chérif fut abattu par le caïd de la
tribu, et ses partisans dispersés; mais les sauvages Beni-Ouragh, de
l'Ouarensenis, et leurs puissants voisins les Flittas, se laissèrent
gagner par l'exemple; sept de leurs ferkas refusèrent ensemble la
zekkat. Pélissier, dès les premiers symptômes, avait rassemblé les
éléments d'une colonne mobile de sept bataillons et six escadrons,
avec lesquels il apparut, le 28 avril, à Ammi-Moussa; le 30, il passait
chez les Sdamas; le 3 mai, il battait deux ferkas importantes, les Met-

mata et les Meknassa, qui se soumirent le 7. Quatre fractions sur sept étaient ainsi mises hors d'état de nous nuire.

Après les avoir frappées d'une contribution de guerre, il vint se placer, le 9, à Aïn-Kbira, point intermédiaire entre les trois fractions encore en armes; il les isola et reçut leur demande d'aman, pendant que le colonel Bosquet opérait, par son ordre, la réduction des Halloum de l'est.

Le *Moniteur algérien* annonça le rétablissement complet du calme; mais ce n'était point l'avis de Pélissier, qui avait constaté des indices de révolte chez les Amamera, les Chouala et les Cheurfa, trois grosses fractions des Flittas[1]. Sans attendre l'explosion prévue, il faisait, dès le 4 mai, sortir de Mascara le colonel Maissiat avec deux bataillons et deux escadrons. Quand cette force arriva chez les Flittas, elle trouva la lutte engagée : notre caïd, Mustapha-Ben-Diff, avait été deux fois victorieux; il n'y eut qu'à l'appuyer. De son côté, Pélissier achevait la réduction des Ouragh; puis il vint rejoindre Maissiat chez les Cheurfa.

Ces montagnards batailleurs avaient compté sur l'inextricable fouillis de ravins qui coupent de tous côtés la marche dans leur territoire. Pélissier, qui avait fait une étude préalable de la difficulté, les détrompa vite; six petites colonnes, dont rien ne put arrêter l'élan bien calculé, abordèrent à la fois tous les districts des Cheurfa; ils voulurent fuir et se heurtèrent au général, qui gardait les issues. Effarés, ils se concertent et affluent en masse, pendant la nuit, vers le centre, pour y soutenir un assaut dans les rochers; ils y trouvent avec stupeur nos troupes qui les y avaient précédés, et y aperçoivent, à l'aube, leurs troupeaux déjà saisis, leurs approvisionnements entassés. Découragés, ils déposent les armes et font demander l'aman. Pélissier le leur fait attendre quarante-huit heures, et l'accorde enfin.

Dans les deux autres provinces, qui avaient paru plus tranquilles, des répressions plus difficiles et plus sanglantes avaient lieu au même moment. Pélissier les avait prédites; la vigueur qu'on lui reprochait parfois n'était qu'un moyen très justement calculé d'éviter de longues luttes en les coupant dans leurs débuts. Dans cette série de rapides mouvements bien combinés, il n'avait eu à livrer que deux combats, courts et vifs, qui coûtèrent environ cent cinquante morts à l'ennemi, presque rien de notre côté. Aussi put-il dire avec vérité aux Cheurfa : « J'ai épargné votre sang quand vous vouliez prendre tout le nôtre... Gardez bien vos promesses, car je serais moins facile une seconde fois. »

Ce fut en 1849 que l'agitation prit un caractère sérieux. Peu favo-

---

[1] Les Flittas (ne pas confondre avec la grande tribu des Flissas, qui habite la Kabylie) sont la principale tribu des abords de l'Ouarensenis. Elle formait alors treize clans ou ferkas, dont la moindre disposait de plus de huit cents fusils. Les mouvements de cette tribu déterminaient ceux de ses voisins.

rables à la république, les puissances du nord-ouest entretenaient le feu et l'attisaient par des envois secrets d'armes et de munitions; mais aucun homme ne s'étant rencontré qui sût coaliser et diriger les Arabes, le tout se réduisit à des insurrections partielles, dont la province d'Oran eut les prémisses.

Au sud de cette province, et formant la limite réelle du Sahara, les Ouled-Sidi-Cheikh occupent, dans de vastes replis montueux, plusieurs k'sours (villes ou villages fortifiés) importants; leur influence rayonne de là au nord jusqu'aux grands chotts, à travers les territoires des Trafis et des Hamyâns, et même jusqu'à la Yacoubia. Le marabout Ben-Taïeb, des Ouled-Sidi-Cheikh, fit prendre les armes aux Hamyâns. Mac-Mahon et Maissiat, se portant avec de faibles forces chez ceux de l'ouest, déjà châtiés l'année précédente, en eurent vite raison; pour ceux de l'est (Hamyâns-Cheragas), Maissiat, afin de les soustraire au contact de leurs voisins, leur enjoignit de passer au nord du Chott-el-Chergui. Les plus rapprochés n'osèrent refuser; les autres se rejetèrent dans les k'sours du sud, appelant à leur aide les K'souriens.

Pélissier lança aussitôt à leur poursuite la petite colonne Maissiat, avec tous les goums disponibles; malgré leur hâte, les fugitifs furent rejoints et ramenés en lieu sûr; c'étaient les fractions appelées R'zaïnas et Akermas. Puis, ayant achevé de former et d'approvisionner ses colonnes, Pélissier s'enfonça dans le sud à la tête de deux mille trois cents hommes bien choisis, et Mac-Mahon fit de même avec mille six cents. Cette longue course le mena jusqu'aux k'sours du sud, occupés par les O. Sidi-Cheikh et les Trafis, et jetés par oasis dans des montagnes espacées, dont la direction se relie vers l'est au Djebel-Ammeur: jamais les Français n'avaient paru si loin de ce côté. Les magasins formés par Ben-Taïeb à Tiout, Moghar-Totous et Moghar-Foukhani, sont détruits; ces deux derniers k'sours, qui avaient tiré en 1847 sur des émissaires du général Cavaignac, sont en partie rasés; Aïn-Sefra, Aïn-Sfissifa sont épargnés, mais soumis à une sévère razzia. Quand il revint au nord, le général laissait deux postes nouveaux, pourvus chacun d'une garnison mobile, pour maintenir la région : le Kreider et El-Aricha. L'exploitation par masses énormes de l'alfa, le textile algérien par excellence, a rendu aujourd'hui ces noms familiers à l'Européen.

De retour à Oran, Pélissier reçut les rapports de son excellent lieutenant et remplaçant à Mostaganem, le général Bosquet, qui avait réprimé les mouvements du Dahra de concert avec les commandants de Ténès et d'Orléansville; il examina avec soin tous les renseignements qui lui parvenaient, et annonça au gouvernement que l'ouest algérien était calme, et qu'il répondait de ce calme pour longtemps.

Au centre, au contraire, l'agitation fut plus longue; dans l'est, elle prit de telles proportions à la fois sur le Djurdjura et dans le Zab (région autour et au sud de Biskra) qu'il fallut en venir à une action décisive ; on poussa jusqu'à la source de l'agitation du sud, Zaatcha, où le nom de Canrobert s'inscrivit en traits ineffaçables.

Le calme profond et durable que la province d'Oran devait à la décision de son commandant en chef ne fut troublé désormais que par les désordres privés des Européens habitant les villes.

Mais ces occupations guerrières ne sont que des épisodes dans l'ensemble du tableau ; à côté de la guerre et de l'administration des troupes, nos généraux d'Afrique, véritables gouverneurs de provinces, avaient à régir de nombreuses populations civiles, en même temps qu'à étendre le plus possible l'œuvre de la colonisation. Ce que Lamoricière avait commencé, Pélissier l'acheva.

Lorsque le gouvernement républicain liquida les terribles émeutes de juin par le désarmement des insurgés, il reconnut la nécessité d'enlever de Paris et de transporter au loin les plus ardents des émeutiers. De là la célèbre *loi du 19 septembre 1848,* qui ouvrait au ministre de la guerre un crédit extraordinaire de *cinquante millions de francs* « pour être spécialement appliqués, disait le texte, à l'établissement de colonies agricoles dans les provinces de l'Algérie, et aux travaux d'utilité publique destinés à en assurer la prospérité ».

La presque totalité de ces fonds fut employée à transporter et à établir en Algérie quatorze mille six cents combattants de juin avec leurs familles. Un grand nombre de villages furent fondés de cette manière. S'ils n'ont pas tous pris le même essor, il est bon d'en attribuer la première cause à l'ignorance, en fait de culture, des ouvriers parisiens ainsi transportés et surtout dans ces climats tout nouveaux pour eux ; le choix des emplacements, confié à l'administration militaire, ne fut pas toujours heureux, et les officiers du génie eurent plus d'une fois le tort de se décider par des raisons stratégiques, et non par des motifs raisonnés de développement agricole. Ils firent cependant de leur mieux, sauf quelques exceptions qu'on a voulu transformer en règle, au détriment de la vérité.

Le ministre de la guerre à ce moment était précisément Lamoricière ; dans les créations nouvelles, il fit donc entrer pour une large part les territoires du fameux « triangle de colonisation » peu auparavant étudié à fond par lui, avec le concours de Pélissier. Ce dernier se trouva ainsi chargé, pour sa seule province, de la grosse moitié des nouvelles fondations [1]. Les quatre premiers centres ainsi créés furent : la commune double de *Saint-Cloud,* sur les territoires de Goudiel et de M'Fessouk ; et la commune double de *Saint-Leu,* sur ceux de Tesma'mis et de Chabt'Erhé. Le ministre de la guerre prit la précaution de joindre, aux instructions générales envoyées à tous les commandants territoriaux d'Algérie, une lettre spéciale pour Pélissier, dont il

---

[1] Sur quarante-deux colonies agricoles décrétées, la province d'Oran en reçut vingt et une.

connaissait la rigide horreur pour les hommes de désordre. Point n'était besoin : c'étaient des vaincus et des Français.

Quant au sort des *malheureux condamnés*, il est bon de le ramener à ce qu'il fut en réalité. Nourris et transportés avec leurs familles (quand ils le désiraient) sur le pied des rations et indemnités fixées pour le soldat, ils trouvèrent partout un accueil cordial et empressé; et nos premiers colons, qui avaient versé leurs sueurs, leur argent, leurs peines, leur santé, — souvent leur sang, — dans les sillons algériens, prodiguèrent aux nouveaux venus les encouragements, afin de les associer à leur œuvre d'utilité publique. Nous avons sous les yeux les instructions données par l'État et les comptes rendus des arrivages successifs de transportés à Arzew, à Mostaganem, à Alger, à Philippeville, à Bône. Tout y est conçu dans le sens de la pacification et de l'apaisement.

Le premier convoi qui débarqua à Alger, destiné aux deux colonies de l'Affroun et de Bou-Ismaël, fut reçu au bruit du canon par les autorités, gouverneur en tête, et escorté par une partie de la garnison et de la population, au son des musiques militaires[1]; hébergé dans les bâtiments militaires et les maisons particulières, il trouva, en arrivant à destination, des baraquements tout installés et des provisions préparées par le génie et l'intendance militaire.

Le convoi d'Arzew arriva le premier dans la province d'Oran à bord de la frégate à vapeur *Albatros*, comptant huit cent trente-deux transportés. Reçu avec égards, il était installé, le soir même (26 octobre), dans les baraquements aménagés pour lui sur son lieu de fixation. Le deuxième convoi oranais arriva le 2 novembre par le *Cacique*, il était fort de huit cent soixante personnes, avec mobiliers et bagages; il fut aussitôt établi à Saint-Leu et au Ravin-Vert. Un troisième, de huit cents individus, débarqué à Mostaganem et comprenant beaucoup de femmes et d'enfants, y séjourna plusieurs jours et y reçut tous les soins possibles de l'autorité et de la population; il alla peupler Souk-el-Miton, Tédelès et Rivoli. Un quatrième, lui succédant aussitôt, fonda les centres de Saint-Louis (à Boufatis) et d'Aboukir (à Masera). Arrêtons cette nomenclature; en cinq semaines, outre ces occupations ordinaires, le général Pélissier avait reçu quatre mille transportés et les avait tous parfaitement installés, pourvus et distribués en neuf centres de création. De ces neuf points, incessamment en communication avec la France par lettres et journaux, de ces quatre mille socialistes radicaux, ex-combattants de juin, il ne s'éleva pas UNE plainte

---

[1] Le dispositif de la réception rend *obligatoire* la présence des autorités de tout ordre : six musiques sont commandées de service, celles du 1er chasseurs d'Afrique, de la milice d'Alger, des 36e et 51e de ligne, du 5e chasseurs. Les habitants et les colons offrent de tous côtés leur hospitalité privée aux malades, aux femmes, aux enfants, et se chargent de subvenir aux frais.

contre l'admidistration du sévère général. Tous se louèrent de sa sollicitude et de ses bons procédés.

Ces travaux multiples, joints à ceux de la guerre, que nous avons rapportés plus haut, ne suffisaient pas à l'activité de Pélissier, et il fut bientôt appelé, par deux fois, à la déployer sur un théâtre encore plus vaste : le gouvernement général de l'Algérie.

En avril 1849, le gouverneur titulaire, général Charron, ayant pris un congé, ce fut le général de brigade Pélissier, simple *intérimaire* à Oran, qui fut choisi parmi les dix-sept officiers généraux présents en Afrique, et qui portaient des noms tels que : Mac-Mahon, Yousouf, Saint-Arnaud, Bosquet, pour aller exercer à Alger l'intérim du gouvernement général. L'estime où il était tenu pour ses vastes connaissances administratives, égales à ses talents militaires, l'avait fait désigner de préférence. Quand, au bout de six semaines, il remit le service au gouverneur titulaire de retour, celui-ci, au lieu de la phrase de politesse concise qui est d'usage en pareil cas, se crut tenu d'inscrire, dans son *ordre général* de rentrée, des félicitations à l'armée d'Afrique pour sa parfaite attitude, accompagnées de cette phrase : « Grâce à l'excellente direction imprimée à tous les services par M. le général Pélissier, je retrouve toutes choses disposées pour de nouveaux progrès. »

De cet intérim, Pélissier rapportait cependant quelque chose à Oran : les trois étoiles de général de division. A ce moment, il était déjà de beaucoup le plus en vue de tous les officiers généraux employés en Afrique, et l'un des dix ou douze que l'opinion militaire, en Europe, classait parmi les généraux français capables des grands commandements et pouvant faire face aux plus graves périls. Ce jugement allait bientôt être ratifié par la belle conquête de Laghouât.

Mais, avant d'y arriver, nous sommes au moins tenu de résumer en traits généraux rapides, pour le lecteur, l'œuvre de Pélissier dans son fructueux gouvernement d'Oran.

Au point de vue militaire : Répression définitive de tous les mouvements dans le Tell occidental, les plateaux, le Sersou et le Dahra; extension de la domination française à toute la grande région au sud des chotts, jusques et y compris les k'sours, c'est-à-dire la clef du Sahara occidental mise dans nos mains; discipline rigoureuse des tribus, y compris celles de la frontière marocaine.

Au point de vue administratif : Réfection du port et de la ville d'Oran; embellissement et alignement de toutes les villes; Tlemcen et Mascara relevées de leurs ruines et rebâties à neuf; Mostaganem, Arzew, Nemours, Mers-el-Kébir triplées en valeur et en population; de nombreux édifices publics : églises, écoles, mairies, casernes, forts, élevés de tous côtés; le camp volant de Sidi-Bel-Abbès transformé en une ville riante, aujourd'hui rivale de Bouffarik par sa réputation de richesse agricole et sa belle situation; les barrages du Sig et de l'Habra; les ponts, les routes, multipliés et portant au loin notre commerce, nos soldats et notre influence (routes d'Arzew et Mostaganem à Saïda; d'Oran à Sidi-Bel-Abbès, Daya, Sebdou et Tlemcen; de Mostaganem à Ténès par le pont du Chéliff et le littoral); approvisionnement d'eau du chef-lieu, Oran, par les aqueducs de Ras-el-Aïn et du Ravin-Vert; puis de vastes travaux de mise en culture exécutés; les uns par des particuliers riches sagement favorisés, d'autres par la répartition de terrains à des colons isolés (*concessions*), d'autres par des compagnies; et enfin par des *colonies agricoles* de transportés.

Nous avons déjà dit que, sur quarante-deux de ces colonies, la seule province d'Oran en comptait vingt et une; c'est dire les labeurs du commandant en chef chargé de les installer et responsable de leur développement. Ce chiffre de fondations utiles qui servirait, sans les autres travaux ni la gloire des armes, à consacrer la réputation d'un de nos grands administrateurs français, fut atteint dans l'espace d'un an. La province d'Alger en avait reçu douze; celle de Constantine, neuf. Voici, du reste, la nomenclature par groupes des colonies agricoles de la province d'Oran :

A. Mangin, Assi-Bou-Nif, Assi-Ameur, Assi-Ben-Okba; — *B*. Saint-Louis, Ali-Ben-Fourcha, Fleurus; — *C*. Saint-Cloud, M'fessour, Kléber, Muley; — Magong, Damesme, Saint-Leu, Arzew; — *D*. Aïn-Nouissy, Rivoli, Perrégaux, Aboukir; — *E*. Karouba, Tocmine, Aïn-Tidelès, Souk-el-Mitou.

Si nous ajoutons à cette rapide énumération les travaux du port de Mers-el-Kébir, le desséchement des marais d'Aïn-Beïda, de la Macta et de l'embouchure du Sig, et l'établissement de la ligne télégraphique d'Alger à Oran par Mostaganem, puis celle d'Oran à la frontière marocaine et à toutes les places de la province, nous aurons donné au lecteur un court aperçu des occupations qui, outre les expéditions militaires, tenaient en haleine nos généraux d'Afrique. On peut dire hardiment que Pélissier a maçonné de ses mains la prospérité de la province d'Oran, qui dès lors demeura bien en avance sur ses deux sœurs d'Alger et de Constantine comme calme, sécurité et progrès colonial.

L'année 1850, si mouvementée pour la France, fut pour Oran et son commandant en chef l'année par excellence de travail et de progrès. Une famine née de la sécheresse, puis l'invasion du choléra asiatique, vinrent successivement éprouver la patience de nos colons. A ces maux inévitables, on para dans la mesure du possible, et Pélissier se prodigua pour y remédier; sous cette forte impulsion, tous les services se trouvaient amenés et maintenus à la hauteur des exigences, quelles qu'elles fussent; les épreuves furent vaillamment traversées, et la province d'Oran, citée comme un modèle d'administration et de bonne entente entre les populations et leur énergique commandant en chef, en sortit sans encombre. Pendant l'hiver de 1850 à 1851, le

nombre des habitants s'accrut extraordinairement; les villes achevèrent
de prendre un aspect confortable et salubre, la colonisation espagnole
prit un développement intense. La province pouvait aller longtemps
dans cette voie, sous la bonne impulsion reçue; c'est précisément
alors que Pélissier fut appelé à Alger pour un second intérim qui, cette
fois, allait avoir, par la durée comme par les événements qui s'y dérou-
lèrent, l'importance d'un gouvernement titulaire. Mais, avant de suivre

Oran (1846).

Pélissier sur ce nouveau théâtre, que le lecteur nous permette de le
lui présenter sous un autre point de vue que ceux auxquels il a déjà
pu l'apprécier comme chef militaire, administrateur et colonisateur,
— sous celui de l'homme disert et instruit, de l'orateur militaire
curieux et entraînant.

Les *ordres du jour* de Pélissier mériteraient, comme sa correspondance, d'être publiés à part : ils portent tous l'empreinte de son caractère; tout y est clair, précis, parfaitement décidé d'allure, et conçu
dans un style d'une rare élégance, d'où la verbosité demeure absolument exclue. Ce général *à la tête de fer*[1] est un véritable écrivain pour

[1] Le soldat l'avait surnommé la *tête de fer-blanc*, par une double allusion à la rigi-
dité de ses volontés et à l'aspect qu'offrait son visage bruni, ombragé d'épais sourcils

la clarté du langage et la sobriété des termes. Les lettres particulières qui ont été publiées de lui et sa correspondance (dont l'original est aux archives de la guerre) avec le gouvernement général d'Algérie, avec les ministres de la guerre, avec l'empereur Napoléon, offrent des modèles achevés de raisonnement précis, de bon langage, d'excellente appropriation de la forme à la meilleure expression de la pensée. Quand le sujet s'élève, le style, sans s'allonger, s'ennoblit de lui-même par l'expression, qui se colore; et l'on sent, à travers sa fermeté concise, passer les nobles élans d'un cœur de soldat et d'une puissante intelligence de chef.

L'espace nous manque pour reproduire ici, à l'appui de nos dires, les documents eux-mêmes; nous pouvons au moins citer, pour en donner une idée, un des ordres du jour qu'il adressait aux soldats. Dans ces simples pièces administratives, émanées d'un bureau d'état-major, le mérite ordinaire consiste à toucher, par quelques mots encadrés dans trois ou quatre phrases de service, la note essentielle qui constituera, pour le corps auquel elle s'adresse, le blâme ou l'éloge, la répression, l'encouragement ou le bon exemple. Il serait puéril et dangereux pour un chef de vouloir faire plus, et de prétendre au style par-devant des troupiers frondeurs. Et pourtant quand il existe, entre le chef suprême et les hommes auxquels il parle, une longue solidarité de souffrances supportées en commun, de sentiments élevés, de dévouement, l'austère banalité de l'*ordre du jour* ne peut-elle naturellement se colorer du reflet de tels souvenirs ?

Comme exemple, nous extrayons ici plusieurs passages de l'ordre d'adieu adressé par Pélissier à un corps de troupes d'élite, le 9e bataillon de chasseurs à pied, rappelé en France après sept ans de nobles fatigues et de glorieuses campagnes en Algérie[1]. Il est difficile de mieux dire dans des formules presque tracées d'avance par les us militaires :

« Soldats, je vous ai vus, leur, disait-il, aux jours du péril et des graves épreuves... J'éprouve une véritable tristesse à saluer votre départ et à vous adresser les adieux de vos compagnons d'armes. Partout vous avez noblement soutenu l'honneur d'un corps qui a su ajouter un nouvel éclat à la vieille réputation de l'infanterie française. »

Puis il rappelait leurs faits d'armes :

« Avant la fin de 1843, vous aviez parcouru tout l'est. L'année suivante, vous vous signaliez au combat de la Conférence; à Isly, l'innombrable cavalerie de l'empereur Abd-er-Rahman éprouvait votre vigueur, et votre attitude à l'aile droite facilitait les impétueuses charges du 2e chasseurs d'Afrique, si décisives dans cette journée...

noirs, sous des cheveux drus, épais et d'un blanc brillant. Pélissier s'amusait de ce surnom et y tenait beaucoup.

[1] C'est ce bataillon, nous l'avons dit plus haut, qui construisit le pont du Chéliff.

En 1845, il vous fallait encore combattre dans la vallée du Chéliff.... »

Il faisait l'éloge des morts et rappelait de grands souvenirs, de touchantes confraternités :

« Parmi vous, chasseurs, il en est qui se souviennent de l'arrière-garde de Tifour, de ce moment solennel où votre commandant Clère, blessé à mort, soutenait d'un air si calme les efforts d'un ennemi quinze fois supérieur en nombre, — où le sang généreux du colonel Berthier et des chasseurs du 4e d'Afrique se mêlait héroïquement au vôtre. De telles scènes méritent de vivre toujours dans la mémoire des gens de cœur et engagent l'honneur du bataillon. »

Il résumait ensuite brièvement leurs beaux travaux de colonisation et les en félicitait, ajoutant en vue des détracteurs futurs :

« A ceux qui affectent de méconnaître l'armée d'Afrique, répondez par les noms de vos compagnons tombés sanglants au champ d'honneur, par la liste trop nombreuse de ceux qui sont morts épuisés, luttant contre la terrible nature africaine et les obstacles qu'elle oppose aux conquêtes de la civilisation. Vous pouvez réclamer une bonne part dans ce double dévouement. Que ceux qui vous en marchandent le double honneur viennent donc montrer des cicatrices pareilles aux vôtres ! »

Et il terminait par une exhortation à ne pas dégénérer du passé :

« Gardez précieusement cet *esprit de famille*, ce respect de la discipline, qui ont fait de votre bataillon un corps si vigoureux, si redouté de l'ennemi, si estimé des autres troupes... Rappelez-vous que votre profession est la plus noble, parce qu'elle est celle du *sacrifice*, de l'*abnégation* et du *courage*. Votre passé m'est garant de l'avenir. Soldats du 9e bataillon, nos vœux vous suivront partout où vous appelleront le génie et la fortune de la France. »

Quel chef a jamais parlé un plus fraternel, un plus mâle langage à de vieux soldats habitués au feu et endurcis à tous les périls? Mais aussi, combien est-il qui aient reçu de toute une armée des preuves plus réitérées de confiance inébranlable et d'enthousiaste obéissance?... On le verra bientôt éclater en Crimée.

Nous avons tenu à montrer à la nouvelle génération que la loi, dans son impartiale et aveugle rigueur, jette pêle-mêle sous les drapeaux, pour y former les innombrables et trop jeunes armées *fin de siècle*, nées des nécessités factices de l'ambition germanique, ce qu'étaient ces vieux corps de troupes de jadis, si grossièrement calomniés par les rhéteurs sans style de journaux sans vergogne, et quels solides liens d'affection mutuelle unissaient les chefs et les soldats dans une longue communauté de dangers et de travaux.

On sait que ce langage élevé ne faisait que traduire la vie active du général, rude à lui-même avant de se montrer exigeant pour les autres au nom du grand et indiscutable maître : la discipline. Dans son court intérim d'Alger, il avait en quelques jours, par le seul effet de son renom, de son exemple, de ses actes, rétabli l'ordre le plus sévère dans une immense garnison [1] où s'étaient introduits les abus du relâchement disciplinaire, et donné des preuves de son dévouement en même temps que de son inexorable et juste fermeté. Il avait supprimé net les dépenses de luxe des officiers et *soldats riches* (les corps d'Afrique en pullulaient), en déclarant que le dilettantisme militaire et ses allures de vanité raffinée rabaissent le noble et grave métier de défenseur armé du pays; exemple trop oublié sous la fin de l'empire et à l'heure où nous écrivons (dans la cavalerie surtout).

Un formidable accident, l'explosion simultanée de vingt-quatre fourneaux de mine imprudemment disposés et allumés par le génie pour l'ouverture d'une route dans la vallée des Carrières [2], lui avait fourni l'occasion d'établir une sévère réglementation pour la sécurité publique dans les travaux auxquels coopérait l'armée, et de rappeler les officiers des *armes spéciales*, un peu trop prompts à se laisser gagner par le *genre*, à raison de leur titre de polytechniciens, à une absolue rectitude dans l'observation des prescriptions réglementaires qui concernaient leur service. Quelques jours après, le contre-amiral commandant la marine lui déférait le jugement des nombreux conflits élevés entre les commandants des navires affectés aux transports de la guerre et les officiers de troupes qui faisaient bon marché de la rigueur, très utile à tous points de vue, des règlements de bord, et refusaient d'incliner sans protestation leurs moustaches d'Africains sous l'autorité plénière des « casquettes bleues [3] ». Devant les refus d'obéissance de ses passagers militaires, un commandant de navire avait dû faire cerner et désarmer une troupe embarquée, et avait refusé de lui rendre ses cartouches avant de l'avoir mise à terre; l'esprit de corps s'en mêlant, un sanglant conflit était à craindre entre une brigade de la garnison et les équipages des six navires de guerre de la station navale [4]. Dans une réunion spécialement provoquée d'officiers des deux corps, le gouver-

[1] À cette époque, la garnison d'Alger ne fut jamais au-dessous de neuf régiments, savoir : trois de ligne, un ou deux bataillons de chasseurs, les zouaves, l'artillerie à pied, montée et à cheval, le génie, un régiment du train, une brigade de cavalerie (1er chasseurs d'Afrique et un régiment de France, 1er spahis et *milice*). Ces régiments étaient au complet de guerre et toujours prêts à marcher.

[2] Derrière la *cité Bugeaud*, des blocs de rocher de plus de cinq cents kilogrammes vinrent retomber, à près de trois kilomètres, sur les maisons d'Alger et en effondrèrent plusieurs.

[3] Surnom que donnait la troupe aux officiers de marine, à cause de leur coiffure.

[4] Quelques années plus tard, sous le gouvernement du maréchal Randon, une simple plaisanterie de matelots, mal goûtée par le 9e de ligne, amena une rencontre générale de tous les maîtres et prévôts d'armes du régiment avec un nombre égal de maîtres et prévôts des équipages. Le général Yousouf, commandant alors la division, chargea lui-même les combattants avec son escorte, et il fallut renvoyer le régiment en France.

L'esprit de corps, absolument nécessaire pour toute bonne troupe, a parfois ses défauts qu'il faut savoir corriger à temps.

neur intérimaire, prenant en mains les règlements de bord, en fit un éloquent commentaire et en développa les puissants motifs ; puis il montra avec quelle modération ferme la marine avait agi, et quels égards elle avait su garder pour l'uniforme et la hiérarchie tout en maintenant l'exécution de son service ; il retraça en quelques mots la science consommée et la froide intrépidité de ce corps d'officiers d'élite, à qui l'armée devait de si utiles services, et finit par ces mots : « Si j'avais l'honneur de commander un vieux corps d'Afrique, il n'y aurait qu'un titre au monde que je pusse échanger avec celui-là sans déchoir : celui de commandant d'un vaisseau de guerre français. » Ce fut le signal d'une réconciliation générale des plus franches, dont le souvenir s'est perpétué par une cordialité toute spéciale dans les relations de la marine avec l'armée d'Afrique. Un *ordre général* sévère acheva de tout ramener au strict point de vue réglementaire.

Une autre nécessité disciplinaire, d'un genre aussi grave et plus douloureux, le trouva tout aussi ferme. Deux officiers, suivant sans scrupules un usage auquel ils ne trouvaient que trop de gens pour les convier secrètement, — un commandant et un capitaine, — avaient accepté un rôle de dénigrement par correspondance envers un chef de corps dont la situation devenait difficile par suite de ces *racontars* de presse. Pélissier, après enquête, crut devoir sévir. Il n'était pas homme à s'inquiéter une seconde de tout ce que pourraient dire les quatre cents journaux politiques de France et d'Algérie. Un *ordre général* des plus durs, après avoir retracé en quatre lignes les inflexibles devoirs d'honneur que contracte tout homme qui embrasse la carrière militaire, stigmatisa la conduite des deux officiers « qui ont obéi (disait l'ordre) à des rancunes privées pour suggérer *déloyalement, en cachette*, de petites attaques de presse contre un de leurs supérieurs (*sic*) », et annonça que, par décision spéciale du gouverneur intérimaire, ils seraient « détenus en cellule au fort l'Empereur, en attendant que le ministre de la guerre ait statué sur ce que peut exiger *toute la rigueur* des règlements [1] ».

C'est par de tels actes qu'en moins de six semaines d'*intérim*, Pélissier avait fait tomber tous les germes d'indiscipline et d'antagonisme qui grandissaient dans l'armée d'Afrique, et que le soldat, voyant ses officiers plus rudement rappelés que lui-même à la lettre des règlements, prit confiance dans le commandement et n'en fut que mieux disposé à l'obéissance et au respect.

On allait voir un peu plus tard Pélissier, dans son second intérim d'Alger, après avoir ratifié un ordre de la division destiné à réprimer les négligences de la tenue extérieure, en faire la première et impitoyable application à son auteur le général commandant la division,

---

[1] Voir le *Moniteur algérien* et les rapports du ministre de la guerre.

qui avait cru pouvoir se dispenser de l'observer, et lui infliger (non sans une légère ironie) quatre jours d'arrêts forcés, par [la voie de l'ordre général, « pour avoir contrevenu aux prescriptions réglementaires contenues dans l'ordre de la division, etc. (*sic*), » signé par le délinquant.

Les intéressés tempêtaient contre la *tête de fer*, le *général bourru*, le *vieux grognon*. Le public souriait. L'histoire approuve.

IX

Un vaste mouvement, calculé avec soin, commençait alors à s'opérer dans les hautes sphères de l'armée. Le prince-président, en prévision de ses luttes futures avec l'Assemblée, concentrait lentement à Paris et dans les plus grands centres provinciaux les officiers généraux et supérieurs dont il croyait pouvoir escompter sans faute le dévouement aux traditions et à la dynastie napoléoniennes. Il n'avait pas à craindre l'opposition des rangs inférieurs et moyens de l'armée, même s'il en arrivait (comme il le fit au 2 décembre) à rompre violemment les entraves que lui opposait la légalité, divinité souvent peu comprise — et rarement aimée du soldat, qui ne l'envisage guère que sous une robe de procureur et un bonnet de greffier. Le *napoléonisme*, remonté depuis les célèbres publications historiques de M. Thiers (*le Consulat*, *l'Empire*) au premier rang dans les légendes de la gloire nationale, avait profondément pénétré l'armée ainsi qu'une partie de la population ouvrière et rurale, — celle qui faisait les soldats et qui revenait ensuite de la caserne à son métier. Par contre, les officiers supérieurs différaient beaucoup d'avis, d'opinions et même de principes en cette affaire, autant qu'on pouvait en juger; et il en était qui, tenant la tête de l'état-major général par l'éclat de leurs services militaires et patriotiques, comme Cavaignac, Lamoricière, Bedeau, Changarnier, se trouvaient trop nettement engagés par leurs convictions et leur caractère, pour qu'on pût même essayer sans imprudence de leur dévoiler les plans déjà formés en vue du rétablissement de l'empire. L'Élysée s'appliquait donc à faire sonder adroitement les dispositions de tous ceux qui paraissaient pouvoir concourir à ses projets, comme aussi de ceux qui ne discuteraient pas les ordres qu'on leur donnerait à ce point de vue, ou qui, sans être hostiles à la légende napoléonienne, n'étaient pas de caractère à jouer un rôle actif dans le coup d'État. Pélissier fut étudié : au point de vue de l'énergie du caractère, de la vigueur dans le commandement et de la crainte justifiée que son nom devait inspirer à des émeutiers, il n'avait qu'un rival en France, le général de Castellane, commandant en chef l'armée de Lyon; par le retentissement de ses campagnes et son influence directe sur le soldat, il lui était même supérieur. Mais, dès les premiers pas, on s'aperçut que le commandant de la division d'Oran, sans cacher ses sympathies de jeunesse pour l'épopée napoléonienne, ni les rigoureuses convictions de son esprit fortement religieux et sévèrement autoritaire, était bien résolu à se maintenir dans le cercle de ses devoirs militaires; il désirait certainement le changement projeté; mais il ne lui appartenait pas, dans sa conscience, d'y prendre une part directe. Il fut donc laissé de côté; on était sûr qu'il verrait avec plaisir un régime fort se fonder sur les ruines des hésitations parlementaires, et qu'en tout cas il maintiendrait l'ordre, dans sa sphère, avec une inexorable vigueur. C'est ce qui explique pourquoi Pélissier, appelé de nouveau comme intérimaire à Alger, au mois d'avril 1851, ne revint à son commandement d'Oran que le 30 décembre de cette même année.

Des faits d'une grande importance remplissent ce long intérim.

Le général d'Hautpoul, gouverneur général provisoire, avait repris le plan de Bugeaud : la soumission de la Grande Kabylie. Mais les préoccupations politiques étaient trop grandes à Paris pour que les chambres acceptassent de fournir des fonds à une si vaste entreprise, et l'on se réduisit à voter les ressources nécessaires pour soumettre seulement la partie orientale de la Kabylie, celle qui est séparée de la Grande Kabylie par la vallée de l'oued Sahel, et qui s'étend dans le massif des monts Babors, avec les ports de Bougie et de Philippeville à ses deux extrémités maritimes, et de Collo et Djidjelli entre ces deux points extrêmes.

Le général d'Hautpoul n'eut pas la satisfaction d'exécuter le plan qu'il avait conçu; il reçut ordre de venir remplir à Paris son mandat de député, et l'expédition fut confiée au jeune général de brigade Saint-Arnaud, récemment promu.

Déjà, prévoyant l'attaque, les Kabyles avaient pris les armes et détruit une partie de nos établissements les plus rapprochés. Ils avaient un chef célèbre, Bou-Barghla, « l'homme à la mule, » qui venait d'infliger une sanglante razzia à nos tribus alliées, et avait livré un combat acharné à notre colonne d'Aumale.

C'est à ce moment que Pélissier prit en mains le gouvernement général. Sa situation résultait des dernières phrases de l'ordre du jour adressé aux troupes par le gouverneur partant. Après avoir énuméré les mesures militaires prises en vue de la campagne près de s'ouvrir, cet ordre disait :

« J'ai mandé le général Pélissier à Alger..., l'armée sait qu'elle peut compter sur lui.

« *Mes instructions, qui sont conformes aux ordres formels que j'ai reçus du ministre de la guerre, seront exécutées.* »

Ainsi donc le général Pélissier, subitement appelé à la lourde responsabilité du gouvernement général, se trouvait en face d'une expédition commencée, sur laquelle il n'avait pas été consulté, et rendu

Saint-Arnaud.

responsable, par le général partant, de l'exécution de plans élaborés par d'autres et confiés à d'autres mains encore. Il fallait autant de tact que de fermeté pour se tirer de cette position difficile ; Pélissier allait en sortir grandi devant l'opinion.

Il donna ses soins à la formation des colonnes chargées d'opérer dans les Babors. La plus forte, composée de douze bataillons et bien pourvue d'artillerie et de cavalerie, formait une petite et solide armée divisée en deux brigades, sous les généraux de Luzy et Bosquet ; elle était aux ordres du commandant en chef, le général de Saint-Arnaud, et devait opérer dans la Petite Kabylie en la prenant à revers, c'est-à-dire par le sud. Son point de départ était à Milah. La seconde, sous les ordres du général Camou, avait pour rôle assigné de garder la vallée du Sahel contre toute velléité d'intervention des Grands Kabyles, d'assurer ainsi la sécurité du corps d'opération, et de lui fournir les renforts nécessaires. Elle eut bientôt, elle aussi, ses combats et ses fatigues.

Nous allongerions inutilement le sujet si nous voulions suivre dans ses détails la rapide et dure campagne menée avec un entrain fantastique par Saint-Arnaud, dans les profondes gorges des Babors, du 9 mai, jour de l'entrée en action, au 15 juillet, jour de la dislocation du corps à Collo. Saint-Arnaud s'est lui-même chargé de la résumer en ces termes :

« Quatre-vingts jours d'expédition, vingt-six combats, lutte vive et acharnée, mille hommes touchés par l'ennemi (un sur sept), et toujours des succès. Expédition critiquée au début, rude à conduire, aujourd'hui juste sujet d'éloges. »

Ce fut surtout un sujet d'avancement. Promu divisionnaire au retour, le général de Saint-Arnaud partit aussitôt pour Paris, où, comme début de son nouveau grade, il allait être appelé au ministère de la guerre et devenir le principal collaborateur militaire du coup d'État de décembre. A la fin de l'année, le récent général de brigade parti pour l'expédition des Babors allait donc se retrouver à Paris maréchal de France.

Son adhésion avait été enlevée, pendant la campagne même, par le commandant Fleury, aide de camp du président, détaché à l'état-major de l'expédition sous divers prétextes. Saint-Arnaud lui-même, dans des lettres où se peint son caractère, mélange d'enthousiasme militaire, d'aspirations élevées et de faiblesses gasconnes, a raconté au jour le jour cette *suggestion* savamment menée jusqu'à l'heure de son complet acquiescement. Le général Bosquet, caractère plus complet et mieux assis, ne se trompait pas sur la partie qui se jouait en Kabylie, et il en faisait, en termes d'une rondeur militaire, la confidence critique à sa mère, dans des lettres qui restent comme un monument de cette âme droite et franche. Dès avant son arrivée à Paris, le général de Saint-Arnaud était salué par la presse officielle, — et même par l'autre, — comme un triomphateur sans égal. Il importait fort au gouvernement que sa brillante trouée en Kabylie fût assez prônée pour permettre les faveurs dont on allait l'accabler. Au fond, l'expédition avait-elle réussi? Avait-on soumis les Kabyles? Ce n'était pas du tout l'opinion de Bosquet. Et Pélissier, qui pouvait se borner à regarder les colonnes de Saint-Arnaud se tirer d'affaire, une fois lancées avec les *plans* dont elles étaient munies et responsables, avait dû bientôt intervenir de toute l'autorité de son titre et de sa vieille expérience militaire[1]. Voici comment :

Le jour même où Saint-Arnaud, quittant Milah, prenait l'offensive sur les pentes sud des Babors, le chérif Bou-Barghla, qui se dissimulait loin de là chez les Melli-Keuch, avait audacieusement paru jusque sous les murs de Bougie, dévastant tous les environs. Le colonel de Wengy, chargé de cette place, l'avait poursuivi le lendemain et lui avait infligé, à la tête de sa petite garnison de neuf cents hommes, une cruelle défaite qui dégageait la place dans un rayon de plusieurs lieues, et la garantissait contre tout renouvellement d'attaque. Pendant ce temps le corps expéditionnaire, lancé à toute course, traversait monts et vallées, dispersant en deux combats vigoureux les vastes attroupements des Petits Kabyles, lorsqu'un incident l'arrêta net, le 13. Un demi-bataillon du 10ᵉ de ligne, récemment arrivé de France, exténué par ces rudes marches auxquelles il n'avait pas été préparé, et dédaigneux d'ennemis dont il ignorait les ruses, se laissa surprendre désarmé sur le plateau dont la garde lui était confiée et fut presque entièrement décapité par les flissas[2] tranchants des Kabyles; tous ses officiers furent égorgés; l'arrivée spontanée d'un bataillon du 7ᵉ, qui avait déjà fait campagne en Afrique et s'aperçut à temps de ce qui se passait dans la nuit, sauva quelques hommes.

Pélissier, qui ne remplissait pas ses devoirs à demi, était parti ce jour-là d'Alger à bord de la corvette à vapeur *Titan,* pour aller vérifier sur place les besoins de nos colonnes et l'exécution de ses ordres de ravitaillement. En débarquant à Bougie, le 14, il reçut le rapport du colonel de Wengy sur les affaires du 9 et du 10, loua son énergie, approuva ses mesures de ravitaillement, et fit prévenir la colonne Camou de la présence du chérif à proximité d'elle; puis il poussa, le soir même, jusqu'à Djidjelli, et s'y mit en communication avec le corps d'opérations. Les nouvelles qu'il y trouva l'arrêtèrent instantanément : le 16, il recevait la longue et douloureuse traînée des malades et des blessés apportés sur les mulets du train. Sans récriminations stériles, le gouverneur *par intérim* donna aussitôt ses ordres, avec son flegme et sa rapidité ordinaires : les blessés furent hospitalisés, le *Titan* aménagé

---

[1] Notre devoir est de dire la vérité; mais nous n'entendons nullement porter ici un jugement sur les motifs des actes politiques de Saint-Arnaud, encore moins rabaisser l'heureux vainqueur de Bou-Maza, le futur vainqueur de l'Alma, mort noblement de ses fatigues au lendemain de cette victoire. Nous avons à raconter et à ramener au vrai ce qui touche au rôle de Pélissier dans cette affaire politico-militaire de la prétendue conquête de la Petite Kabylie, — qu'il a fallu reconquérir ensuite.

[2] Le flissa est un long couteau, droit de dos, au tranchant en forme de flamme (forme catalane), très pointu et très acéré, généralement fondu d'un bloc ou réuni à chaud, sans soudure, à la poignée également droite, massive, en fer ou en acier sculpté. Il est porté dans une gaine de bois ouvragé, formé de deux morceaux ou écailles joints par des anneaux de fer, de cuir ou d'argent. Il y a des flissas richement incrustés.

pour en transporter le plus possible à Philippeville, où ils seraient plus facilement soignés; puis sortant de sa réserve au nom de l'intérêt des troupes et usant de son titre, Pélissier invita le commandant en chef du corps expéditionnaire à donner immédiatement deux jours de repos à ses troupes, déjà fatiguées et malheureusement impressionnées, et à s'entendre avec lui pour arrêter des modifications au plan général, qui rendraient l'action de nos soldats plus efficace avec moins de fatigues et de pertes. Dans cette conférence, la science de l'ancien chef d'état-major et l'expérience pratique du vieil Africain reparurent; il prescrivit des marches bien calculées et des opérations faites avec méthode et en nombre, selon les règles; il proscrivit sévèrement les coups d'audace sans but et les fantaisies brillantes. Puis il repartit le 19, emmenant avec lui tout ce qui se trouva en état d'être transporté, soit neuf officiers et deux cent quarante-quatre hommes, blessés ou malades, et termina cette course utile par une minutieuse inspection de Philippeville et de Bône.

Les relations officielles durent enregistrer les faits militaires accomplis, et l'état-major, qui les rédigeait, se contenta de terminer son exposé par cette phrase où les chiffres avaient un sens des plus précis :

« Ces cinq journées (du 11 au 16), on l'a vu, nous ont coûté huit officiers et quatre-vingt-deux hommes tués, vingt-trois officiers et trois cent cinq hommes blessés. » Et il ajoutait par une atténuation polie : « Toutes ces blessures, heureusement, ne sont pas graves; dix-huit officiers et deux cent soixante-treize hommes *seulement* sont hors de combat et ont dû entrer à l'hôpital. »

Ce *seulement*, tombant de la plume des officiers d'état-major avec une glaciale ironie, n'arriva pas à Paris sans y être fort remarqué; il fallut bien reconnaître que le général Pélissier était survenu juste à point à Djidjelli pour arrêter le cours de cette marche à la Pyrrhus. Les journaux, moins tenus au respect de l'autorité, remarquèrent bien que nos sept mille hommes venaient, en cinq jours, de traverser les Babors comme une trombe, sans avoir rien soumis, et en versant au cimetière ou aux cadres d'hôpitaux cent morts et cinq cents malades ou blessés, pendant que les Kabyles, fiers de leur belle résistance, rechargeaient leurs fusils et nous défiaient aux mêmes endroits. Mais le concert des louanges méritées *ensuite* pour les opérations subséquentes par nos braves soldats et leurs chefs, concert qui cette fois avait *précédé* les opérations (et les suivit du reste également), se joignit aux très graves préoccupations de la politique intérieure, pour assurer au général de Saint-Arnaud la possession indiscutée des lauriers et du grade qu'il devait, par ordre supérieur et impératif, rapporter de Kabylie [1].

[1] En 1852, le général Bosquet, écrivant de Kabylie à sa mère, lui disait : « La campagne de l'an passé, conduite par le célèbre M. de Saint-Arnaud, n'a laissé que des semences d'irritation et des germes d'indépendance. Cet étalage d'heureux

Le bulletin suivant, publié au *Moniteur algérien*, annonça quelques jours après « des résultats plus décisifs et moins chèrement achetés », c'est-à-dire la soumission des tribus du cercle de Djidjelli : les Beni-Ammeur, les Beni-Khetab et les Beni-Foughràl, en deux combats rapides et bien menés, avec la perte minime pour nos colonnes de cinq morts et trente-six blessés; sur ces trente-six il n'y en eut que sept qui entrèrent à l'hôpital.

Le 22 mai, en revenant de Bône, Pélissier eut la satisfaction de contrôler, à Djidjelli, ces résultats auxquels il n'était certes pas étranger. Il jugea qu'il pouvait désormais laisser l'audacieux chef de l'expédition à ses inspirations militaires, remises en bonne voie, ainsi qu'aux suggestions politiques (dont il n'avait pas à se mêler) du commandant Fleury, aide de camp et officier de confiance du prince-président. Le 24, il rentrait à Alger. Les informations qu'il y trouva lui faisant présager une longue durée de son intérim, il s'occupa de constituer en conséquence son état-major. C'est alors que nous le voyons faire choix, pour aides de camp, des capitaines Cassaigne [1], Renson [2] et Appert [3]. Les deux derniers ont brillé trop récemment dans les hautes fonctions de notre armée reconstituée, pour qu'il soit besoin d'insister à leur sujet. Le premier, homme doué des plus belles qualités du cœur et de l'esprit, officier accompli dans tous les détails du métier, et depuis longtemps remarqué par le général Pélissier, allait devenir pour lui cet *ami rare,* ce compagnon de travaux, de pensées, d'épreuves, dont les écrits de plusieurs officiers ont rendu la mémoire inséparable de celle de Pélissier, et qui tomba plus tard glorieusement frappé sous les murs de Sébastopol, laissant au cœur de son général et ami dévoué une plaie que le temps fut impuissant à cicatriser. Parmi tous les sentiments qui commandent le respect, il en est peu d'aussi nobles que ces belles amitiés entre hommes de guerre, quand ce sont en même temps des hommes de tête et de cœur. Peu après, un nom que nous avons déjà eu l'occasion de citer, et qui n'a dû la modération relative de son éclat qu'à la profonde et persévérante modestie de son posses-

succès, dont les journaux ont assourdi leurs lecteurs, fait honneur à l'imagination qui les a inventés. La vérité est, malheureusement, qu'il y aurait plutôt un blâme à infliger. » (Lettre du 5 juin.)

« L'an passé, *pour faire une position à M. de Saint-Arnaud,* l'on a cru utile de tromper la France et de lui conter que la Kabylie orientale était à peu près soumise. *Le tour est fait,* comme on dit dans ce monde-là, mais la chose n'est pas faite. » (Lettre du 11 juin, etc.) Or, le général Bosquet avait fait la campagne de 1851.

Nous citons ces extraits afin de n'être pas accusé de partialité contre le général qui s'est illustré plus tard en Orient.

[1] Promu peu après chef d'escadron et tué sous Sébastopol comme lieutenant-colonel. Il avait des talents exceptionnels reconnus par toute l'armée.

[2] Renson d'Herculais, devenu général de division et commandant en chef du 6ᵉ corps (à Montpellier).

[3] Plus tard général de division et ambassadeur à Saint-Pétersbourg, puis commandant en chef à Toulouse (17ᵉ corps); mort tout récemment.

seur, vint s'ajouter à ceux-là : le colonel de Martimprey fut appelé aux fonctions de chef d'état-major général de l'armée d'Algérie[1].

Nous ne reviendrons pas sur la suite des opérations de M. le général de Saint-Arnaud, dont nous avons donné l'aperçu sommaire au début du sujet. Par leur clôture au mois de juillet, Pélissier reprenait, sans restrictions, la plénitude de son autorité de gouverneur général militaire. La Petite Kabylie n'ayant guère été soumise que très passagèrement, il s'attendait à une réapparition prochaine du chérif Bou-Barghla et à une intervention nécessaire de sa part dans la Grande-Kabylie. Il la prépara sans bruit, sans appel à la renommée et sans ambition politique, mais, comme son devoir le lui commandait, en bon général. Les rapports de nos postes avancés du côté du Djurdjura affirmaient que l'agitateur se cachait dans les ravins du Sebaou et circulait de là jusqu'aux approches d'Aumale. Dès le mois d'août, les bureaux arabes de Dellys et de Tizi-Ouzou signalèrent une effervescence inusitée chez les Guechtoulas, dans les épais *maquis* et les hauts sommets qui séparent le Sebaou de l'Oued-Sahel; une colonne d'observation de trois bataillons et deux escadrons, sous le lieutenant-colonel Bourbaki[2], fut aussitôt formée au camp de Drâ-el-Mizan. Au mois de septembre, des rumeurs grossissantes annoncèrent la réapparition de Bou-Barghla, et Pélissier fit établir à Tizi-Ouzou le général Cuny avec deux mille six cent hommes pour prêter la main à une opération de guerre qui s'annonçait imminente. Deux jours après, l'*homme à la mule,* suivi de nombreux partisans, tentait un coup de main sur l'arrière-garde du général Cuny, se faisait refouler et disparaissait. On s'y attendait. La colonne de Drâ-el-Mizan devint un corps expéditionnaire de cinq mille hommes, commandé par le général Camou, et Pélissier vint prendre la direction des opérations quand il jugea le moment opportun arrivé (le 30 octobre).

Elles furent décisives, conformément aux habitudes du commandant en chef. Le chérif kabyle disposait dès l'abord des forces réunies de

---

[1] Le général de Martimprey, l'un des talents les plus complets, l'un des plus sympathiques caractères de notre armée, a joué, avec une extrême modestie, un très grand et long rôle en Afrique. Il y a été commandant en chef des forces de terre et de mer (sous le ministère civil de l'Algérie), plus tard major général de l'armée d'Italie.

[2] D'origine grecque. S'est distingué dans toutes les guerres d'Afrique, et est devenu légendaire pendant son séjour au 1er tirailleurs algériens, puis comme colonel du 1er zouaves en Crimée. Militaire énergique et entreprenant, il a commandé la garde impériale au moment de la guerre de 1870; a joué un rôle particulièrement honorable par son caractère et son patriotisme à l'armée de Metz (Bazaine); a ensuite commandé l'armée de l'Est (sous le gouvernement de la Défense nationale) et, enveloppé par l'armée prussienne du général Manteuffel, grâce à l'ineptie de Garibaldi, qui ne sut pas garder la ligne de la Haute-Saône, dont il s'était chargé, il passa en Suisse avec son armée pour ne pas avoir à capituler. Le membre du gouvernement qui signait à ce moment un armistice avec les Prussiens à Ferrières (M. Jules Favre), avait *oublié* d'y faire inscrire les cent trente mille hommes de l'armée de l'Est! Bourbaki a terminé sa carrière militaire comme gouverneur de Lyon. Peu de généraux ont été aussi populaire dans notre armée; son nom figure encore dans les refrains du troupier.

trois grandes tribus : les Guechtoulas au sud, les Ouadyâs au nord-ouest, les Maâtkas (confédération de cantons montueux) au centre. Douze heures furent données à l'exploration dernière et à l'entente avec les chefs de corps. Le 1er novembre, par une tempête effroyable qui couronnait une semaine de pluies diluviennes, la colonne Camou, ayant pour objectif le khamis[1] des Maâtkas, et dirigée par Pélissier en personne, se lançait à travers les montagnes où tourbillonnait l'ouragan, traversait au moyen d'une cintenelle (corde tendue) les eaux démesurément grossies de l'Oued-K'seub, sans autre perte que celle de cinq hommes, qui refusèrent d'user du moyen de passage réglementairement prescrit, et gravissait, en s'accrochant aux arbustes pour ne pas glisser dans la boue, les immenses revers du ravin où grondait le torrent. Elle apparut tout à coup, haletante, noyée de pluie, de sueur et de boue, fouettée par l'orage, sur les plateaux où ne l'attendait plus l'ennemi, qui, devant cette étrange vision, courut aux armes avec des cris d'effroi ; sans reprendre haleine elle se jette sur lui à la baïonnette, le disperse, marche droit au khamis et s'y établit sans coup férir. Jamais surprise préméditée n'avait mieux réussi. Bou-Barghla, accouru avec tous les fusils des Guechtoulas et des Ouadyâs, en était réduit à contempler de loin, impuissant, la démolition des murs du khamis, dont le bois servit à réchauffer nos soldats. Le dernier effort du typhon avait passé ; l'horizon se dégageait, les crêtes élevées apparaissaient chargées de neige fraîche ; le vent impétueux qui descendait de ces cimes glacées achevait de congeler sur place les soldats, dans leurs capotes imbibées d'eau. L'ordre du repos fut donné, et la colonne, détachant trois bataillons pour aller à la rencontre du général Cuny, se sécha et se réconforta tout à l'aise.

La colonne Cuny courait, en effet, le risque d'être attaquée dans sa marche, et c'était elle qui amenait le convoi de l'armée. Mais d'abord, retenue à cause de son peu de mobilité par l'affreux orage qui empêchait les animaux d'avancer, elle était partie avec douze heures de retard ; retard heureux par les suites, puisqu'il donna le temps au chérif de rappeler tout le gros de ses forces devant l'attaque de la première colonne, et, par suite, lui déroba en partie la marche de la deuxième. Elle avançait péniblement, écartant de temps en temps des groupes de tirailleurs kabyles, et s'arrêtant à chaque instant pour remettre en état les sentiers que l'ennemi avait partout coupés et barricadés. Rejointe enfin par les bataillons envoyés à sa rencontre, et mise au courant des faits accomplis, elle bivouaqua en bonne position.

Si Bou-Barghla avait été moins pressé d'étendre son prestige et plus avisé, il aurait pu dès le soir, en abandonnant momentanément la partie à Pélissier, courir à la colonne Cuny et, en raison de son petit

---

[1] Lieu de réunion central pour un ou plusieurs cantons.

nombre et des lourds *impedimenta* qu'elle traînait forcément, comparés à l'énorme masse des hardis tirailleurs dont il disposait (plus de quinze mille), lui infliger peut-être, en l'attaquant en pleine marche sur les pentes, un cruel désastre qui eût mis ensuite le gros de l'armée dans la plus périlleuse situation. Le conseil lui en fut immédiatement donné par les chefs guechtoulas, rompus pour la plupart à la guerre de montagnes [1]. Mais le chérif, qui avait observé le départ du camp des trois bataillons, ne méditait pas moins, dans sa vanité, que de rendre à Pélissier échec pour échec, et de l'écraser par surprise avant l'arrivée du convoi. Pélissier, informé que les Kabyles se grossissaient à vue d'œil de nombreux contingents, devina l'intention de leur chef et recommanda la vigilance.

Le 2 au matin, les Kabyles n'avaient pas bougé ; les Français venaient de procéder sans encombre aux corvées ordinaires et de détacher des compagnies pour razzier les villages les plus proches qui paraissaient abandonnés, quand une clameur immense se répercuta subitement dans les montagnes, et une avalanche de Kabyles dévala de tous les points sur le camp. Mal leur en prit : en un clin d'œil Bourbaki avait jeté toute son infanterie dans les ravins et les recevait par un feu roulant, à bout portant, dont il compléta l'effet par de courtes charges à la baïonnette. Puis, quand la masse rompue et débandée se replia en désordre, il poursuivit les groupes au pas de course et pénétra derrière eux dans les villages, d'où bientôt s'élevèrent dans l'air de longues colonnes de fumée. Nos soldats y avaient mis le feu.

Sombre et irrité, le chérif avait replié autour de lui ses meilleurs tireurs et occupé, pour barrer le chemin aux Français, un piton fortifié sur lequel était bâti le village de Tizilt-Mahmoud ; un peloton de trente cavaliers, chasseurs et spahis, l'apercevant, se lance sur lui et le ramène au galop, le sabre dans les reins, jusqu'au pied du village. Pélissier, souriant, galope à leur rencontre et examine le site sous les balles des Kabyles.

« Eh bien ! Cassaigne, voilà un pays moins noir à l'œil que sur la carte. Qu'en dites-vous ?

— Mais, mon général, si le convoi rejoint à temps, nous pourrons déjeuner demain là-haut. »

Et l'aide de camp désigne du doigt l'enceinte crénelée du piton.

« Parfaitement, capitaine ; arrangeons cela tout de suite. Cuny doit être au camp à cette heure. »

---

[1] Une erreur très commune en Europe est de prendre les Kabyles et les Arabes pour des sauvages ignorants de tout principe d'art militaire. Ils ne peuvent résister, le cas donné, à une tactique européenne ; mais, pour la guerre chez eux, ils sont passés maîtres en ruse comme en courage. On se souviendra que Bugeaud lui-même n'a pu égaler la tactique d'Abd-el-Kader pendant la célèbre *campagne de chasse* de 1845-1846. C'est là ce qui a rendu la guerre d'Afrique si rude et si honorable pour nos troupes.

Le général et le capitaine, le carnet à la main, arrêtent le plan d'attaque du lendemain sous les yeux de Bou-Barghla et les coups de feu de ses partisans ; puis ils rentrent au camp. La brigade Cuny apparut enfin, harassée de ses longs efforts, et prit un repos mérité. Le 3 au matin, Pélissier se mettant à la tête d'une colonne de six bataillons, suivie de toute sa cavalerie et de ses obusiers, la conduisait à Tizilt-

Un cheik kabyle.

Mahmoud le fusil à l'épaule, indiquant lui-même les sentiers aux troupes. Assaillie sur trois points par deux bataillons sans sacs, la position est enlevée. Pélissier s'y établit avec ses obusiers et dispose les quatre bataillons restants sur la route, en prévision d'un retour offensif, qui eut lieu en effet ; un combat sanglant s'engage contre toutes les forces kabyles ; nos baïonnettes et nos obus ont enfin raison de l'acharnement des montagnards, qui se dispersent et s'élancent par groupes pour aller protéger leurs villages. Peine tardive ; notre cavalerie les sabre partout où le terrain permet aux ardents petits chevaux barbes de poser leur sabot ; l'infanterie, rompant par sections, les suit à la course, entre avec eux dans les villages abandonnés les plus proches, et en brûle vingt-neuf en un tour de main. Dans un rayon de deux lieues, on ne voit que colonnes de fumée s'élevant vers le ciel. Le lieutenant-colonel Bourbaki avait encore une fois les honneurs de la journée.

De son côté, le général Cuny avait détaché en arrière et au-dessous du khamis, en plein pays maâtka, des compagnies chargées de la même opération[1] dans tous les groupes d'habitations qui foisonnaient à proximité du plateau ; car cette population est plus dense et plus serrée qu'en aucun canton d'Europe. L'état-major l'évaluait à plus de cent soixante-dix par kilomètre carré.

Dès le lendemain les demandes d'aman arrivaient de tous côtés. Bou-Barghla avait disparu, on le disait caché chez les Zouaouas. Le gouverneur vint s'installer à Timmermoun et, de là, reçut et régla les offres de soumission. Il les voulait durables, et procéda avec lenteur. Sage précaution, car dès le 14 une partie des tribus guechtoulas reprenaient les armes. Mais, comme le dit ironiquement la relation officielle, « les Beni-Khoufi, qui n'avaient pas su se résigner à la paix, ne surent pas faire la guerre. » La clef stratégique de leurs vallons, un roc élevé et isolé, était d'avance occupée par un de nos détachements. Pélissier s'y transporta et, pour frapper les esprits sans en venir à une sérieuse effusion de sang, il fit de là canonner par nos artilleurs et incendier par les fuséens tous les villages des Beni-Koufi qui se trouvaient à portée[2]. Le roulement des détonations répercutées par les mille échos des montagnes, et les tourbillons de fumée qui mon-

---

[1] Ces ravages, seul moyen d'obtenir la paix en telle occurrence, n'avaient pas les désastreux effets d'un incendie en France. Les Kabyles ont tôt fait de relever leurs huttes de pierres sèches ; ils sont surtout sensibles à la perte de leurs approvisionnements. Seuls les chefs, les riches, mieux logés que le commun, éprouvent un dommage vraiment cuisant. Mais comme ils peuvent le réparer, et qu'après tout ils sont les fauteurs responsables de la lutte, nos soldats les plaignent peu.

[2] Les Kabyles, encore plus que les Arabes, ont un grand respect pour ce qui est le plus rare chez eux, le canon (*medfâ*), — surtout de fort calibre.

En 1858, le maréchal Randon, ayant reçu plus de deux cents chefs de la plaine et de la montagne, parmi lesquels les aghas des grandes confédérations du sud et l'ambassade *touâreg* venue des environs de Metlili, clôtura les fêtes (revues, courses, jeux publics, illuminations, etc.) par une promenade en mer à bord d'un vaisseau de quatre-vingt-dix-huit canons, l'*Iéna,* portant neuf cent cinquante hommes d'équipage.

L'immensité du navire, son ordre extraordinaire, les rapides manœuvres de bord frappèrent d'étonnement les indigènes ; mais quand, au retour, pour répondre au feu des forts qui simulaient une défense de la grande passe, l'équipage, au signal du sifflet, se mit en branle-bas de combat, sauta sur les canons et que l'*Iéna,* se plaçant entre les deux forts, leur riposta par le feu roulant de ses six énormes batteries (canons de dix-huit et de vingt-quatre et obusiers de quatre-vingt), tirant à la fois à volonté pendant plusieurs minutes, on vit les chefs les plus stoïques pâlir en se regardant effarés. Enfin, l'un d'eux fit signe au commandant de faire suspendre le feu, et, quand sa voix put se faire entendre, adressa au maréchal cette phrase caractéristique : « Sur la terre, vous avez toute la puisssnce de l'homme contre l'homme ; sur la mer, vous avez transporté une part de la puissance de Dieu. »

taient des cantons des Beni-Khoufi, suffirent à leurs voisins, qui ne tentèrent plus d'inutiles résistances.

Un autre résultat, beaucoup plus sérieux pour nous que la soumission d'une ferka récalcitrante, se produisit subitement. A quelques kilomètres de là vivait, dans la riche et révérée zaouïa de Sidi-Abd-er-Rahman, — Bou-Guebrine, — un personnage prétendu *saint*, et de très grande influence, El-hadji-Amêur, chef des Khouans de Kabylie. Sur la prière des tribus voisines, qui voulaient bien se battre corps à corps ou fusil à fusil, mais qui redoutaient pour leurs cabanes et leurs jardins les obus dévastateurs et les terribles fusées incendiaires, il se résigna à venir au camp français solliciter la miséricorde du général. Pélissier connaissait ses menées et avait grande envie de les lui faire expier ; il se contint pourtant et crut, ainsi qu'il l'expliqua, devoir ménager, en vue des opérations à venir, l'influence de la grande zaouïa. Il avait raison. El-hadj-Amêur, qui ne se sentait pas très rassuré, engagea sa parole au nom des Guechtoulas et des Maâtkas, et pas un homme de ces deux grandes tribus ne songea à la protester.

Restaient les Flissas. Dans le principe, en venant se placer à Dra-el-Mizan, Pélissier avait écrit qu'il voulait séparer cette importante confédération des autres dissidents, et qu'il espérait ainsi n'avoir pas à verser le sang pour la réduire ensuite. L'événement lui donna raison.

Le 20 novembre, le corps d'opération reprenait son mouvement, et les deux colonnes se rejoignaient à l'entrée méridionale du territoire flissa, chez les M'zalas. La dernière opération chez les Beni-Khoufi, grossie par la renommée, avait produit de merveilleux effets. A la menaçante apparition de nos bataillons victorieux sur le seul point où on ne les attendait pas, et d'où ils pouvaient en deux jours anéantir toutes les ressources du pays, les courages les plus obstinés fléchirent. Le gouverneur, qui avait fait, on le sait, comme chef d'état-major de Bugeaud, la campagne du Sebaou en 1844, traversa lentement le territoire flissa, en renvoyant sans aucune appréhension une partie de ses troupes à leurs garnisons ; puis il vint s'arrêter, le 23, au marabout de Timesrit. Là, il attendit le résultat de la grande djemâa (assemblée délibérative) des Flissas, qui se tenait à Bordj-Menaïel. Ce résultat arriva prompt et satisfaisant : c'était la soumission complète et sans conditions. La confédération, « regrettant d'avoir cédé à des entraînements contraires à ses engagements de 1844, » offrait de livrer ses armes et s'en remettait à la générosité française. Quarante-huit heures suffirent pour tout régler. Sur le vaste plateau de Boghni, à quelques kilomètres de l'endroit où avait eu lieu la cérémonie solennelle de 1844, que nous avons racontée au chapitre v, Pélissier reconstitua avec pompe l'ancien *kaïdat de garde* établi là autrefois par les Turcs, et en donna l'investiture à un homme éprouvé entre tous, au lieutenant

Beauprête [1], dont les exploits absolument fantastiques, quoique très réels, laissent bien loin derrière eux les plus bizarres romans d'aventures et de ruses mohicanes ou apaches tombés de la plume d'un Cooper ou d'un Gustave Aymard. Le nouveau caïd de Boghni ne voulut pour toute garde et moyen d'action, au milieu des quatre-vingt mille Flissas qui l'entouraient, qu'une demi-compagnie d'infanterie dont il choisit lui-même chaque homme, et un petit peloton de cavaliers éprouvés. Quand on lui demanda ce qu'il lui faudrait en cas d'agitation ou de guerre, il répondit avec surprise : « Mais c'est pour ces cas-là que j'ai demandé ces hommes-là. Pendant la paix mon sergent-secrétaire me suffit, et je n'ai qu'à laisser ma casquette accrochée à la porte de mon bureau, elle gouvernera aussi bien que moi. » Tel était chez les indigènes le mélange de profonde estime pour son équité connue, et de respectueuse terreur pour sa perspicacité sans bornes et son incomparable énergie, qu'il gouverna en effet paisiblemeent, pendant plusieurs années, le kaïdat de Boghni, puis le *cercle* de Tizi-Ouzou.

Nos troupes avaient déjà précédé le gouverneur, qui les rejoignit le 27 aux portes d'Alger, et y fit avec elles une joyeuse entrée aux acclamations des habitants. Par cette campagne brève et adroitement conduite, tous les efforts des agitateurs étaient pour longtemps annihilés, et notre drapeau flottait, bien gardé par Beauprête, sur le premier et le plus vaste palier des rampes du Djurdjura.

Nous ne devons pas borner là l'exposé de cet important intérim ; car les facultés administratives de Pélissier y eurent autant à s'exercer que ses talents militaires. Signalons au moins, dans cet ordre, les faits les plus saillants.

Le choléra d'Oran fut très violent cette année; il avait presque épargné cette province l'année précédente, tout en sévissant cruellement dans celles de Constantine et d'Alger. En 1851, au mois d'avril, deux cent soixante-quinze pèlerins de la Mecque, algériens et marocains, ayant fait naufrage sur les côtes de Morée, furent secourus par notre station du Levant ; elle les déposa à Malte : là, ils furent pris par un navire de commerce français ; il en amena deux cents à Alger, où les règles de la quarantaine leur furent strictement appliquées. Rien de suspect ne s'étant produit, on les répartit par groupes, selon les destinations, sur les navires de la *correspondance* (service postal des côtes d'Afrique); ils débarquèrent les uns à Tanger, les autres à Mers-el-Kébir, ceux-ci se rendant à Tlemcen. Quand ils secouèrent leurs

---

[1] Et non *Beauprêtre*, comme on a pris l'habitude de l'imprimer dans les ouvrages sur l'Algérie. Simple fils d'un petit colon de l'Atlas, initié dès l'enfance aux habitudes et à tous les dialectes indigènes, ce *partisan* hors ligne nous a rendu d'immenses services. Sa vie entière est un tissu d'aventures épiques, et qui n'auraient pas même été acceptées comme vraies, si les Arabes et les Kabyles, dont il déjouait audacieusement tous les plans, n'avaient eux-mêmes raconté et prouvé plus d'un fait à leur détriment. Il a été assassiné par trahison en 1864, au début de l'insurrection oranaise.

burnous, la peste en sortit : ils étaient arrivés le 10 mai; le 12, la garnison de Tlemcen avait le choléra. Elle avait dû héberger pendant quelques instants les pèlerins, et nos soldats leur avaient fait laver leur linge et leurs habits de laine dans les lavoirs de la caserne. Malgré toutes les précautions, l'épidémie se propagea et alla toujours croissant, avec les chaleurs d'été, jusqu'au mois de septembre. Outre le littoral marocain, Oran, Mascara, Tagdempt, Sidi-bel-Abbès furent successivement dévastées par le fléau. Il vint s'arrêter à Mostaganem, qui fut moins gravement éprouvée, et ne franchit pas les seuils rocailleux du Dahra ni les frontières préservatrices aussitôt établies dans les ports du centre et de l'est algérien.

Dans l'ordre financier, le fait le plus important de l'année fut la fondation, à Alger, de la *Banque algérienne* subventionnée, au lieu du simple *Comptoir d'escompte algérien*, qui existait précédemment. Le directeur du Comptoir, M. Litchlin, devint directeur de la Banque. De solides encouragements à l'élevage (haras de Blidah, grandes courses de septembre, à Alger), la promulgation et la réglementation détaillée de la *loi du 16 juin*, sur la propriété publique et privée en Algérie, des concours et des expositions agricoles et horticoles avec primes et médailles, la poursuite des travaux des ports algériens, l'extension des principaux services publics, entre autres ceux de la *colonisation particulière* et de l'instruction soit publique soit privée, occupèrent les heures du laborieux gouverneur.

Fort de l'expérience acquise dans ses belles fondations agricoles de l'ouest, Pélissier s'appliqua plus particulièrement à donner le même essor aux colonies nouvelles du centre, et fit augmenter largement par l'État, au moyen des ressources fournies par les pépinières officielles (celle d'Alger a peu d'égales en Europe), et des distributions d'animaux provenant des razzias de guerre, les fonds de culture et le cheptel soit commun, soit privé. Nous avons sous les yeux le récit d'une des inspections qu'il faisait lui-même pour constater *de visu* l'état de chaque localité, ses besoins, ses progrès, et recevoir les observations des colons. Elle vaut au moins la peine d'être indiquée.

Le gouverneur partit d'Alger le 23 juin, à trois heures du matin, avec le secrétaire général civil, deux employés spéciaux de colonisation et le contre-amiral commandant la marine, qui était agronome par-dessus le marché. A l'aube, il visitait Castiglione et Tefsch'oun, à quarante kilomètres d'Alger, et y constatait (c'est lui qui dicte) « un bien-être assez considérable, de bons produits, une installation hygiénique et agréable, et un fort bon personnel (*sic*) ». De là, tournant le dos à la mer, il allait inspecter Bou-Ismaël, à peine fondé, et se dirigeait ensuite, par Joinville et Mouzaïaville (haltes et enquête), sur Marengo, où il arrivait à quatre heures du soir. Il trouvait Marengo « devenu presque une ville », en dépit du mauvais choix de sa première installation, et, « pour se dédommager un peu de la fatigue des treize heures passées sous le soleil et la poussière (32° en moyenne), dans une très mauvaise berline retapée, » montait à cheval avec ses compagnons et leur offrait une excursion à travers les cultures et la *forêt* de Marengo. L'ombrage des grands arbres fut célébré, non seulement en prose, mais en vers *français* et *gascons*. Au sortir, on traversa l'Oued-Mered et l'on fut souper et dormir à Marengo, tout à fait rafraîchis et reposés par cette promenade de trois heures au galop.

Le 24, à quatre heures du matin, on repartait dans la direction de Cherchell et l'on « s'amusait comme de petits pensionnaires à regarder le soleil se lever ». Au passage, on inspecta, dans la vallée de l'Oued-el-Hachem, Zurich, « dont l'emplacement aurait pu être plus judicieusement choisi, » disent les *notes;* on y laissait des consolations, des promesses, de bons conseils. Une heure après, sur les bords de l'Oued-Bellah, les autorités françaises et les goums des Beni-M'nacers venaient recevoir la caravane et la conduisaient bon train, à travers les coups de fusil et la musique aiguë d'une interminable *fantasia,* jusqu'à Cherchell.

« On avait encore trois heures jusqu'au déjeuner. Le gouverneur en a profité pour aller, d'un temps de galop, examiner Novi, à six kilomètres. Bon aspect; les colons ont bien travaillé. On s'entretient un peu de tout avec eux, etc. »

A Cherchell, déjeuner, réception des fonctionnaires, allocution (comme en France), revue de la garnison, départ pour Amêur-el-Ain, par Zurich et Marengo (de nouveau); Amêur-el-Ain, colonie suisse, « a opéré des prodiges, » d'après les *notes;* on la quitte à cinq heures. A sept heures, comme il fait encore clair, on inspecte l'Affroun en détail; examen satisfaisant sauf pour quelques cultures exotiques, qui deviennent le sujet d'une convocation des colons et d'une vive discussion, parce que « les conseils du général ne sont pas du goût de tout le monde ». Pélissier déclare qu'il n'est pas un ignorant en culture, et que M. l'amiral y a conquis une réputation. Un colon obstiné lui réplique : « Et moi, j'ai fait la guerre et navigué, et je ne prétends pas imposer mes avis au quartier-général ni à l'amirauté. » Rire général; on trinque, on se sépare bons amis, mais non persuadés. Arrêt de nuit.

Le 25, la vieille berline retapée se casse sur les cailloux d'un *oued* qui sert de route. Réparation telle quelle; on arrive pourtant au village de la Chiffa, dans les fameuses gorges du même nom : inspection rapide. A une heure, entrée à Médéah, réception de gala; les voyageurs se sont mutuellement brossés dans un coin, afin de ne pas « paraître trop sales » (*sic*) à la population. Le général mange debout, demande des chevaux et va inspecter Damiette et Lodi : mauvaise impression; les habitants « ont trop compté sur les subsides, et pas assez sur eux-mêmes » ; il les gronde et rentre en ville pour souper. La berline, ayant reçu une roue neuve, va servir de dortoir ; on repart à sept heures du soir, on traverse les gorges au galop, la nuit, *en dormant très agréablement*. A minuit, on réveillonne à Blidah, pour en repartir à une heure (et redormir). Les notes se terminent ainsi :

« Nous arrivions à quatre heures et demie, le 26, sur les hauteurs de Mustapha, au moment où le soleil surgissait du sein de la mer.

« Cette course salutaire de quatre-vingt lieues (320 kilomètres), durant laquelle nous avons visité avec soin douze colonies, s'est accomplie en soixante-treize heures. »

Nous signalons à nos préfets de 1892, voire à nos chefs d'État, qui voyagent en wagon-salon, la manière dont un gouverneur d'Afrique exécutait, à titre d'hygiène, une inspection coloniale en 1851, sous 32° à 35° Réaumur.

Des mesures d'un genre plus relevé et découlant d'une plus noble source signalèrent encore cet intérim. Nous voulons parler des questions religieuses dans leurs rapports avec l'armée.

Déjà l'on a vu Bugeaud, bravant les préjugés du régime de Juillet et faisant bon marché des siens propres, confier sans hésiter le stérile plateau de Staouéli, où fut remportée notre première victoire après le débarquement de 1830, à la pioche des trappistes, qui l'eut bientôt transformé ; et, vers la même époque, approuver que l'on s'en remît de la direction de l'orphelinat agricole de Bouffarik au zèle entreprenant des pères jésuites Brumault et Hœlfer, qui couronnèrent bientôt leurs beaux travaux d'assainissement matériel et moral, à Bouffarik, par la vaste et utile création du grand établissement modèle de Ben-Aknoun[1]. Pélissier, alors chef d'état-major à Alger, avait eu une grande part dans les résolutions du maréchal à ce sujet, comme il en eut une décisive dans l'attribution régulière d'aumôniers aux colonnes, et dans l'encouragement des « messes de camp », de division et de subdivision. Le soin de nos malades et blessés était le plus souvent dévolu aux mains consolatrices des sœurs de Saint-Vincent-de-Paul ; et les frères des Écoles chrétiennes, qui avaient apporté en Algérie leur sage et si habile règle d'enseignement et d'éducation, étaient presque toujours appelés à recevoir la direction des « écoles de troupe ». De tout temps le soldat a fait bon ménage avec la grande cornette des sœurs et la robe noire flottante des bons frères. Dans la province d'Oran, l'on avait vu Pélissier, d'accord avec Lamoricière, s'empresser noblement, partout où il exerçait autorité, pour aider le zèle pieux, mais dénué de ressources, des prêtres que Mgr Dupuch envoyait installer des paroisses dans ces villes nouvelles ou renouvelées. Nous nous sommes déjà arrêté pour le montrer à Sidi-bel-Abbès,

---

[1] A une demi-lieue de Dely-Ibrahim. On y formait des chefs de culture.

venant tout exprès encourager le premier curé du camp, M. l'abbé Preyre ; présidant avec un grand apparat, et une bonhomie plus grande encore, la première distribution de prix chez les sœurs ; s'y laissant charmer par le babil hardi de la principale lauréate, une petite Corse de six ans ; et, pour couronner la fête, dirigeant lui-même un assaut général de la bande enfantine au seul pâtissier de l'endroit, assaut dont il avait préalablement soldé les frais. Ce côté familier est le moins connu de la vie de Pélissier, et le peint mieux que beaucoup de ses actions publiques.

De la fondation de Staouéli, Pélissier avait rapporté une amitié, celle du R. P. abbé dom François Régis, l'une des plus grandes figures monacales du siècle. A Alger, il se prit d'une confiante estime pour le successeur de Mgr Dupuch, le second évêque d'Afrique Mgr Pavy, ancien chanoine de Lyon, dont le large caractère d'autorité et le vigoureux esprit d'initiative se rehaussaient de belles vertus épiscopales. Il resta fidèle jusqu'à la mort à ces deux amitiés ; la seconde éclaira des joies et des espérances chrétiennes son lit d'agonie. La première a donné lieu à une anecdote bien connue dans le Midi, et que nous pouvons placer ici [1].

En 1857, alors que la célèbre école bénédictine de Sorèze, rachetée et restaurée par le P. Lacordaire, avait repris tout son ancien lustre sous l'habile direction du grand dominicain, le maréchal Pélissier, duc de Malakoff, vint à Revel et de là à Sorèze, pour y voir un de ses amis, M. de Barraux, homme considérable dans la région. La gloire du vainqueur de Sébastopol retentissait alors par toute la France. Lacordaire, qui se trouvait présent à l'école, courut aussitôt inviter le maréchal à une de ces solennités littéraires où les jeunes gens de nos grandes écoles libres trouvaient à la fois un attrait, un exercice utile et une récompense de leur travail ordinaire. Pélissier accepta. On raconte encore à Sorèze et chez les PP. dominicains de la rue Vélane, à Toulouse, la brillante réception que fit au maréchal l'*escadron des cavaliers* de l'école, tandis que leurs camarades, rangés en armes sous leur pittoresque costume militaire, charmaient ses yeux par la correction de leur attitude et la précision de leurs mouvements. Nous passons sur les détails de la fête, tous bien faits pour être appréciés de Pélissier, nourri de fortes études classiques. Comme on entrait au salon des pères, une porte s'ouvre, une figure ascétique, aux longs vêtements blancs, apparaît souriante et surprise. Pélissier pousse une exclamation, court à sa rencontre et serre dans ses bras le R. P. Régis, que le hasard d'une retraite spirituelle à Sorèze remettait inopinément en sa présence. Il avait des larmes de joie dans les yeux en retrouvant son

---

[1] Elle nous a été racontée par M. Firmin Boissin, l'érudit et très aimable rédacteur en chef du *Messager de Toulouse*.

vieil ami, et profonde était aussi l'émotion des témoins de cette petite scène.

Mais retournons à Alger. Depuis la conquête, une cérémonie annuelle avait lieu à Sidi-Ferruch en mémoire du débarquement de notre armée. Pélissier, l'un des acteurs de cette fameuse prise de possession du sol africain, avait conservé un véritable culte pour ce souvenir; nous l'avons dit ailleurs. Il aurait voulu qu'un grand monument conservât cette date si justement célèbre, ainsi que le nom du général en chef, Bourmont; car son esprit de large équité n'admettait pas les susceptibilités de parti pris. Mais elles se dressèrent tout net dès ses premières paroles, et il fut très heureux d'obtenir l'autorisation pure et simple de solenniser le 14 juin, sans y mêler aucun nom. Après s'être concerté avec l'évêché et le secrétaire général civil du gouvernement, M. Mercier-Lacombe, il éleva par un arrêté spécial cet anniversaire au rang de *Fête nationale de l'Algérie française*, avec réjouissances officielles et chômage administratif. Avant tout il voulut, en conservant le côté religieux de cette fête, conserver à la conquête de l'Algérie le caractère d'un triomphe de la civilisation chrétienne sur la barbarie musulmane. Il n'y a qu'à en relire le début.

« *Article premier.* — Le 14 juin de chaque année, ou le dimanche suivant quand le 14 juin ne sera pas jour férié, un service religieux et d'actions de grâces, auquel assisteront les autorités civiles et militaires, sera célébré dans toutes les églises de l'Algérie.

« Dans les chefs-lieux de division et de subdivision, une salve de vingt et un coups de canon sera tirée pendant le chant du *Te Deum*.

« Dans les ports militaires, les bâtiments de l'État seront pavoisés.

« La milice et les troupes, partout où il y en a, seront passées en revue d'honneur, etc. »

La cérémonie eut, dès sa première célébration, tout l'éclat que voulait lui donner le gouverneur intérimaire. La population française s'y associa avec enthousiasme. Pélissier, radieux de ce succès, ne put empêcher les vieux souvenirs de 1830 de monter de son cœur à ses lèvres : à l'issue de la revue de la garnison, passée sur ce champ de manœuvres de Mustapha qu'entourent de leur cadre si pittoresque les riches cultures d'Hussein-Dey, les vertes collines de Kouba et la ligne arrondie du golfe aux eaux bleues, portant Alger suspendue, tout éclatante de blancheur, à l'une de ses extrémités, il réunit les officiers pour célébrer, dans une brève allocution, « ce jour vraiment mémorable pour nous autres, Africains français. »

Une ample distribution de récompenses avait été réservée pour cette occasion.

L'après-midi, le gouverneur allait avec Mgr Pavy renouveler cette commémoraison à Sidi-Ferruch, afin que les deux fêtes se complétassent, toujours dominées par le caractère chrétien. Plusieurs milliers d'habitants, — officiers, colons, commerçants, touristes, — l'y suivirent; et ce ne fut pas un des moindres plaisirs de la fête que d'entendre l'ancien officier d'état-major de Bourmont expliquer sur le terrain, à l'évêque et à la foule attentive, tous les incidents de ce fameux débarquement et de la bataille du 19.

La seconde république n'avait pas relégué le culte catholique au fond des églises : dans le péril des lointaines expéditions, nos soldats, nos marins pouvaient recevoir la dernière absolution d'un prêtre ; chaque mère, en tremblant pour la vie de son fils « parti pour la guerre d'Algérie », n'avait pas à trembler davantage encore pour le salut de cette âme si chère. Il était réservé à notre temps, cruel aux cœurs nobles, de voir Dieu proscrit par ordre de la vie publique, policièrement réglementé jusque dans la vie privée, et son culte refusé à toutes les générations successivement appelées sous les armes, tandis que l'ignominie du sensualisme le plus raffiné et la licence ordurière des pires mœurs s'étalent sous l'égide de la force publique, dont le premier but devrait être leur impitoyable répression ; mœurs d'un pays vaincu, qui prétend chercher ailleurs qu'en Dieu et dans la Foi le principe actif de son relèvement !

Les chefs qui alors s'appelaient Lamoricière, Bosquet, Mac-Mahon, Pélissier, savaient ce que doit l'homme investi du commandement à ceux dont il réclame l'obéissance : profond respect de l'âme, soins du corps, nobles exemples. Dans les solennités religieuses officielles, le soldat les voyait les premiers devant l'autel et aux pieds de Dieu, comme il les avait vus les premiers au feu ; et la salutaire impression s'en répandait dans les troupes. Dans un gouvernement de plus de six années, le maréchal Randon, né et instruit dans le protestantisme, tint la main avec une inexorable sévérité à ce que les généraux et les officiers se montrassent les plus respectueusement empressés aux solennités catholiques, auxquelles son culte personnel l'empêchait de paraître, et la messe militaire dominicale ne fut jamais plus suivie que sous lui. Le général commandant la division d'Alger (général Yousouf) l'y représentait. L'ancien élève du bey de Tunis, l'enfant européen dérobé à sa famille, était devenu depuis son mariage un catholique pratiquant.

Comme la régularisation de cette messe a eu lieu par les soins et sous l'intérimat de Pélissier, qui y assistait à la tête de l'état-major général, nous pouvons ici en retracer, par nos souvenirs personnels, la vive impression. Chaque dimanche, un peu avant onze heures, pendant que les fidèles sortant de la grand'messe achevaient de s'écouler, on entendait au loin des bruits de fanfares qui s'approchaient rapidement. Tout à coup, sur la *place du Soudan* où s'élève, à côté du palais du Gouverneur et faisant face au curieux palais épiscopal, la cathédrale française Saint-Philippe, débouchaient, à courts intervalles, les détachements de tous les corps de troupes convoqués : un par régiment et par arme, le colonel en tête avec musique et drapeau. Voici, les premiers, ceux de l'infanterie de ligne, martiale et bien alignée, précédée de ses sapeurs qui portent, selon l'usage de l'époque, la barbe longue et le grand bonnet à poils, en dépit de la chaleur; elle fait joyeusement trembler les édifices de la petite place sous le vacarme de ses cuivres et de ses tambours. Voici l'éclatante fanfare des chasseurs à pied, héritiers des célèbres régiments dits *légers* et rivaux de gloire des zouaves, qui défilent sombres et rapides. Puis l'on entend, accompagnée par les tambours, la marche si connue du 1er zouaves, le régiment chéri des Algériens, enfin rappelé de Koléah, où il faisait pénitence de quelques peccadilles : le pied leste, l'œil vif et railleur, le teint noirci sous toutes les intempéries, le cou nu, la taille bien prise dans la grande ceinture bleue et la petite veste orientale, la cheville serrée dans la guêtre blanche, les vieux privilégiés de l'armée d'Afrique traversent la haie des curieux du pas dégagé qui leur est propre, montent presque en courant l'interminable escalier du porche, et s'engouffrent sous les nefs dans un ordre superbe, qui fait envie à leurs camarades de la ligne. Derrière eux, les trompettes de la cavalerie et la lourde cadence des bottes à éperons frappant les pavés annoncent leurs frères d'armes et de renom, les chasseurs d'Afrique : les voilà en grande tenue, portant le couvre-nuque blanc passé sur le shako, la tunique bleue plissée, la fourragère blanche et les larges pantalons; des hussards les suivent, à l'uniforme pimpant surchargé de tresses et de broderies, aux officiers tout éclatants d'or; puis viennent l'artillerie et le génie, à l'aspect sévère, avec le flegme spécial aux troupes spéciales, et le train des équipages, simple en sa tenue, simple en son allure, et pourtant très aimé dans l'armée pour l'abnégation silencieuse avec laquelle il remplit ses obscures et périlleuses fonctions. Une dernière sonnerie retentit : ce sont les détachements de la station navale, les *cols bleus* de la marine; ils entrent en accentuant le pas, le chapeau ciré en tête, la jugulaire aux dents, précédés d'un triple rang de *gabiers* (les sapeurs de la mer), qui portent le poing gauche sur la hanche, la veste jetée en travers, à la houzarde, et sont armés du court et large sabre d'abordage. Sur leur passage, les zouaves clignent de l'œil et, d'un mouvement imperceptible, font longuement résonner les capucines de leurs fusils; car il existe une vieille amitié entre eux et les équipages de la flotte. Dans les cafés d'Alger, on sait que « zouave et matelot, c'est *kifkif* ».

En un clin d'œil, les troupes ont rempli les galeries et le pourtour du chœur; les musiques, clairons, tambours et trompettes se sont massés dans un des transepts; chaque drapeau, accompagné d'un sous-officier, est venu prendre rang à droite ou à gauche de l'autel; les sapeurs entourent la balustrade du chœur. Midi sonne : le clergé sort de la sacristie et vient jusqu'au porche recevoir le gouverneur; la haute nef résonne sous les batteries et sonneries *aux champs*, envoyées à toute volée; un groupe doré s'avance et prend place devant l'autel; derrière lui, la masse des officiers venus pour leur compte, seuls ou avec leurs familles, et des soldats isolés de toutes armes, fait irruption et emplit la nef centrale. L'office divin commence au son des instruments, coupé seulement par les batteries et sonneries d'honneur au moment de l'élévation, et les commandements brefs qui font agenouiller la troupe. Au sortir, les détachements se rendent directement, tout près de là, sur la *place du Gouvernement*, et y subissent la courte revue dite « parade du dimanche ». Puis elles rompent et regagnent leurs quartiers, emplissant au passage les rues ensoleillées de leurs bruyantes fanfares. Dieu a reçu les honneurs dominicaux; et les indigènes, témoins attentifs, remontent d'un pas traînant et allongé vers les hauts quartiers en se disant l'un à l'autre : « *Chouf!* (vois!) on avait tort de nous dire que les soldats français sont des fous sans religion [1]. »

Une autre cérémonie, annuelle, celle-là, dut encore son éclat au concours que, par ordre de Pélissier, lui prêta la garnison. Nous voulons parler des processions paroissiales de la Fête-Dieu, et de la procession dite *générale* et officielle de clôture, à laquelle assistaient, avec la troupe, les corps constitués, et dont l'attrait extérieur suffisait à attirer à l'avance bon nombre d'étrangers. Dans un pays où tout parle au cœur par les yeux, il est bon de ne pas négliger l'impression des grands spectacles qui peuvent favorablement disposer les âmes. Et Pélissier était un convaincu en ces matières.

Avant de clore l'exposé, déjà si chargé, de ce fécond *intérim* d'Alger, nous ne pouvons que citer, sans nous y arrêter, la multitude des mesures locales prises pour l'achèvement des fortifications d'Alger, l'embellissement de la ville, l'extension de ses faubourgs (cité Bugeaud, Saint-Eugène, l'Agha, Mustapha, les Tagarins), son assainissement, sa réorganisation policière. Mentionnons aussi l'inauguration, sur la place du marché arabe de la statue de Bugeaud, d'où la place prit le nom d'*Isly* et le donna à la large rue qui y conduit, le dédoublement des entrées de l'est par les deux portes Bab-Azoun et d'Isly, l'achèvement du vaste camp de Mustapha pour une brigade de cavalerie, avec tous les parcs de la division, l'ouverture de plusieurs rues à l'européenne et de routes accessoires aux alentours d'Alger, etc. etc.

En dehors de la double campagne de Kabylie, l'ordre ne fut pas gravement troublé cette année en Algérie, grâce à la vigilance de nos

---

[1] On peut lire, dans les *Lettres du général Bosquet* et dans les *Souvenirs d'un officier du 2ᵉ zouaves*, du général Cler, les descriptions émouvantes des messes solennellement célébrées en pays ennemi, pendant les guerres de Kabylie de 1852 et 1854. « Le cœur s'élargit et l'âme s'élève, écrit Bosquet, à ce mélange si harmonieux des sentiments religieux et militaires. »

chefs militaires, incités à bien faire par l'exemple du gouverneur.

La frontière marocaine était sévèrement gardée par le général de Mac-Mahon, celui que Pélissier, en le demandant plus tard sous Sébastopol pour porter le coup décisif à Malakoff, qualifiait, dans sa lettre à l'empereur, de « complet officier de guerre »; avec lui, le 4me chasseurs d'Afrique, sous son excellent chef Cousin-Montauban; il n'avait donc rien à craindre de ce côté. Cependant le prince héritier, Mouley-Mohammed, essaya de l'agitation et, n'y réussissant pas, alla soulever les Kabyles du Maroc, au sud-ouest, sur les bords de l'Océan. Une escadre française, sous le contre-amiral Dubourdieu, bombarda vigoureusement Salé, centre de cette agitation, qui avait amené le pillage de quelques navires chrétiens; et l'ordre fut rétabli et garanti pour longtemps sur notre frontière marocaine.

Le bruit de cette courte action navale se perdit dans le retentissement du coup d'État du 2 décembre. Elle nous valut de la sécurité sur notre frontière de l'ouest.

Nous avons déjà dit que le brusque et franc général n'avait pas été de ceux que l'on croyait pouvoir associer militairement à ce coup de force, bien qu'il eût gardé, comme beaucoup de soldats, une secrète sympathie pour les souvenirs du premier empire. Mais il n'aimait que les actions au grand jour, et, dans les divers genres que pouvait affecter la complaisance ou la flatterie, il abhorrait surtout celui qui, paraissant provenir d'une conformité de sentiments, lui fût devenu un titre à des distinctions qu'il ne voulait recevoir que du loyal accomplissement de son devoir, dans les termes précis des règlements. Peu d'hommes ont dit avec autant de cœur et d'honneur: *Je suis soldat, et cela me suffit.*

Par contre, la population coloniale, en partie composée d'aventuriers hardis de tous les pays et de transportés politiques en qui vivaient, tout frais encore, les souvenirs de 1848, n'était guère disposée à bien accueillir les décrets des 2 et 3 décembre, qui furent connus à Alger le 7, par un télégramme apporté de Marseille. Pélissier, qui s'attendait comme tout le monde à *quelque chose*, ne s'émut nullement, et, pour prévenir des désordres comme ceux dont il avait été témoin à Oran lors de la chute de Louis-Philippe, il se contenta de prendre sans fracas quelques mesures d'ordre public. Il fit publier sans commentaires les décrets et proclamations de la présidence, et prit deux courts arrêtés pour en régler l'application à l'Algérie. Par un troisième arrêté, il pourvut à l'ordre en ces termes brefs :

« Le gouverneur général par intérim,

« Vu la loi du 9 août 1849, etc.,

« Vu la dépêche télégraphique reçue le 7 courant de Marseille[1],

(Ici le texte très court de la dépêche.)

[1] Annonçant la dissolution de l'Assemblée et la convocation du peuple en comices plébiscitaires pour statuer sur les modifications à la Constitution.

« ARRÊTE :,

« *Article unique.* L'Algérie est placée sous le régime de l'état de siège.

« *Signé* : A. PÉLISSIER. »

Il y joignit une proclamation de quelques lignes, invitant les Algériens à voter selon leur gré, et à ne pas troubler l'ordre à la vue des indigènes, toujours disposés à profiter des occasions. Elle se terminait ainsi :

« Je suis déterminé à sauvegarder l'ordre public par tous les moyens dont je suis armé, et au dedans et au dehors. Seuls les ennemis de la paix publique auraient à redouter la sévérité des lois. »

Les *déterminations* de Pélissier étaient célèbres, la colonie ne connut pas les agitations de la métropole. L'*article unique* fit sensation à Paris, et y fut goûté des deux parts pour des motifs opposés. Pélissier, qui s'inquiétait peu des commentaires, se contenta de suspendre un journal agressif, qui semait des informations violentes[1], et attendit que la nouvelle organisation des pouvoirs fît cesser son *intérim.* Le titulaire fut désigné le 11 décembre : c'était le général Randon, qui, ainsi que Pélissier, ne s'était pas laissé tenter par la perspective du maréchalat *politiquement* acquis, et, bien que favorable au régime napoléonien, avait décliné tout concours actif à son rétablissement par un coup de force. Soldat, il devait gagner plus tard son bâton de maréchal en soldat, par la conquête de la Kabylie, comme Pélissier alla chercher le sien en Crimée. L'écrivain aime à rencontrer ces exemples de solide honneur pour les louer sans embarras ni restrictions.

Le 25 décembre, le général Randon arrivait à Alger, où Pélissier lui remit le gouvernement d'une colonie prospère et le commandement d'une armée bien disciplinée, « dont il n'avait à faire que des éloges, » ainsi qu'il le déclara dans son *ordre de départ.*

Justes éloges. Il en avait oublié un pourtant, et Randon répara l'omission dans sa première proclamation : c'était le sien propre.

Le 30 décembre 1851, le générel Pélissier reprit officiellement le commandement de sa chère division d'Oran.

[1] L'*Atlas,* pour « allégations provocatrices et mensongères ».

X

Le gouvernement du général (puis maréchal) Randon, longue époque de progrès solides et continus pour l'Algérie, est marqué militairement par l'expédition de Laghouât et les trois guerres de Kabylie.

Nous ne nous occuperons que de ce qui se passa dans le commandement d'Oran, où Pélissier, désormais regardé comme le premier officier général d'Afrique, et l'un des meilleurs de l'Europe, continua d'exercer son active et féconde direction, et où sa notoriété et ses services lui assuraient une indépendance presque complète.

La tranquillité de la province fut troublée, en 1852, par l'agitation de la tribu des Beni-Snassen.

Cette remuante tribu avait été contenue l'année précédente, du côté algérien, par la vue du général de Mac-Mahon; du côté marocain, par un double camp, dont le vieux Mouley-Abd-er-Rhaman, peu soucieux de recommencer à ses dépens une campagne de l'Isly, avait confié le commandement à son second fils et à son neveu, tous deux plus sages, quoique plus jeunes, que l'intraitable prince héritier Mohammed. On a vu précédemment comment Mohammed, en allant porter ses prédications chez les Kabyles du Bou-Regrag et les riverains de l'Océan, avait porté malheur à la ville de Salé. Pendant l'hiver il se tint coi à Fez, et Mouley-Abd-er-Rhaman rappela une partie de ses troupes du camp, pour ne pas paraître provocateur sur notre frontière. Seules, les tribus riffaines, par esprit de *localisme*, prenaient part aux colères et aux douleurs de Mohammed. Dès que les forces impériales furent diminuées, et qu'on ne vit plus le redouté Mac-Mahon à Tlemcen (il venait de passer dans l'est comme général de division), les Snassen reprirent leurs habitudes belliqueuses et exécutèrent un coup de main sur une des tribus de notre territoire, les Ouled-Melouk. Ils avaient compté sans le nouveau commandant de Tlemcen, le colonel du 4me chasseurs d'Afrique, Cousin-Montauban, récemment promu général[1]. Le rude général les atteignit d'abord sur l'Oued-Kiss, les razzia vigoureusement et leur brûla quinze villages. Puis, comme ils revenaient en forces, soutenus par leurs congénères marocains, il les attira habilement, au nombre de sept mille, sur un terrain propice, et leur y infligea un second échec, le 14 mai.

Les agents anglais, qui n'avaient pas encore appris, cette année-là, que leur pays pût avoir besoin de la France contre la Russie, s'empressèrent de faire courir le bruit d'une prochaine guerre entre la France et le Maroc, et excitèrent le Riff à marcher. Il marcha, malgré la défense positive envoyée par Abd-er-Rhaman : le 15, un parti snouss et angad se faisait tuer cent vingt hommes par notre avant-garde; le 24, l'ennemi avait concentré ses moyens et nous livrait une vraie bataille sur l'Oued-Kiss; le général Cousin-Montauban, par une série d'adroites manœuvres, l'accule dans un angle du ravin, le sabre en partie, marche droit au village central (*bordj*) des Snassen, menace Tadjiret, s'en empare d'un seul élan et pourchasse ses défenseurs jusqu'aux plus hautes crêtes des environs. Puis il repasse tranquillement la frontière et reçoit, avec les compliments de Pélissier, des renforts pour reprendre une plus rude offensive, si besoin est. Mais les Snassen, qui, cinq jours avant, avaient éconduit avec des injures le kaïd d'Ouchda, chargé par le sultan d'apaiser leurs courages trop émus, se trouvèrent heureux de voir arriver, le 25, un envoyé impérial spécial, Si-Abd-es-Sadok, qu'ils chargèrent aussitôt de traiter en leur nom. Le général leur fit payer cher son *aman*. De plus, sur les instructions qu'il reçut, et pour couper court aux bruits de conflit avec le Maroc, il donna à son entrevue avec Abd-es-Sadok une ampleur quasi-diplomatique. Après être convenu avec lui des conditions à imposer aux Snassen, il le fit inviter à une grande fête par le capitaine Chanzy[2], à la tête d'un escadron, et lui offrit, avec des réjouissances de diverses sortes, d'un grand repas de gala (dont les bestiaux et les vergers des Snassen fournirent, comme de juste, la partie essentielle). Conformément à la parole déjà vieille de Bugeaud, passée en aphorisme nécessaire, « qu'en Afrique, c'est à nous d'aller prendre la paix chez les autres, dans l'intérêt de tous, » notre droit de répression jusqu'au delà de la frontière, en cas de provocations nouvelles, fut nettement reconnu.

Quelques jours avant, un autre officier de la division d'Oran, le

---

[1] Très attaqué plus tard, comme général de division et commandant la province d'Oran, pour l'affaire du capitaine Doineau, dans laquelle on l'accusa de favoritisme envers les bureaux arabes, il déploya peu après, comme commandant en chef de la grande expédition anglo-française de Chine, des talents qui le firent classer parmi les meilleurs généraux reconnus de son temps. Il fut nommé comte de Palikao. En 1870, il fut ministre de la guerre, après le début des hostilités, jusqu'au 4 septembre.

[2] Nous avons à dessein cité ce détail où figure un nom qui, depuis 1870, reste inscrit au premier rang parmi ceux des meilleurs défenseurs du sol français envahi.

commandant Deligny[1], chargé de la délicate mission d'aller cueillir chez lui et de nous amener à Oran même un chef suspect et des plus puissants, Si-Hamza, khalifa général des Ouled-Sidi-Cheikh, s'en acquittait sans coup férir à la tête de quatre cents baïonnettes et d'un escadron de chasseurs. Ce fait a une liaison intime avec l'affaire de Laghouât, qui va bientôt nous occuper.

Le reste de la belle saison se passa comme à l'ordinaire, pour Pélis-

Une rue d'Ouargla.

sier, dans les travaux administratifs alternant avec la direction militaire. Parmi les souvenirs locaux de l'armée, nous relevons la brillante cérémonie de la *distribution des aigles* aux troupes de la division. Pélissier voulut faire coïncider cette cérémonie avec une fête qui lui était chère, on l'a vu : l'anniversaire de Sidi-Ferruch, qui, cette année, se trouvait indiqué pour le dimanche 13 juin. Toutes les troupes de la

[1] Dont la réputation militaire a été consacrée en 1864-1865 par l'étendue de ses opérations dans le sud pour réprimer la *grande insurrection* de cette époque. Il était alors commandant en chef de la division d'Oran.

division furent formées, dans l'étendue du vaste hippodrome, sur quatre lignes : infanterie, cavalerie, armes spéciales (artillerie, génie, administration, équipages), et contingents arabes (goums et maghzens). La ville entière s'était portée à cette grande revue; les consuls étrangers et les autorités de la ville et de l'État occupaient les tribunes.

Après l'inspection du commandant en chef et la remise des aigles aux chefs de corps, de rapides mouvements ployèrent l'infanterie en deux masses parallèles, et les autres troupes vinrent fermer l'intervalle en arrière. Les officiers se massèrent à la gauche du général, les colonels et les drapeaux et étendards à sa droite; il mit l'épée à la main, s'avança dans l'ouverture du carré long formé par les troupes, et prononça, dit l'*Écho d'Oran*[1], une belle allocution en forme d'instruction militaire, d'une voix nette et forte qui s'entendait par-dessus les rangs des soldats, jusqu'aux tribunes et au public. Nous en détachons les phrases suivantes (d'après le compte rendu), qui redisent clairement les opinions de Pélissier :

« ... En vous donnant une seconde fois pour enseignes ces aigles que vos pères ont portées dans les capitales de l'Europe, le prince-président remet entre vos mains le plus moderne et le plus brillant symbole de la gloire française...

« ... C'est sous ces aigles, soldats, que j'ai commencé ma carrière. Car je suis le plus ancien parmi vous tous... Vieilli dans vos rangs, votre inséparable compagnon de dangers et de travaux, je sais que, dignes de vos devanciers, vous affronteriez mille morts plutôt que d'abandonner vos drapeaux. J'en ai l'assurance, je m'en porte caution!... »

Nous ne discutons pas ici les préférences politiques de l'armée; nous ferons seulement remarquer que Pélissier n'avait jamais, sauf en cette occasion, affiché les siennes; et que s'il en laissait voir quelque chose, c'était pour les ramener aux termes les moins discutables et les plus respectés de tous : le service du pays, le dévouement au drapeau; c'était devant ses soldats, ses *inséparables compagnons,* et non à l'Élysée, où d'autres recueillaient alors, avec moins de services publics et (on peut bien l'écrire ici) moins de talents reconnus et d'actions de guerre, des bâtons de maréchaux. Tout homme de cœur, quelles que soient ses préférences, doit laisser passer librement des opinions ainsi portées, et s'incliner devant ce mâle langage appuyé de tels états de service; car le patriotisme et l'honneur militaire l'ont seuls dicté.

Les premiers maréchaux nommés par le nouveau régime furent, en effet (sauf le maréchal Vaillant, qui avait de très brillants services techniques à l'armée de Rome), promus *politiquement;* et le décret qui les nomma le déclara, en assimilant les services rendus à l'ordre

---

[1] Du 16 juin 1851.

public intérieur, par des chefs de l'armée, à ceux rendus sur le champ de bataille en face de l'ennemi [1].

Pélissier, qui avait été fait grand officier de la Légion d'honneur après la campagne des Flissas, se trouva compris, non sur sa demande, mais par la désignation unanime de l'opinion militaire, parmi les généraux qui reçurent, le 15 août 1851, la *médaille militaire*. Fondée avec une partie de l'argent retenu sur « les biens de la famille d'Orléans », la médaille militaire ne pouvait être décernée qu'aux sous-officiers et soldats, et aux généraux qui se seraient distingués dans un commandement en chef; pensée habile et touchante qui associait intimement l'humble « soldat du rang » au directeur suprême chargé de disposer de sa vie et de ses actes, en franchissant d'un seul coup toute la hiérarchie intermédiaire, et qui relevait ainsi le modeste insigne de la valeur individuelle à la hauteur de la plume blanche du commandement.

Nous voici arrivés au couronnement militaire de la carrière de Pélissier en Afrique, à l'expédition de Laghouât; elle demande une courte explication préliminaire.

En 1842, au plus fort de la lutte contre Abd-el-Kader, nous avons vu qu'un certain Mohammed-ben-Abdallah, petit marabout qui s'était formé un parti, avait su se faire accepter de nous comme khalifa des tribus comprises dans le vaste commandement de Tlemcen; il provenait des Traras, tribu du Sud-Oranais, intermédiaire entre la région des chotts et celle des k'sours. Avec le système feudataire en vigueur pour le gouvernement des tribus, ç'avait été une faute que d'investir à la légère de la puissance française un homme de *petite tente*, plus remuant que dévoué, plus occupé de s'élever au niveau de la hautaine noblesse des grands k'sours du sud que d'attacher sa fortune à la nôtre. Il rendit bientôt ses services si onéreux et son autorité si contestée que Bugeaud, pour en finir, l'engagea à résigner ses fonctions et à aller chercher à la Mecque le titre de *hadji* pour reparaître avec un peu plus de prestige; il se plaignit, on se débarrassa de lui en

---

[1] Les trois premiers bâtons furent décernés à des souvenirs militaires *passés*, mais très avouables (aux généraux Excelmans, baron Harispe et Vaillant); le dernier seul des trois était, et il le montra, capable d'en remplir les fonctions, sinon au dehors, du moins en France. Les trois suivants, dont les titulaires étaient encore jeunes et actifs, furent déclarés, au *Moniteur,* la juste récompense d'un énergique concours au pouvoir exécutif lors du coup d'État; ils furent donnés : au général de Saint-Arnaud, ministre de la guerre; au général Magnan, commandant en chef de l'armée de Paris; au général de Castellane, commandant en chef de l'armée de Lyon.

Ce dernier passait en outre, depuis quinze ans, pour le plus accompli des *instructeurs* de troupes qu'il y eût en France et peut-être en Europe. Sa sévérité, sa vigilance, les exercices continuels auxquels il astreignait les troupes le faisaient redouter du soldat. Aujourd'hui, on le prendrait pour modèle. Ce général, rallié publiquement au coup d'État, passait pour légitimiste et ne cachait pas son opinion, mais il se considérait comme lié par la profession militaire au gouvernement.

l'expédiant avec de larges indemnités, et l'on n'y pensa plus. C'était en 1845. Le parvenu (il n'était pas, prétendait-on, *marabout*, mais simple *thâleb*, élevé dans une zaouïa[1]) profita de l'aubaine en conscience, séjourna trois ans en Arabie, s'y fit une réputation de sainteté, et revint avec quelques partisans s'établir, non plus à l'ouest, mais au sud-est, dans une grande zaouïa de l'oasis d'Ouargla, celle de Rouissat.

Il s'était fait bientôt de nombreux partisans et avait fini par prendre le titre pompeux de *chérif;* trois fois des colonnes avaient été dirigées contre lui. En 1852 il avait entamé des pourparlers secrets avec le grand chef des k'sours oranais, notre khalifa Si-Hamza, (ce qui fut le motif de l'enlèvement de Si-Hamza par le commandant Deligny, ainsi que nous l'avons raconté plus haut). Il est probable qu'il dut son échec auprès du khalifa à la prétention qu'il émettait, lui *homme de petite tente,* de garder toute l'autorité. Cependant il avait ébranlé quelques fractions des k'sours, et reçut comme lieutenant le propre frère de Si-Hamza, un certain Si-Naïmi. En dernier lieu, il avait entraîné la puissante tribu des Larbâas, avec son agha Ben-Nassr, et venait de se faire blesser dans une rencontre avec les goums de Biskra. Pour prévenir toute agitation, une colonne française était allée installer un nouvel agha à Laghouât, sous la protection de quelques spahis. De son côté, Pélissier s'était transporté avec une colonne d'observation à El-Abiod, à cinquante lieues dans l'ouest.

Le nouveau commandant supérieur du sud, le général Yousouf, s'occupait d'installer notre *bach-agha* de Djelfa, quand il fut informé de la présence du chérif sous Laghouât. Il y courut, assura la mise en défense de notre khalifa, qui résidait dans une espèce de forteresse carrée, presque au centre de la ville, et lui forma une garde provisoire sous un de nos officiers indigènes; il revint organiser ses forces à tout événement, et fit déclarer au gouverneur général que le défaut d'ordres positifs l'avait seul empêché d'occuper Laghouât, mais qu'il considérait cette prise de possession comme devenue indispensable.

La position centrale de Laghouât, à quatre cent cinquante kilomètres au sud d'Alger, sous le même méridien, commande par rayonnement toutes les oasis du Sahara septentrional, qui ont des routes convergentes vers cette ville; de plus, elle est située sur la route centrale d'Alger à Metlili. Sa position, dans la double ligne des oasis, est donc identique en importance, si l'on se tourne vers le sud, à la position d'Alger dans la ligne maritime et *tellière*, en regardant au nord.

La ville groupe ses maisons non blanchies et ses fortifications sur un mamelon d'où elle domine légèrement la plaine saharienne; ce

---

[1] Le *marabout* en titre appartient à la *première classe* de la noblesse (la seconde est la classe militaire); le *thâleb* (au pluriel *tolba*) est un savant, ordinairement maître d'école, mais souvent de petite origine. Or la question d'origine était grave dans les tribus cavalières, constituées féodalement.

mamelon est coupé en deux par une dérivation de l'Oued-M'zi, qui fournit l'eau de consommation aux habitants. Cela fait deux villes accolées en face l'une de l'autre, et divisées alors en deux parties (deux *soufs*) dans l'intérieur même, séparées par le ruisseau; le parti des *Srine*, au sud-ouest, suivait notre agha, dont la grosse casbah quadrangulaire élevait fortement ses murs épais, dessinant des espèces de tours aux angles, au milieu de leur quartier; l'autre, celui des *Hallâfs*, nous était hostile et se déclarait hautement pour le chérif.

Le diamètre intérieur de la ville est d'environ deux kilomètres; elle comptait alors quatre à cinq mille habitants *fixes* (sans compter l'afflux des nomades); une épaisse fortification arabe l'entourait; autour des murs, un magnifique cercle de verdure, épais en certains points de près de deux kilomètres, la signalait de loin en l'enchâssant de son vert d'émeraude. Là, croissait, dans des jardins abondamment pourvus d'eau par le cours complaisant de l'Oued-M'zi et les mille dérivations qui en ont été faites, une plantureuse végétation de tous les légumes d'Europe et d'Afrique, abritée sous les ombrages de milliers d'arbres à fruits, d'une vigueur inconnue dans nos climats : le prunier, le cognassier, le poirier, le figuier d'Europe, et la vigne aux longs pampres, s'y mariaient à des milliers d'amandiers, d'abricotiers, de bananiers, de pistachiers, d'orangers, de citronniers, de jujubiers, de grenadiers, de néfliers, au parfum des jasmins et des lauriers-roses; et ce premier étage de verdure et de fruits se développait à l'aise sous le dôme formé par les têtes lentement oscillantes de quarante mille palmiers-dattiers, célèbres par la délicatesse de leurs fruits, et tamisant de cent pieds de haut les rayons solaires trop ardents sur cette féconde culture.

On arrivait aux murs de la ville par des sentiers, et par plusieurs endroits à découvert, où le roc et le sable nu remplaçaient la végétation.

Selon la prédiction de Yousouf, quinze jours ne s'étaient pas écoulés que l'on vit le chérif reparaître sur l'Oued-M'zi. Devant l'imminence du danger, Yousouf courut à lui avec tout ce qu'il avait d'hommes disponibles, le trouva renforcé de tous les intrigants des Larbâas, l'atteignit au sud de l'oasis, à El-Kreig, le 19 novembre, le chargea brusquement, lui tua deux cents hommes du premier coup, razzia deux mille chameaux et vingt mille moutons, mais ne put mettre la main sur Sidi-Mohammed, qui s'était dérobé pendant l'action. Lancé à toute vitesse sur une fausse piste habilement ménagée, il s'aperçoit vite du piège, ramène sa cavalerie et trouve le chérif installé, par un coup d'audace, dans Laghouât même; le fils de Ben-Salem, cerné, avait pu fuir à temps, laissant ses biens mobiliers, sa famille et celles de ses plus dévoués partisans prisonniers du vainqueur dans la casbah où naguère il demeurait lui-même; les Hallâfs avaient livré l'entrée de la place à l'agitateur; ce fut notre peloton d'occupation qui, se faisant jour avec peine, vint apporter ces nouvelles au général. Les Larbâas campaient dans la ville et les jardins.

Yousouf, malgré le peu de monde qu'il avait sous la main, ne peut se résoudre à se retirer sans combattre; il veut éprouver au moins les forces de l'ennemi et, se mettant à la tête de ses hommes, à pied, les conduit à l'attaque. Cinq mille fusils, braqués des murailles et des jardins, l'accueillent par un feu continu. Il arrête sa petite colonne et l'abrite un instant; aussitôt elle est entourée sur trois côtés et assaillie à l'arme blanche. Il fait retraite, saute à cheval, perce le cercle par une charge sanglante; et va s'établir immédiatement sur les sources vives de l'Oued-M'zi, à trois lieues de Laghouât, au point appelé la *Tête des Sources* (Ras-el-Aaïoun). De là, il bloque la place avec ses escadrons, et attend, d'un côté les petites colonnes de renfort précédemment organisées à son intention à Bou-Saâda et à Biskra, de l'autre l'arrivée du général Pélissier.

En prévision de l'événement, les mesures générales étaient déjà prises, et Pélissier, certain d'avance du coup qu'il faudrait porter de ce côté, avait un noyau de colonne à El-Abiod et venait de s'y rendre de sa personne. Il concentre rapidement les troupes appelées d'Oran (2ᵐᵉ zouaves, 4ᵐᵉ chasseurs), les joint aux garnisons mobiles de Frenda et de Saïda, et les porte en sept étapes d'El-Abiod sur Laghouât, par une marche quotidienne de vingt-six à trente-huit kilomètres. Son grade le faisait de droit commandant en chef de l'expédition, qui se trouvait ainsi composée : un bataillon du 1ᵉʳ zouaves, le 1ᵉʳ bataillon des *turcos* (Alger), le 2ᵐᵉ d'infanterie d'Afrique, des détachements du 2ᵐᵉ chasseurs d'Afrique, des spahis et des goums, formant là colonne Yousouf; deux bataillons du 2ᵐᵉ zouaves, de forts détachements de ligne, de la légion étrangère, du 4ᵐᵉ chasseurs d'Afrique, du train et de l'artillerie, formant la colonne Pélissier, que commandait en sous-ordre l'original et intrépide général de brigade Bouscaren, dont nous avons eu à citer le nom comme officier de spahis. Outre les vastes contingents des Larbâas, joints aux défenseurs de la ville, on allait avoir affaire à tous les goums habituels du chérif, grossis d'une fraction dissidente des Ouled-Sidi-Cheikh amenée là par Sidi-Naïmi, le propre frère de notre khalifa d'El-Abiod, Si-Hamza.

La force de la colonne (que d'autres bataillons se préparaient à renforcer) était donc tout entière dans les zouaves et les turcos (ou tirailleurs algériens). Depuis longtemps on avait formé le projet d'accroître le célèbre régiment des zouaves, et le général Randon venait enfin d'obtenir les crédits nécessaires pour cet objet : chaque bataillon avait servi de noyau à un régiment complet; chaque régiment se montait à l'effectif énorme de trois mille six cents à trois mille sept cents hommes d'élite, formant trois bataillons de chacun douze cents hommes *au minimum*. Les zouaves indigènes, séparés désormais des zouaves français, avaient formé les trois bataillons dits vulgairement turcos, qui allaient par tradition d'origine rester les émules de hardiesse et de réputation de leurs aînés; un gracieux uniforme bleu, jaune et blanc, les distinguait des zouaves.

Une fièvre de gloire venait de précipiter vers ces superbes régiments, comme auparavant aux spahis et aux chasseurs d'Afrique, des volontaires de toute provenance : marins et soldats des colonies, bronzés à tous les climats et à toutes les luttes, sous-officiers de ligne au caractère ardent, avides d'aventures, qui rendaient leurs galons pour fuir la monotonie de la vie de garnison, jeunes gens de bonne famille désireux de dépenser leur exubérance au service du pays, viveurs parisiens qui voulaient se réhabiliter de leurs premières années gaspillées sans fruit, par des coups d'éclat accomplis sous le sac et la giberne, et jusqu'à des officiers démissionnaires rengagés comme simples soldats. Pour assouplir et fusionner les éléments si divers de cette élite, on avait trié sur le volet leurs officiers, tous gens d'une énergie sans égale, ayant de brillants services militaires, et sachant manier avec tact et fermeté l'instrument de choix qui leur était confié[1]. Le 1er de zouaves avait fourni quatre compagnies, et le reste marchait pour rejoindre, mais n'arriva pas à temps, ayant eu à lutter dans l'Atlas contre de formidables orages; le 2me en avait donné huit, sous le lieutenant-colonel Cler, devenu un peu plus tard l'historien des exploits du corps; il en était venu de Bou-Saâda et de Biskra. Cette campagne allait, selon l'expression du gouverneur général, achever de les *mettre au point*.

Le 1er décembre, la colonne Pélissier avait fait deux cents kilomètres, en sept étapes, par des régions stériles et presque inconnues; elle se fractionna : la masse, sous Bouscaren, alla camper à Recheg, emmenant avec elle le convoi général; le reste avec Pélissier (un bataillon de zouaves, la cavalerie et une section d'artillerie) se porta sur le passage allongé appelé *Teniet-er-Remel*. Le lendemain, 2 décembre, nos soldats franchissaient le dernier resserrement du passage et s'arrêtaient subitement; devant eux, à douze kilomètres environ, se déta-

[1] Voici les noms des officiers supérieurs :

1er régiment (Alger) : colonel Bourbaki; lieutenant-colonel de Lavarande; major et chefs de bataillon : de Berthier, Barois, Laure, Mouronx.

2e (Oran) : colonel Vinoy; lieutenant-colonel Cler; major et chefs de bataillon : de Kerléadec, Malafosse, Morand, Blaise.

3e (Constantine) : colonel Tarbouriech; lieutenant-colonel Jannin; major et chefs de bataillon : Dupin de Saint-André, Bertin, Dubos, Montaudon.

Parmi ces noms, il faut relever surtout ceux de Berthier, de Morand (tué à l'assaut de Laghouât, fils du fameux général du premier empire); de Vinoy, mort grand chancelier de la Légion d'honneur; de Lavarande, tué en Crimée comme colonel; de Tarbouriech, dit l'*entraîneur*, et de Montaudon, devenu un brillant général. Cler et Bourbaki sont assez connus pour passer ici sans explication.

chant sur le ton gris de la plaine morne et nue, l'éclatante verdure de l'oasis étalait son contour, du milieu duquel émergeait la ville aux tons bruns, surmontée de ses minarets et des tours trapues de la casbah. Un ciel d'un bleu embrasé recouvrait cette apparition. Le désert sans couleur se taisait, mais des milliers d'yeux y veillaient. Dès la veille, Yousouf s'était porté à la rencontre de la colonne d'Oran, avec un long *convoi d'eau*, qui tomba à point pour remplir les outres déjà vides; il avait rendu compte à Pélissier de l'état des choses et des faits survenus pendant le blocus, entre autres le massacre de ses parlementaires par le Laghouâtis surexcités. Puis les deux généraux avaient arrêté aussitôt, sur les renseignements de Yousouf, un plan d'action immédiate : Yousouf attaquerait au nord, par escalade de la muraille; Pélissier battrait en brèche le sud et le sud-est, côté le plus fortifié et muni d'une défense avancée, et ferait donner l'assaut simultanément, à un signal convenu. Dans la soirée, les troupes se rapprochèrent de la ville et l'investirent de près, la cavalerie observant les routes de l'ouest et du sud-ouest; elles campèrent à proximité des murailles et des jardins.

Le lendemain 3, bien avant le jour, Pélissier opérait une reconnaissance détaillée des abords, désignait comme clef de la position à enlever le marabout de Sidi-Aïssa, établi sur un tertre en dehors d'une porte crénelée que flanquaient d'énormes pylônes à meurtrières, et faisait arriver les troupes sur les emplacements désignés. L'assiégé, dès qu'il eut reconnu la présence du commandant en chef, dirigea contre lui une sortie rapide qui ébranla un instant le *goum* d'escorte, sans que Pélissier interrompît ses observations : cinq compagnies d'infanterie le ramenèrent vivement dans la place. Au moment où finissait cette courte action, l'on vit arriver le gros de la colonne d'Oran, conduite par Bouscaren; elle avait couché et renouvelé ses provisions à Ras-el-Aïoun. Le reste de la journée se passa, pour l'infanterie, à répondre au feu incessant des tirailleurs laghouâtis embusqués dans les jardins; pour la cavalerie, à compléter l'investissement par des explorations au sud et à l'ouest; le colonel Rame, du 2me chasseurs d'Afrique, la commandait en chef. Il devait, au moment de l'assaut, sabrer tout ce qui tenterait de sortir de la ville ou d'y entrer.

Par un de ces pressentiments propres aux bons généraux, Pélissier avait amené de l'artillerie : « Il traînait avec lui, nous dit un des témoins de l'expédition [1], outre les petits obusiers de quatre qui suivaient toujours nos colonnes à dos de mulet, deux pièces de huit avec leurs caissons, lourdes et embarrassantes en plein désert, pour le passage desquelles il avait fallu vaincre d'énormes difficultés de terrain. Plusieurs de nous s'étaient souvent demandé, pendant notre station à El-Abiod, alors que tout nous faisait présager notre rentrée pacifique dans le

---

[1] M. Pierre Marraud, officier aux spahis.

Vue de Laghouât.

ell, quelle pouvait être la destination de ces gros engins, d'habitude si peu employés dans nos rapides colonnes du sud... »

Ces gros engins allaient précisément décider de la prise immédiate de la ville.

Le soir du 3, quand la nuit fut complète, le lieutenant-colonel Cler, chargé d'avance du commandement des colonnes d'assaut, guida silen-cieusement trois compagnies du 1er et du 2me zouaves vers les bourre-lets rocailleux qu'il avait reconnus dans la journée, à peu de distance du marabout; les tirailleurs ennemis n'avaient pas osé s'y maintenir. On s'y couche à plat ventre; les deux pièces de huit, pour détourner l'attention, entament à un kilomètre de là un feu très vif vers lequel l'ennemi dirige aussitôt toutes ses ripostes. Alors le commandant Morand se lève, s'élance avec ses trois compagnies sur le marabout, l'escalade sans tirer un coup de feu, et passe à la baïonnette tous ses défenseurs; quatre-vingts sapeurs du génie, marchant derrière les zouaves, travaillent immédiatement aux épaulements; les deux pièces, escortées par une compagnie, arrivent au trot et sont hissées à force de bras jusqu'à la plate-forme. Quand l'aube parut, elles étaient en batterie, sans que l'ennemi surpris et inquiet eût tenté d'autre attaque qu'une incessante fusillade partant à la fois des murs et des jardins. Les petits obusiers de quatre, se déplaçant constamment dans l'obs-curité, le tenaient en éveil et criblaient de leurs éclats, peu dangereux du reste, les massifs d'arbres et de cultures.

Le 4 au matin, quand il fit assez clair pour ajuster, le chef de la section, le lieutenant Caremel, dont on avait admiré les manœuvres rapides et le sang-froid sous l'avalanche de balles qui pleuvaient autour de ses pièces, ouvrit le tir contre les pylônes qui défendaient l'entrée de la ville en face de lui. L'effet des boulets pleins fut rapide : à huit heures, on put battre en brèche. A dix heures et demie, le capitaine du génie Brunon, s'approchant de la place sous le feu des Arabes qui le tiraient à la cible, mesura la brèche, évalua les dégâts et revint déclarer qu'on pouvait se lancer. Aussitôt les colonnes d'assaut se forment; il y en avait trois, dont une de réserve, chacune de quatre compagnies de zouaves. Pélissier, après les avoir inspectées, montre à leur chef les tours de la casbah de Ben-Salem, en lui criant : « Sou-venez-vous, Cler! » Et celui-ci fait un signe d'adhésion. La veille, pendant la reconnaissance du terrain, le général l'avait invité à dîner « *sur la plus haute terrasse de la casbah pour le lendemain* ». Mais les colonnes sont déjà prêtes et attendent, l'œil fixé sur la brèche, lors-qu'un bruit circule dans les rangs : le brave Bouscaren, en longeant les remparts à côté de Pélissier, vient d'avoir le genou fracassé par une balle au moment où il indiquait la brèche; de l'autre côté de Pélis-sier, son trompette est également tombé, le corps traversé... A cheval, au milieu du terrain découvert, Pélissier étend le bras et fait un signe.

Aussitôt un grand tas de paille humide est enflammé en arrière du marabout ; la marche des zouaves éclate stridente ; le colonel Cler s'élance le premier, suivi de ses hommes qui poussent de formidables hourras. Tous les Laghouâtis se sont jetés au-devant de la brèche ; mais elle est franchie en un clin d'œil, malgré leur feu roulant ; nos pelotons débouchent en courant dans les rues, pourchassent les défenseurs dans les cours, dans les appartements et sur les terrasses ; partout la baïonnette a raison de leur résistance ; le sang coule de tous côtés. Effarés, les Arabes ne s'obstinent pas davantage et se rejettent en fuyant vers les jardins du nord ; mais là ils rencontrent Yousouf. Dès que celui-ci avait vu, par-dessus l'angle occidental des murs, s'élever la colonne noirâtre de fumée dans l'azur foncé du ciel, il avait éperonné son cheval et, lui faisant franchir d'un bond le fossé des jardins, avait escaladé les talus de la place à la tête du 2me bataillon d'Afrique et des turcos d'Alger, en guidant sa marche sur le son éloigné des clairons de zouaves, qui lui parvenaient par bouffées. Tout à coup la cohue arabe débouche en désordre et s'entasse en reculant à sa vue : les turcos se jettent sur elle et l'éclaircissent à coups de baïonnettes ; les groupes fugitifs s'élancent dans le dédale des petites rues vers les issues de l'ouest, serrés de près par les têtes de colonne des deux assauts qui se sont rejoints. De tous côtés on ne voit que des hommes dévalant, le fusil long à la main (*moukhala*), à travers les jardins ; les balles de nos fantassins les en chassent ; ils se rejettent sur la plaine et y sont aussitôt sabrés par nos cavaliers. Selon l'impitoyable coutume arabe, spahis et goumiers tranchent la tête aux morts et viennent jeter par tas ces trophées sanglants aux pieds du colonel Rame, qui, habitué de longue date aux scènes d'Afrique, les reçoit impassible[1].

A deux heures, le clairon rappelait tous les hommes autour de leurs drapeaux, l'ordre de cesser le feu résonnait partout ; la ville était prise, sans que cette conquête, la plus considérable que nous eussions faite depuis longtemps, eût coûté les longueurs d'un siège, les sanglants holocaustes et les cruels massacres dont le souvenir est demeuré attaché au nom de Zaâtcha.

Les premiers efforts des colonnes d'assaut avaient eu naturellement

[1] Un jeune officier de spahis, ramenant ses hommes et quelques chasseurs d'un de ces engagements, dans lequel les chasseurs avaient empêché leurs camarades indigènes de se livrer à leur sanglante besogne, rend compte brièvement au colonel et lui dit : « Nous avons tué *tant* d'hommes. — Je ne vois pas les têtes, » répond durement le colonel. Un murmure s'élève du peloton des chasseurs et les soldats s'écrient tout haut : « Allez en chercher sur la place de la Roquette ; nous ne sommes pas des Arabes, nous. »

Il y eut peu de violences contre les non-combattants. Un brigadier de spahis, la main écrasée complètement sur l'arçon par un moellon que lui avait lancé une vieille du haut d'une terrasse, saisit son pistolet et tira sur elle au hasard ; elle tomba. Il passa pour *tueur de femmes* et ne put se relever de ce malheureux incident, quoiqu'il fût fils de famille et très brillamment noté.

pour objectif, une fois la muraille franchie, la grosse casbah intérieure; ses défenseurs en avaient été délogés ; nos soldats, enfonçant
les portes, s'étaient répandus en courant dans les quatre vastes corps
de bâtiments, coupés de cours et d'escaliers nombreux, qui compo-
saient cette espèce de maison-forteresse; des officiers, entendant le
tumulte, les y suivirent ; le colonel Cler y pénétra à son tour. Là, un
spectacle inattendu l'arrêta : plusieurs cadavres gisaient dans les cours ;
derrière une vaste tenture intérieure, une foule compacte de plus de
trois cents femmes et enfants, poussant des cris aigus, saisissait à
pleines mains les baïonnettes des zouaves, et ceux-ci, devenant furieux,
se dégageaient violemment et commençaient à *pointer dans le tas*. A la
vue des galons du lieutenant-colonel, les femmes se jettent à ses pieds,
le tirent par ses vêtements... Il intervient d'autorité et parvient enfin
à comprendre qu'il a devant lui toute la *smala* de Ben-Salem, prison-
nière du chérif quelques instants encore avant et menacée de passer
un fort mauvais quart d'heure par ses propres libérateurs, qui ne la
connaissaient pas. La veille, plusieurs de nos projectiles étaient tombés
dans le harem où grouillait tout ce monde d'otages, et y avaient produit un effroi que l'assaut n'était pas de nature à calmer. Le colonel
pourvut à la garde de ces « amis » et fit prévenir Ben-Salem, qui arriva
aussitôt avec les chefs des familles détenues, ravis de les retrouver à
peu près saines et sauves, contre leur attente. Puis il monta sur les
terrasses, où se trouvaient déjà Pélissier et son état-major, où arriva
presque aussitôt Yousouf. « Là, dit un des narrateurs de l'expédition
(qui n'est autre que Cler lui-même), au milieu des sanglants débris du
combat, entourés des drapeaux pris à l'ennemi, assis sur de riches tapis
arabes, dominant l'oasis et l'immense horizon du désert, un repas tout
militaire fut servi au général en chef et au général Yousouf. Bien des
choses y manquaient : l'argenterie fut représentée par les couteaux des
sapeurs du 2ᵐᵉ zouaves, que ces braves soldats prêtèrent volontiers
à leurs chefs. Le café fut ensuite préparé dans leurs marmites de campement. Ce déjeuner improvisé, assaisonné par l'appétit que donnent
trois heures de combat (*sic*) et par la joie d'une victoire éclatante, fut
trouvé délicieux par tous les convives. »

Telle est la guerre pour le vieux soldat, devenu indifférent à ses
côtés horribles aussi bien qu'à ses propres souffrances. Il l'envisage
du même œil que le médecin voit la salle d'hôpital et la table à opérations.

Laghouât complétait et dépassait Zaâtcha. Les oasis du Sud passaient
définitivement sous la prépondérance française.

Le commandement provisoire de notre conquête fut délégué,
pendant le séjour de la petite armée, au lieutenant-colonel Cler, du
2ᵐᵉ zouaves. Chargé d'assurer, en même temps que le bon ordre et la
sécurité, la propreté d'une ville qui n'avait pas été nettoyée depuis

quelques siècles, le commandant de la place ne parvint qu'après de longs efforts à un déblayage sommaire, dont les premières effluves ne purent être épargnées aux yeux ni à l'odorat de l'état-major ; c'était forcé. Les délicats élevèrent aussitôt des réclamations virulentes contre le zèle intempestif, selon eux, du colonel Cler ; et Pélissier lui-même, énervé et fatigué au bout de quelques jours, céda à son défaut dominant et se laissa emporter à des expressions violentes. C'était au retour de la triste cérémonie de l'enterrement des morts. Profondément blessé, le brave lieutenant-colonel se présentait, une heure après, à la maison du général en chef pour lui remettre sa démission écrite. Alors eut lieu une courte scène, qui n'est pas la seule en son genre dans la vie de Pélissier. Le général, ému et déjà repentant de son emportement, saisit la main du lieutenant-colonel et lui exprima, avec une effusion cordiale et une rondeur militaire, ses regrets et son estime dans de tels termes, de cette voix persuasive « qui est, écrivait l'un de ses officiers, un des plus singuliers dons de ce diable d'homme », que celui-ci, vaincu et attendri, devint dès ce jour l'un des plus chauds défenseurs de Pélissier et lui resta dévoué toute sa vie.

Nous n'avons pas cru devoir passer sous silence ce fait anecdotique, qui honore à deux points de vue différents les acteurs de la scène.

A ce mélange de brusque rudesse et de touchante cordialité qui peignent l'homme, ajoutons le trait qui peint le chef instruisant ses subordonnés : « Le troisième jour, après l'assaut, une grande revue eut lieu, à quelques pas de l'oasis. Le général, réunissant les officiers des deux brigades avant le défilé, nous entretint sans fausse modestie, sur un ton aimable et familier, du glorieux succès auquel chacun de nous avait plus ou moins coopéré. Il nous dit surtout « que la pensée de la « mort ne devait jamais entrer dans l'esprit d'un vrai soldat pendant « l'action du champ de bataille, par cette seule et simple raison qu'il « devait savoir faire moralement le sacrifice de sa vie avant l'action. » (P. Marraud.)

Il est impossible de mieux donner le secret de cette bravoure sans calcul et de ce sang-froid inaltérable des vieux soldats au feu, dont reste surpris l'homme inhabitué aux choses de la guerre. C'était, en langage d'officier, l'aphorisme troupier que nous entendions, à la même époque, de la bouche d'un vieux zouave du 1er régiment : *Quand tu veux franchir un obstacle, jette ta vie par-dessus !* On s'étonne moins, alors, des triomphes éclatants remportés par de telles énergies.

Une triste cérémonie suivit la victoire. Trois jours après l'assaut, on enterra solennellement les morts ; parmi eux il faut citer le commandant Morand, frappé sur la brèche pendant qu'il entraînait sa troupe ; les capitaines Frantz et Bessières, le lieutenant Costa et le sous-officier d'artillerie Millot, tué sur sa pièce. Par ordre du général, ils furent enterrés sous un bastion qui s'appela désormais « bastion Morand ».

et le commandant en chef prononça, en termes élevés, leur courte et
glorieuse oraison funèbre devant les colonnes assemblées qui rendaient
les honneurs.

Peu après, le général Bouscaren expirait, à la suite d'une amputa-
tion devenue indispensable ; sa mort, survenue après le départ de l'armée, donna lieu à de touchantes démonstrations de regret, car il était
fort aimé de toute l'armée d'Afrique. Quand il apprit l'urgence de
l'opération, dont il devinait l'issue probablement fatale, il répondit
simplement : « Que la volonté de Dieu soit faite ! Je suis entre vos
mains, agissez selon votre conscience. » Son cœur, embaumé, fut rapporté à sa sœur dans une boîte d'argent.

Avant de quitter Laghouât, le corps expéditionnaire avait reçu
d'importantes nouvelles et des ordres conformes ; le 12, la proclamation de l'empire eut lieu dans les oasis du sud, à Biskra, à Tebessa et
à Laghouât, avec solennité. La cérémonie de Laghouât, prise sur le
vif, a été retracée avec une vigueur de coloris et une vérité extraordinaires par le pinceau d'un des officiers de l'état-major général du
gouverneur, le capitaine Rousseau de Sibille. C'est le premier et le plus
vrai tableau qui ait été fait de Laghouât. Puis les colonnes se séparèrent
et reprirent le chemin de leurs garnisons respectives, rapportant à la
France une conquête et une gloire de plus.

Le commandement définitif de Laghouât et de son vaste cercle fut
d'abord exercé par un officier de choix, le capitaine du Barrail[1]. Il
justifia et surpassa l'attente de Pélissier, peu de jours après, par la
vigueur de ses coups de main sur les dissidents et l'éclat de sa bonne
administration. Progressivement étendu, l'important cercle de Laghouât
a compté parmi ses premiers commandants supérieurs les lieutenants-
colonels Margueritte et de Sonis, deux réputations de notre cavalerie,
aujourd'hui deux des plus nobles gloires de notre pays.

Un dernier incident vint compléter l'effet de cette vigoureuse expédition, et mit en lumière la sagacité du général Pélissier et sa longue
expérience des indigènes. De même qu'il avait dès l'abord prévu la
nécessité des mesures à prendre et obtenu, avec l'autorité considérable de ses services, l'assentiment du gouverneur-général à tous ses
plans, il avait également prévu la fuite au sud des Larbâas et assuré
leur répression. Il la confia au khalifa suspect des Ouled-Sidi-Cheikh,
Si-Hamza, sans s'inquiéter des objurgations et des marques d'étonnement que soulevait ce choix d'un chef puissant, de fidélité douteuse,
capable peut-être de joindre les forces de sa puissante confédération à
celles du chérif. Mais Pélissier avait le talent spécial aux hommes de
commandement ; il savait juger et manier les hommes. Le fantasque
grand chef des Ouled-Sidi-Cheikh, tour à tour paresseux, gourmand,

---

[1] Qui a été ministre de la guerre sous le septennat.

sensuel, avide d'or, et sobre, hardi, prodigue, infatigable, selon l'heure et le besoin, avait au cœur deux blessures que Pélissier devina : il était jaloux de l'immense réputation de Ben-Gannah, notre cheik-el-Arab du sud-est, ainsi que des honneurs par lesquels la France avait payé ses bons services ; il était sourdement irrité de voir les Arabes du sud accorder tant de crédit à Mohammed-ben-Abdallah, un simple *thâleb* parvenu, bien qu'il affectât de dissimuler ses sentiments sous des dehors d'impassibilité, et qu'il eût répondu à ceux de nos officiers qui parlaient avec dédain du chérif : « Il est marabout et *hadji* comme moi. » Au fond, il n'en pensait rien, et n'avait accepté, en 1852, une entrevue secrète avec lui que dans l'espoir de le faire passer en seconde ligne. Son orgueil de grand seigneur, qui pouvait compter ses aïeux jusqu'à neuf cents ans en arrière, souffrait constamment des succès d'un homme de « petite tente », et s'était exaspéré surtout par la défection d'une ferka des Ouled-Sidi-Cheik qui, commandée par son propre frère Si-Naïmi, avait passé dans les rangs des chrétiens ; il y voyait un insupportable abaissement de sa race. Aussi, dès le printemps de 1853, Pélissier n'eut-il pas grand'peine à obtenir de lui qu'il marchât contre Mohammed et les Larbâas, dont la présence entre Laghouât et Ouargla rendait inabordables les routes du Sahara, et menaçait constamment notre conquête. Secouant subitement son apparente torpeur, le seigneur féodal musulman dressa ses plans avec une incroyable sagacité et une connaissance approfondie des routes, ou plutôt des *directions* et des *points d'eau* du désert. Il refusa les forces considérables qu'on lui offrait, et ne voulut emmener qu'un convoi d'approvisionnement (sur chameaux), sept cents cavaliers choisis par lui dans sa tribu, et cinq cents fantassins des *Stitten* [1], également réputés pour leur adresse au tir et leur *infatigabilité* dans les plaines mornes et sans eau du sud. Un détachement de spahis lui fut adjoint, *par honneur,* sous les ordres d'un sous-officier de grande tente et d'un dévouement à toute épreuve à son devoir, Ben-Attab [2]. Un mois de vivres et dix jours d'eau complétaient la colonne saharienne. Après avoir dit adieu à ses deux « amis », le colonel Durrieu [3], commandant supérieur de Mascara, et le commandant de Colomb [4], directeur du cercle de Géryville, le grand chef s'enfonça dans le désert. Arrivé à la « limite de l'eau », il laissa tous ses bagages, mit ses fantassins avec les outres sur les chameaux,

---

[1] Stitten est un k'sâr dont les habitants, fantassins et travailleurs, payaient redevance à leurs suzerains les Ouled-Sidi-Cheikh.

[2] Le service à cheval, aux spahis, était considéré comme *noble,* et beaucoup d'Arabes de grande race y entraient comme simples cavaliers, qui eussent dédaigné de servir aux turcos, même avec le rang d'officiers. Il faut se pénétrer des mœurs arabes pour comprendre les détails de cette anecdote.

[3] Depuis général et sous-gouverneur de l'Algérie.

[4] Bien connu par ses grandes expéditions dans l'extrême sud, devenu général de division et commandant en chef du 15ᵉ corps (Marseille).

fit cinq étapes doubles dans le Bled-el-Ateûch (littéralement « pays de la soif », région sans eau), et reçut, près de la petite oasis de N'gouça, un avis du chérif ainsi conçu : « Renonce à ton projet insensé, Hamza le renégat, ou sinon tu périras damné, en fuyant devant moi. » Le grand chef plissa les paupières, roula en boule la menace, la lança en l'air d'une chiquenaude, et dit à Ben-Attab qui l'observait (prêt à lui abattre la tête devant tous ses hommes, s'il le voyait hésiter) : « C'est moi qui suis un marabout et un ami de Dieu ; je porte en moi le sang du Prophète... Le damné, c'est ce *fils de rien*. » Son parti était pris.

Il s'aboucha aussitôt avec le roitelet nègre de N'gouça (pacifique petite oasis de noirs, fabricants de lainages), qui avait eu à se plaindre des violences du chérif, et prit position dans ses murs. Le chérif, ne voulant pas essayer d'y forcer une infanterie comme celle des Stitten, recula dans les plis des grandes dunes qui s'étendent obliquement de N'gouça aux approches d'Ouargla, suivi par notre khalifa. Il s'arrêta en bonne position, à quatre journées au sud d'Ouargla, et se retrancha. Si-Hamza lança les Stitten à l'assaut. Vains efforts : deux fois ramenés, ils reculent deux fois, laissant la moitié des leurs étendus sur la dune. Une balle atteint le khalifa et lui troue la cuisse. Alors, furieux, il ramasse de la main le sang qui découle, s'en lave le visage, en lance un jet dans l'air, et, faisant tournoyer son yatagan, tourne la dune au galop et y entre par la gorge, suivi de ses cavaliers. Mais un feu roulant les arrête et les disperse ; la jument blanche du grand chef tombe, avec sept balles dans le poitrail ; lui-même a ses burnous lacérés, mis en lambeaux par les coups de feu. Il se relève péniblement, seul en face des deux mille fusils de l'ennemi, saisit par la bride un vieux cheval boiteux, blessé, qui se trouve à sa portée, l'enjambe et le pousse à coups de *chabirs* [1] sur les Larbâas, en criant à ses gens : « Je n'ai pas le droit de fuir, moi ! Je suis Si-Hamza ! il faut vaincre ici, fils des Cheikh ! » Spontanément ralliés, ses cavaliers arrivent avec de grands cris, pendant qu'il sabre les premiers Larbâas. On voit tout à coup un vide se faire, l'ennemi s'est dérobé ; puis les pans de burnous s'agitent pacifiquement en l'air, et une députation s'avance, la main levée vers le ciel : les Larbâas, qui ont vu tomber leur vrai chef l'agha Ben-Nass'r, grièvement blessé, et le chérif fuir dans l'ouest avec sa garde, sont honteux et veulent traiter. On débat les conditions ; quand les députés se récrient, le grand chef, l'œil étincelant, désigne du doigt sa blessure, et ils se taisent... Si-Hamza leur prit tous leurs chevaux, tous leurs bœufs, et accorda l'aman conditionnel, qui fut ratifié à Alger. Les Larbâas rentrèrent chez eux, châtiés et soumis, pendant que le chérif gagnait les oasis tunisiennes des Ouerghemmas (au sud

---

[1] Grands éperons arabes, en forme de dards droits et acérés, carrés à la base et longs de douze à quinze centimètres. Les chefs les portent en argent ou en or, ciselés et incrustés.

du chott El-Djerid) et que le grand chef, revenant au pays en triomphateur, suivi de son frère déconfit et penaud, recevait avec joie, pour panser sa blessure, la croix de commandeur de la Légion d'honneur, et se replongeait aussitôt dans son somnolent *farniente*[1].

Son combat avait eu un immense retentissement dans le sud, et faisait le pendant de la fameuse charge de Ben-Gannah contre les réguliers d'Abd-el-Kader. Il rejetait l'entreprise de Mohammed-ben-Abdallah au rang des causes perdues. Cet ambitieux obstiné devait cependant reparaître encore plusieurs fois, appuyé par le fanatisme des tribus tunisiennes et tripolitaines, jusqu'au jour où, huit ans après, un fils de Si-Hamza le captura et l'envoya, prisonnier obscur, à Perpignan, pour aller de là mourir au fort de l'île Sainte-Marguerite.

Près de quitter pour la Crimée le sol algérien, nous avons cru intéresser le lecteur, en le faisant assister à cet épisode des mœurs africaines et d'un combat au désert entre Arabes.

Les deux années qui suivirent la prise de Laghouât se passèrent pour Pélissier dans des occupations dont nous n'avons plus à indiquer les fastidieux détails, déjà retracés. De brillantes affaires des officiers sous ses ordres (le général Cousin-Montauban, le chef d'escadron de France, les capitaines Michel et Lacretelle) contre les Hamyânes dissidents, et plusieurs beaux faits d'armes de nos goums, conduits par Si-Hamza et Mustapha-ben-Brahim, signalèrent l'année 1853, tandis que dans l'est la campagne de Kabylie et l'annexion de Touggourt et d'Ouargla développaient et étendaient notre autorité. Le gouverneur général Randon reçut la grand'croix de la Légion d'honneur pour ses campagnes des Babôrs, en même temps que Pélissier la recevait enfin pour celle de Laghouât, le 23 décembre 1853. Le commandant d'Oran n'eut du reste aucunement à concourir aux faits militaires de l'est. Il avait assez à faire dans son vaste et laborieux commandement; de beaucoup désormais le plus *en vue* des généraux d'Afrique, et classé à l'égal des premiers en France au point de vue de la science, il se trouva encore appelé par deux fois à exercer l'intérim du gouvernement général à Alger pendant les absences du général Randon, en 1853 et en octobre 1854. Pendant ce dernier intérimat, qui fut très laborieux, il eut à promulguer et à réglementer dans leurs applications de détail la *loi du 10 août* sur la réorganisation de l'administration judiciaire en Algérie, et le *décret du 1er octobre* (même année) sur l'organisation et le fonctionnement particulier des tribunaux musulmans. Le reclassement complet de la voirie algérienne, les lois ou décrets d'autorisation pour une quantité croissante de sociétés en commandite, d'usines, d'exploitations

---

[1] Ce Si-Hamza, comme beaucoup de chefs arabes, avait à la fois des propriétés dans le Tidikelt (Sahara marocain), où il offrait de la bière et du vin de Champagne aux Européens, et une maison de campagne dans la banlieue de Paris, où il recevait ses visiteurs avec une splendeur orientale.

diverses, les dernières luttes de nos détachements aux environs de Touggourt et de l'Oued-Souf, le remaniement général du cadastre des communes algériennes, remplirent ses heures. Il pourvoyait à tous ces travaux avec sa netteté habituelle, mais aussi après un travail approfondi de cabinet qui ne laissait passer aucune question sans l'avoir préalablement éclaircie par enquête, et dûment contrôlée par la discussion avec les intéressés. Dans cette énorme somme de labeur administratif, Pélissier reconnaissait pour premier aide et meilleur conseiller son aide de camp et ami, le commandant Cassaigne, dont l'attention soutenue, l'intelligence souple et rapide, et la précieuse faculté qu'il possédait de saisir à demi-mot les instructions et les indications et de les coordonner sans erreur, faisaient véritablement un auxiliaire du plus rare mérite. Nous avons déjà mentionné le lien de profonde amitié qui l'unit, jusqu'à sa mort, au chef dont il admirait les talents et dont il savait si bien comprendre les pensées et adoucir les soubresauts.

Et maintenant, avant de passer sur le vaste théâtre où va se consacrer la gloire de Pélissier par un des plus célèbres triomphes de notre histoire militaire, il ne nous reste plus qu'à rassembler ici, sous quelques lignes, les divers traits dont se compose cette grande physionomie, afin d'en bien fixer l'impression. Aux *racontars* fantaisistes des reporters et à nos propres souvenirs de jeunesse, que le lecteur aurait le droit de suspecter, nous préférons les simples descriptions suivantes, tracées sur le vif et sans parti pris par un officier de mérite qui, par son service, approcha souvent le général sans être de ses amis ni de son état-major, et ne lui dut jamais, comme on dit vulgairement, « ni bien, ni mal » dans sa carrière[1].

M. Marraud nous le montre d'abord à Mostaganem.

« J'ai vu cet homme pour la première fois à Mostaganem, en 1847, un jour qu'il sortait à cheval de l'hôtel de la subdivision; il était alors général de brigade. J'arrivais de France; l'affaire des *Grottes,* si retentissante d'abord, était encore mal assoupie; ma curiosité était donc vivement excitée... Je m'arrêtai court en chemin pour le saluer et le regarder passer. J'admirai sa figure expressive aux traits mâles, fortement accentués, qu'adoucissaient des cheveux blancs comme la neige et coupés en brosse, dont l'éclat formait un contraste saisissant avec le noir des sourcils et le ton foncé du visage. »

L'officier de cavalerie ne put s'empêcher de remarquer que Pélissier avait à cheval une « tenue vicieuse »; il ignore qu'elle provenait surtout des souffrances contractées en campagne. Il fournit, un peu plus loin, l'appréciation des *popottes* d'officiers sur les antécédents et le caractère du général.

---

[1] M. Pierre Marraud, ancien officier aux spahis.

« C'était dès l'enfance, paraît-il, une âme ardente et forte; parlant peu, riant moins encore, il restait souvent plongé dans des méditations profondes... Déjà se manifestait en lui cette opiniâtreté dont la fougue, comme celle de Duguesclin, brisait toute résistance, et devait plus tard marquer d'un trait indélébile ce caractère, indépendant, loyal et généreux autant qu'absolu, qui ne s'est jamais démenti:... Il n'y a pas en Europe un homme dont on ait tant parlé, pendant dix ans, que du maréchal Pélissier. Beaucoup de personnes en ont fait un grand-duc Constantin pour les emportements, un Cambronne pour le libre-parler. Quoique bien exagéré, ce portrait a, j'en dois convenir, des motifs de ressemblance: mais si les couleurs, ramenées à leur véritable nuance, restent parfois vives, c'est que le sang qui les fit paraître était généreux comme celui du lion, dans lequel la force s'allie à la bonté. Le maréchal Pélissier a pu se faire beaucoup d'ennemis, il n'a jamais fait un seul ingrat, tant son amitié, dont il a toujours été avare comme les hommes vraiment forts, est demeurée fidèle et constante à ceux qu'il en a honorés. »

Il nous le dépeint orateur, dans son commandement d'Oran, à cette grande revue pour la distribution des aigles dont nous avons déjà parlé, en 1851 : « Après avoir passé la revue au grand galop, il réunit les officiers porte-étendards de tous les corps. Nous formâmes bientôt autour de lui, avec les couleurs éclatantes de nos drapeaux, un cercle magnifique dont il occupait le centre. Sa harangue toute d'à-propos, tirée des exploits des légions romaines, ne dura pas moins d'une demi-heure. Nous fûmes tous émerveillés de ce langage improvisé, si facile et si correct, simple et concis dans sa forme, de cette sobriété de gestes se bornant au seul mouvement de la main droite qui marquait, pour ainsi dire, la valeur des mots. Cette parole sûre, mesurée, toujours nette et servie par un organe plein et sonore, était aussi loin de la phraséologie indigeste d'un rhéteur que doit l'être la conversation d'un homme d'esprit du discours d'un pédant. »

Le voici, enfin, général victorieux, au moment de la prise de Laghouât :

« A cinq heures, la fusillade cessait dans les jardins, l'ennemi se rendait partout à merci. Nos escadrons, rejoints par les pelotons de sabreurs, étaient toujours en bataille, et nous aperçûmes bientôt le général Pélissier qui regagnait rapidement son camp à cheval. Quelques cavaliers, porteurs des drapeaux pris à la casbah, marchaient en avant de lui. Chaque capitaine, à mesure que le général passait devant son escadron, faisait présenter le sabre et sonner la marche. La vue de ces glorieux trophées m'électrisa; cet homme impassible, maître de lui au point de ne rien laisser paraître sur son visage de bronze des rudes émotions du combat ni de la joie du triomphe, passant au galop sans même détourner la tête et comme s'il revenait de la parade, prit sou-

dainement à mes yeux, en ce moment, les proportions géantes auxquelles il devait atteindre plus tard, dans la lutte qui arrosa de tant de
sang le sol de l'antique Chersonèse. »

Nous allons, en effet, quitter l'Afrique pour la Crimée. Nous lui
ferons nos adieux avec un mot de Pélissier. En 1854, pendant qu'il
présidait à l'embarquement du 1er régiment étranger pour l'Orient,
— cérémonie qui se renouvelait fréquemment, — le général, avant de
descendre dans le canot qui le ramenait à terre, s'arrêta à la coupée,
et, saluant de la main les partants, prononça d'une voix forte ces pro-
phétiques paroles : « Ils auront bientôt besoin de moi, là-bas... Au
revoir donc, et non pas adieu ! »

Quelques semaines plus tard, une dépêche confidentielle du ministre
de la guerre offrait à Pélissier le commandement du 1er corps de l'armée
d'Orient, avec la succession éventuelle du commandement en chef de
l'armée, en cas de décès ou de retraite du général Canrobert [1].

---

[1] Voici le texte de cette dépêche, signée par le maréchal Vaillant, ministre de la
guerre :

« Mon cher Pélissier, l'empereur a l'intention de vous donner le commandement
d'un corps d'armée en Crimée. Canrobert restera commandant en chef des deux corps,
l'un commandé par vous, l'autre par Bosquet. J'espère que vous accepterez avec reconnaissance et comme il convient à un vrai soldat. A vous de cœur. Répondez sur-le-
champ et par ce seul mot : *Oui*. Ne parlez de ceci à personne.   VAILLANT. »

Une *lettre close* réservait à Pélissier l'éventualité du commandement en chef.

XI

Nous n'avons pas à entrer ici dans les détails das causes de cette
guerre, et nous ne ferons qu'indiquer sommairement la suite des faits,
bien connus, qui se succédèrent jusqu'à l'arrivée du général Pélissier.

La guerre de Crimée commença en 1853, par une attaque de la Russie sur le Danube; le czar Nicolas espérait ainsi arriver à prendre
Constantinople. Les Turcs résistèrent bravement dans leurs forte-
resses, et l'Angleterre, alarmée pour l'existence de l'empire ottoman,
sut entraîner la France dans une alliance commune contre les progrès
de la Russie. Ce fut d'abord une simple intervention diplomatique,
puis l'envoi d'une escadre anglo-française aux Dardanelles. L'affaire de
Sinope décida les deux gouvernements à envoyer leurs flottes de guerre
dans la mer Noire.

A Sinope, port turc d'Asie Mineure situé sur la mer Noire, l'escadre
russe de Sébastopol avait surpris, attaqué et détruit complètement une
escadre turque portant des troupes de renfort pour les garnisons
d'Arménie (30 novembre).

L'hiver se passa en négociations pour essayer de ramener la paix;
elles furent inutiles. Le 29 mars 1854, la France et l'Angleterre
publiaient solennellemnt leur alliance avec la Turquie et déclaraient la
guerre à l'empire russe.

Les débuts de cette guerre, l'une des plus vastes du siècle, furent
presque modestes de notre part. Le maréchal de Saint-Arnaud, laissant le ministère de la guerre au maréchal Vaillant, vint à Constantinople prendre le commandement de quatre divisions françaises qui
arrivaient par petits fragments sur des navires frétés à la hâte un peu
partout. Si les Russes s'étaient hâtés, ils auraient pu enlever la capitale avant que nos troupes fussent en mesure de la protéger. Quand
tout fut arrivé, on forma un grand camp à Varna; le choléra et des
reconnaissances mal conduites décimèrent les armées alliées.

Enfin, on apprit que les Russes renonçaient à la guerre sur le Danube et ramenaient toutes leurs troupes en arrière. Les Anglais, dont la jalousie était surexcitée par l'existence de la nouvelle place maritime de Sébastopol, firent décider que l'on porterait la guerre en Crimée et que l'on s'emparerait de cette grande place, après avoir combattu et détruit la flotte russe de la mer Noire.

Le 14 septembre 1854, les deux flottes anglaise et française débarquaient en Crimée trente mille Français commandés par le maréchal Saint-Arnaud, vingt-six mille Anglais sous le feld-maréchal Raglan, et dix mille Turcs sous les ordres de Sélim-Pacha. Les troupes s'emparèrent d'Eupatoria, petite ville sur la côte ouest, et battirent l'armée russe du prince Menschikoff sur les bords de l'Alma (20 septmbre). Puis on marcha sur Sébastopol.

Le vainqueur de l'Alma, Saint-Arnaud, gravement malade, mourut peu après (le 28); ce fut le général Canrobert qui hérita du commandement en chef de l'armée française.

A l'approche des Français, les Russes n'avaient pas reculé devant les plus vastes sacrifices pour défendre leur grand arsenal maritime du sud. Ils avaient débarqué dix-huit mille matelots pour les adjoindre à la garnison, avec leurs amiraux; on en forma vingt-deux bataillons d'élite et cinq mille canonniers de rempart excellents. Un simple officier du génie, Todleben, successivement promu colonel et général en quelques semaines, devint l'âme de la défense, en improvisant des ouvrages nouveaux auxquels tout le monde travailla, même les femmes et les enfants (Sébastopol renfermait alors quarante-sept mille habitants civils); la belle flotte naguère victorieuse à Sinope fut en partie coulée pour interdire l'accès de la rade. Quand les alliés se présentèrent devant Sébastopol, la ville était inattaquable par mer et hérissée d'ouvrages formidables du côté de la terre.

Sébastopol est assis sur le revers nord du *plateau de Chersonèse*, qui forme le coin sud-ouest de la Crimée. Une rivière courte et profonde, la Tchernaïa, se jetant dans une baie longue de cinq kilomètres et large de neuf cents à treize cents mètres, forme ainsi une rade superbe au nord de la ville. Cette rade était fermée par deux lignes de vaisseaux coulés. Au nord, une immense fortification composée de trois forts et d'un grand front bastionné, abritait des troupes de réserve qui communiquaient avec la ville par la rade, sur des ponts volants et sous la protection des canons des forts et de ceux des vaisseaux non coulés.

Sébastopol est divisé en deux, du nord au sud, par son port intérieur. La partie à l'est, toute formée de magasins, arsenaux, casernes, docks, bassins, établissements maritimes, s'appelle *Karabelnaïa*; la partie ouest, qui forme la *ville*, contenait de belles rues, de superbes églises, de beaux hôtels militaires (tout cela a été détruit). Une vaste ceinture de bastions et de remparts défendait la place et venait s'appuyer par ses deux extrémités aux forts énormes et nombreux qui constituaient la défense maritime. Par le nord et la rade, les armées de secours communiquaient avec la ville.

Les alliés occupèrent le plateau de Chersonèse, au sud de la ville, et ouvrirent la tranchée le 9 octobre. Ils ne pouvaient songer à investir complètement une pareille étendue de défenses. Le *fort du nord* resta libre.

Le 17, un premier bombardement général, auquel coopéra la flotte, ne réussit pas et servit à démontrer les immenses difficultés de l'entreprise. On poursuivit néanmoins le siège avec vigueur, en y perdant beaucoup de monde. Le 5 novembre, l'armée russe de secours attaqua furieusement les Anglais dans leur position, en arrière d'Inkermann ; l'arrivée rapide de la division Bosquet à la rescousse sauva l'armée britannique d'un anéantissement total. Cette bataille d'Inkermann est une des plus sanglantes du xixe siècle.

Le 14 novembre, un ouragan terrible ravagea les camps alliés et causa la perte de plusieurs grands navires de guerre (entre autres du *Henri IV* et du *Pluton,* français). L'hiver survint avec ses rigueurs. Les Anglais, lourds et inhabiles à *se débrouiller,* subirent d'horribles misères, malgré le luxe de leur installation et les dépenses de leur gouvernement. Nos troupiers, infiniment plus aguerris, trouvèrent leurs meilleures ressources dans leur caractère souple et inventif.

Les flottes alliées avaient dû renoncer à tout espoir de bataille navale ; elles avaient débarqué une partie de leurs hommes et de leurs pièces d'artillerie pour coopérer au siège, et leur principal rôle était d'entretenir les communications avec Constantinople, car il fallait tout apporter en Crimée : hommes, vêtements, munitions, vivres... ; le sol du plateau de Chersonèse ne produisait rien.

La flotte française avait établi son port d'abri à Kamiesch, dans une des nombreuses et profondes baies découpées à l'ouest de Sébastopol ; la flotte anglaise avait son port principal à Balaklava, plus loin, sur la côte méridionale. Ces deux points servaient de lieu de débarquement aux renforts et aux provisions. Des routes les relièrent au camp.

D'autre part, en prévision des attaques du dehors, et pour combler les vides incessants produits par la maladie et le feu de l'ennemi, les renforts ne cessaient d'arriver. L'armée anglaise remonta à un chiffre avouable ; les Français reçurent toute leur cavalerie, jusque-là tenue en réserve à Andrinople et à Varna, et un premier envoi de la nouvelle « garde impériale », sous le général Mellinet. De la bataille d'Inkermann à la fin de l'année 1854, près de quarante mille hommes rejoignirent l'armée alliée. Les Russes avaient renforcé leurs armées du sud, mais ils n'entreprirent pas d'opérations sérieuses pendant les grands froids.

Le mois de janvier fut surtout cruel à passer ; les assiégeants

Bataille de l'Alma.

n'avaient plus de bois de chauffage; une nuit presque ininterrompue, tant le ciel était sombre, un froid qui se maintint toujours au-dessous de 10° et descendit parfois à 18° et 20°, ajoutèrent leurs rigueurs aux fatigues du siège. Les alliés rapprochaient constamment leurs tranchées par des parallèles; l'ennemi s'y opposait par tous les moyens: ouvrages avancés (*logements*) ouverts en face des nôtres, tirailleurs, surprises de nuit... Nous lui répondions de même; et nos *francs-tireurs* (volontaires de tous les corps), jetés dans des trous creusés la nuit tout près des remparts, abattaient les artilleurs ennemis sur leurs pièces presque à coup sûr. Au développement continu des travaux d'attaque et de défense correspondait un égal développement d'artillerie; nous avions débarqué des marins pour armer et servir des batteries de renfort; à la fin de janvier, la quantité des pièces en batterie des deux parts s'élevait au chiffre fantastique de quatorze cents (non compris les vaisseaux), dont neuf cents tiraient sans relâche des deux côtés, pendant que nos grand'gardes et nos tirailleurs se fusillaient avec ceux de l'ennemi.

De plusieurs lieues de distance, on voyait les nuages de fumée planer au-dessus de la ville et des camps et l'on entendait l'incessant grondement de l'artillerie. La nuit, les bombes, les obus et les fusées traversaient l'air de tous côtés avec des sillons de lumière. Le général Simpson, répondant à une question d'un des ministres anglais, grand amateur de géologie, sur « la nature du sol dans le plateau de Chersonèse », pouvait écrire avec vérité : « Je crois qu'il était rocailleux, car on rencontre le roc partout, ce qui gêne fort pour nos tranchées à ouvrir; mais, depuis que nous y sommes, la surface en est toute de fer fondu ou forgé, » par allusion à la masse de projectiles qui le jonchaient. Les visiteurs admis dans nos tranchées demeuraient stupéfaits en voyant les soldats du 1er corps, — par la force de l'habitude acquise, — manger, boire, causer et dormir, assis ou étendus dans la boue, au milieu du vacarme infernal des batteries, de l'éclatement des bombes et obus et du sifflement des balles. Il en était de même, dans la ville et sur les remparts, pour l'assiégé.

Le gouvernement anglais, irrité du peu de succès de son armée, avait envoyé en Crimée le général Simpson pour contrôler les opérations. Les contrôleurs du même genre ne manquaient pas à l'armée française : ce fut d'abord le général de Montebello, aide de camp de l'empereur (décembre); puis, à la fin de janvier, le général Niel. Son succès de Bomarsund [1], son titre de premier aide de camp impérial,

---

[1] Niel avait dirigé, quelques mois auparavant, le siège de Bomarsund, forteresse dans les îles d'Aland (mer Baltique), et l'avait fait prendre par notre corps expéditionnaire du Nord. Il exerçait une grande influence sur l'empereur. C'était un général du plus haut talent comme officier de génie, mais non un *capitaine d'armée* comme fut Pélissier.

la haute estime où étaient tenus ses talents d'officier du génie, et enfin le caractère de sa mission lui donnaient une notoriété à part, et une grande influence; elle se fit surtout sentir au commandant en chef, général Canrobert, et au commandant du génie de l'armée, le modeste et estimé général Bizot, qui attendait encore les trois étoiles de divisionnaire. Le général Niel correspondait directement avec l'empereur et le ministre, et avait droit d'assistance au conseil de guerre de l'armée[1]. Bientôt, les vues échangées dans le cabinet de l'empereur entre lui, le ministre et ses officiers de confiance, en étudiant la carte de Crimée et les rapports venus de l'armée, se précisèrent dans la correspondance de Niel avec ses deux puissants patrons, sans que le général en chef français en fût tenu au courant; et l'on forma des plans à l'insu de Canrobert.

Dès la fin de décembre, sur les observations des généraux français, l'on s'était aperçu que, du côté de l'attaque anglaise (attaque de l'est), c'étaient les Russes qui avançaient sur l'assiégeant; ils avaient prodigieusement étendu non seulement au dedans, mais au dehors, leurs fronts fortifiés, et développé particulièrement un ouvrage entre le *grand* et le *petit redan*, qui, s'élevant et s'élargissant graduellement, était devenu l'*ouvrage Malakoff* et commençait à étendre ses feux protecteurs des deux côtés, sur les deux bastions et les espaces intermédiaires, tandis qu'en avant il développait un formidable demi-cercle de batteries.

Nous trouvons, dans l'une des nombreuses brochures publiées par les acteurs de la guerre[2], une anecdote caractéristique :

Arrivé en novembre et campé au loin avec la cavalerie, en arrière des lignes, l'auteur, jeune sous-officier de dragons, s'était lié avec des hommes des divers corps du siège; un jour qu'il avait poussé, avec des camarades, sous la conduite d'un vieux zouave du 1er qui leur servait de cicerone, une excursion jusqu'aux lignes intérieures des Anglais, le vieux soldat d'Afrique les arrêta pour leur montrer une éminence hors ville, à six cents ou sept cents mètres à vol d'oiseau du saillant de Malakoff, éminence bien célèbre depuis sous le nom de *Mamelon Vert*, et dit à ses auditeurs : « Voyez-vous cet endroit-là? *C'est par là* « *qu'on prendra la ville, si jamais on la prend.* Sébastopol est comme

---

[1] Composé, selon la coutume, des commandants en chef des deux armées et des deux flottes, des commandants en chef de corps d'armée (Bosquet et Forey), des commandants en chef du génie et de l'artillerie, et enfin des *délégués* militaires des deux gouvernements : Niel pour la France, Simpson pour l'Angleterre.

[2] *Souvenirs d'un dragon en Crimée,* par Mismer, ex-sous-officier au 6e dragons (cavalerie de réserve).

Brochure absolument sans autre valeur que des aperçus de voyage et des racontars de ce genre, dont la naïveté garantit la véracité. Elle est remplie de balourdises à l'adresse des généraux en chef; le blâme et l'éloge y sont distribués à la mode de la chambrée, et d'après les convenances et les amours-propres du 2e escadron du 6e dragons.

« une bouteille, dont le mamelon Vert est le goulot. *Avec le mamelon*
« *Vert et Malakoff entre nos mains, toutes les fortifications tombent.* »

Le sens pratique du vieux routier précédait de trois mois les découvertes des ingénieurs. L'expérience est bien quelque chose, à la guerre comme ailleurs...

Il fut arrêté, dans un conseil tenu le 2 février, que l'on dirigerait tous les efforts contre l'accroissement de Malakoff. Ce fut le premier grand changement.

Le 10 février, le second se produisit. Appelé par l'empereur (nous avons dit comment à la fin du chapitre précédent) à passer d'Oran au siège de Sébastopol, le général Pélissier était arrivé le 9 à Kamiesch. Le lendemain, il prit officiellement le commandement du 1er corps à la place du général Forey, définitivement rappelé, et toute la composition de l'armée se trouva remaniée à fond, en même temps que les attributions des corps et la direction des attaques.

Nous avons parlé des premières augmentations de l'effectif français; elles avaient continué par l'envoi de nouvelles troupes soit de ligne, soit de la garde. A partir du 10, l'armée se trouva constituée de la façon suivante :

Grand état-major général :

Le général Canrobert, *commandant en chef;*

Le général de Martimprey, chef d'état-major général;

Le général de division de Thiry, commandant en chef l'artillerie;

Le général de brigade Bizot, commandant en chef le génie.

1er *corps : commandant en chef* le général Pélissier, quatre divisions;

2e *corps :* commandant en chef le général Bosquet, quatre divisions;

Réserve : division d'infanterie (Brunet), division de la garde (Uhrich), division de cavalerie (Morris).

La réserve relevait, momentanément, du général en chef.

Les attributions furent ainsi réglées :

Le 1er *corps* (Pélissier) prendrait toutes les positions de l'armée française, dites désormais l'*ancien siège*, à l'ouest et au sud de la ville : attaques de la Quarantaine, bastions 7, 8, 9, bastion central, bastion du Mât.

Le 2e *corps* (Bosquet) renforcerait les Anglais, les attaques de l'est, portion septentrionale, depuis le Carénage jusqu'au petit Redan, avec deux divisions; les deux autres, en arrière au sud-est, protégeraient le siège et y aideraient, comme aussi elles seraient prêtes à faire tête au dehors; la réserve devait les appuyer selon le besoin.

Quant aux deux corps d'attaque français, ils comprenaient chacun environ trente et un mille hommes, et leur composition était à peu près identique. Nous donnerons comme exemple celle du 1er corps :

Commandant en chef : Pélissier;

Chef d'état-major : le général de brigade Rivet;

1er *aide de camp* : le commandant (puis lieutenant-colonel) Cassaigne;

Commandant de l'artillerie : le général de brigade Lebeuf;

Commandant du génie : le général de brigade Dalesme;

Directeur administratif : le sous-intendant de première classe Bondurand.

1re DIVISION : général Forey (momentanément); *brigade* Niol : 3e bataillon de chasseurs, 19e et 26e de ligne; *brigade* d'Aurelles de Paladine : 39e et 44e de ligne.

2e DIVISION : général Levaillant; *brigade* La Motterouge : 9e bataillon de chasseurs, 11e et 42e de ligne; *brigade* Couston : 46e et 80e de ligne.

3e DIVISION : général Pâté; *brigade* Beuret : 6e bataillon de chasseurs, 28e et 98e de ligne; *brigade* Bazaine : 1er et 2e étrangers.

4e DIVISION : général de Salles; *brigade* Faucheux : 10e bataillon de chasseurs, 18e et 79e de ligne; *brigade* Duval : 14e et 43e de ligne.

Le *total des présents* dans les quatre divisions était de neuf cent trente-trois officiers et vingt-sept mille six cent dix-huit sous-officiers et soldats. Avec les états-majors et les détachements d'armes spéciales (cavalerie, artillerie, génie, train, administration), l'effectif rond de présence atteignait trente et un mille hommes. Le corps Bosquet était de même force, à quelques centaines près. Le total de notre armée (effectif de présence) était alors, sur le plateau de Chersonèse, de quatre-vingt-un mille hommes, tout compris.

Les deux plus grosses affaires du mois de février furent d'abord : le 17, une attaque des Russes sur Eupatoria, d'où Sélim-Pacha (qui s'y trouvait avec dix-huit mille Turcs et un renfort français) les repoussa avec perte; puis une tentative de nuit pour enlever le Mamelon Vert, démesurément fortifié et agrandi par Todleben. Elle échoua par le feu terrible que les navires russes dirigèrent, du fond de la baie du Carénage, sur l'une de nos colonnes; et il fallut s'avouer que c'était, — chose extraordinaire, — la défense qui étendait constamment ses lignes au dehors, et l'attaque qui reculait. Cette affaire fut particulière au 2e corps.

Le 1er corps, solidement organisé, allait bientôt avoir son tour et infliger à l'ennemi un rude échec. La fin de l'hiver approchait. Les Russes remplacèrent le prince Menschikoff, à la tête des armées de Crimée, par le général prince Michel Gortschakoff. Les travaux des Français prirent, à partir de ce mois, un essor prodigieux; tous les jours on ouvrait de nouvelles tranchées, on installait de nouvelles batteries, on ouvrait de nouveaux combats de tirailleurs.

Le mois de mars s'ouvrit par la nouvelle de la mort de Nicolas Ier (2 mars). Son fils Alexandre II, plus pacifique, lui succédait; mais, au point où en étaient les choses, cette nouvelle n'eut aucune influence sur la marche du siège.

A l'attaque de gauche, — corps Pélissier, — la lutte était tenace et en partie souterraine : dès janvier, le génie avait approché une galerie du bastion du Mât, mais l'ennemi en eut connaissance par des journaux français et la fit sauter le 3 février ; depuis lors, au lieu de pousser contre le rempart, on chemina au loin, à distance. On va voir plus bas le résultat de ce travail auquel tenait le général Bizot.

Du côté du Carénage, le génie français faisait merveilles : sous l'impulsion d'un chef savant et audacieux, le général Frossard, il faisait surgir de nouvelles batteries et entamait avec le Mamelon Vert un duel d'artillerie qui, appuyé par les Anglais après cinq ou six jours de retard (selon leur habitude), arrêta net les progrès de la défense ; et ils perdirent quinze cents hommes en essayant une sortie contre nous (division d'Autemarre). On parvint ainsi à la fin de mars. Avec le printemps, l'activité allait redoubler des deux côtés.

Le 8 avril, jour de la Pâque russe, fut solennisé par toute la garnison de Sébastopol, et nos batteries se turent pour la laisser à ses joies religieuses. Comme réveil, le 9, un bombardement formidable éclata à la même minute. Nous avions en ligne cinq cent vingt grosses pièces, l'ennemi neuf cent quatre-vingt-huit ; la terre tremblait au loin et le roulement de la canonnade s'entendait à huit lieues de là. Le 10, le tir reprit, plus calme et allongé. On put alors vérifier les résultats de la veille : aux attaques du 1er corps, le bastion central et le bastion du Mât, presque rasés, recouvraient de leurs débris les cadavres de quatorze cents Russes ; les troupes, surexcitées, demandaient de tenter l'assaut ; l'inquiétude était grande en ville. Les Anglais n'étaient pas prêts, et l'assaut fut ajourné. Todleben répara ses brèches. Le 11, le directeur technique du siège, le général Bizot, fut mortellement atteint en visitant les lignes anglaises ; il expira le 15, au moment où arrivait sa promotion au grade de divisionnaire ; les alliés lui firent des obsèques solennelles.

Ce même jour, le 1er corps remportait, grâce aux travaux de Bizot, un succès décisif : les galeries pratiquées en avant du bastion du Mât, et parallèlement à lui, sautèrent sous l'explosion simultanée de quatre vastes fourneaux ; nos soldats, s'y élançant, les transformèrent aussitôt en une quatrième parallèle, dite *grande parallèle du Sud*, qui nous mettait à proximité d'assaut de ce côté, à soixante mètres des fossés. L'ennemi, effrayé, nous opposa aussitôt tous les moyens qu'il put : des *logements* de tirailleurs en avant des murs, un feu violent, d'incessantes attaques de nuit. Le 24 avril, Todleben, pour arrêter la marche oblique de nos approches vers la *redoute Schwartz* qu'il avait construite en avant du fort Alexandre, acheva et fit garnir de troupes quatre grands postes fortifiés ; la nuit suivante, nos bataillons de tranchées les attaquaient et les ruinaient. L'ennemi, s'entêtant, y revint en forces (il en était tout près), les répara, les agrandit et en fit un ouvrage armé de neuf grosses pièces. Pélissier sollicita aussitôt l'ordre de l'enlever de vive force. Mais déjà le général en chef n'était plus maître de ses résolutions; il oscillait entre des influences rivales et également impossibles à réduire. A force d'instances, Pélissier finit par arracher l'ordre demandé[1]. La division de Salles fut chargée de l'exécution. Elle massa six bataillons sans sacs dans les tranchées et attendit la nuit. Les Russes, s'attendant à l'attaque, avaient jeté quatre gros bataillons dans l'ouvrage et en tenaient quatre autres en réserve, dans le chemin couvert de la place. Mais Pélissier avait prévenu ses hommes « qu'il avait la tête plus dure que toutes les bombes de la place », et qu'on resterait dans l'ouvrage, morts ou vivants. L'attaque fut si soudaine et l'élan si violent que, malgré leur solidité, les bataillons russes furent écharpés et rejetés dehors en désordre; quand leur réserve accourut, elle fut abordée de même et eut le même sort, et ses propres pièces, retournées contre elle, la criblèrent de mitraille; en un quart d'heure, l'ennemi avait perdu, sous nos baïonnettes, neuf cents hommes; il se vengea en nous couvrant d'obus et nous tuant ou blessant huit cents soldats. Mais quand l'aube parut, le génie avait retourné l'ouvrage contre la place et opéré son reliement à la quatrième parallèle. Un dernier retour offensif de l'ennemi, au grand soleil, demeura vain.

Le 1er corps serrait désormais partout la place assiégée de si près qu'il n'aurait plus eu qu'à y entrer d'assaut, si tout n'avait été subordonné à l'indispensable réduction du Mamelon Vert et de Malakoff.

Le 5 mai, le général Niel, dont la situation avait été des plus gênantes pour le général Bizot, resta définitivement à l'armée comme commandant en chef du génie, à la place du défunt; cette nomination supprimait l'équivoque de sa situation, mais il continua de correspondre avec le ministre et avec l'empereur lui-même.

C'est alors que la situation du commandant en chef devint intolérable. Il se trouvait pris entre les plans et avis, — enfin dévoilés, — de l'empereur, ceux de Niel (qui inspirait l'empereur), ceux des Anglais, tout à fait opposés, et enfin ses convictions propres, qui ne savaient plus où s'arrêter[2].

Ces plans contradictoires, transmis en Orient par voie télégra-

---

[1] Il fut obligé d'y revenir trois fois et d'écrire au général en chef : « ... Si j'avais l'honneur de commander en chef, je n'hésiterais pas une minute. » Ceci montre à quel point les intrigues et les divergences d'opinion avaient désorienté le grand quartier général.

[2] Quelques jours après, les commandants de corps furent invités par une lettre du grand quartier général à « vérifier si les baïonnettes de leurs hommes étaient appointées et piquaient bien », en vue d'un assaut (qu'on projetait et qu'on ne donna pas). Étonné de cette singulière question, qui venait sans nul doute de quelque officier subalterne, Pélissier écrivit pour toute réponse, en marge de la circulaire : « Il me semble qu'elles ont déjà assez bien piqué, » faisant allusion aux trois mille Russes que le 1er corps avait récemment mis hors de combat. Nul officier du grand quartier général n'osa dès lors se permettre des questions saugrenues aux chefs de corps.

Devant Sébastopol : Anglais venant se ravitailler (hiver 1854-1855).

phique (les Anglais venaient d'installer un câble sous-marin entre Balaklava et Varna), semèrent la discorde entre les généraux alliés et firent manquer deux opérations importantes. La rupture éclata enfin à propos de l'*expédition* de Kertch.

Les Anglais réclamaient une expédition combinée pour détruire les ports et magasins de la mer d'Azof (Kertch, Taganrog, Berdiansk, etc.) où se tenaient les réserves russes, et d'où partaient les ravitaillements dirigés sur Sébastopol et l'armée russe d'observation. Canrobert venait d'ordonner cette expédition : elle se composait d'une division et d'une escadre françaises, d'une division et d'une escadre anglaises. Elle était en vue de Kertch quand un télégramme de Paris l'arrêta court. Profondément blessé, lord Raglan rompit presque toutes relations avec le général en chef français et refusa, à son tour, de coopérer en quoi que ce fût aux plans concertés entre l'empereur et le général Niel. Le moindre incident pouvait dès lors amener une rupture entre les alliés, et la fin subite de la campagne de Crimée.

Le caractère de Canrobert n'était pas fait pour des épreuves de ce genre. Chevaleresque et ardent, il ne pouvait indéfiniment supporter tant de contradictions, endosser tant de responsabilités opposées. Il envoya sa démission le 16 mai, dans un télégramme des plus dignes, suivi d'une lettre où il déclarait succomber à la *fatigue morale* et demandait à reprendre sa place à la tête de son ancienne division du corps Bosquet... L'histoire a enregistré cette abnégation, plus noble que bien des victoires, et en fera l'éternel honneur du premier commandant en chef du siège de Sébastopol. Sur un avis conforme du général Niel (au courant de tout), la démission fut acceptée et Pélissier, en vertu de la *lettre close* qu'il portait, invité télégraphiquement à prendre de suite la succession de Canrobert. Témoin depuis trois mois de tout ce qui se passait, cet ordre le trouva prêt. Il accepta (18 mai).

XII

En 1854, au début de la guerre d'Orient, le général Pélissier se trouvait à Paris, comme tous ses collègues commandant les autres divisions territoriales, pour les travaux de la commission de classement des officiers. Comme il déjeunait au café d'Orsay, avec un officier qu'il connaissait et appréciait fort, le colonel d'état-major Lebrun[1], un monsieur assis en face de lui, et qu'il n'avait pas reconnu tout d'abord à cause de ses cheveux portés un peu longs, qui le faisaient de loin, lui dit Pélissier, « ressembler à un savant, » se leva et vint lui serrer la main. C'était Canrobert, tout récemment nommé au commandement d'une division en Orient, et prêt à partir. Pélissier le complimenta amicalement et lui dit « que son tour de partir viendrait bien aussi, car il y aurait bien des divisions qui iraient rejoindre les quatre dont se composait alors toute l'armée d'Orient, *attendu qu'on s'attaquait à plus gros morceau qu'on ne croyait*. Et alors, ajouta le général, « je vous dis qu'on finira par avoir besoin du bouledogue. » On se souhaita bonne chance réciproque. Dix mois après, il allait prendre sous Canrobert le commandement du 1er corps. Trois mois plus tard, il lui succédait à la tête de l'armée.

« Notre Souwarow, » disait à ce moment le savant et trop conciliant Vaillant, parlant de lui à l'empereur. En effet, il fallait un Souwarow, et on venait de le prendre. On le trouva dur à digérer.

Le général Pélissier n'était certes pas sans défauts ; mais rien n'établit mieux la grandeur et la nécessité de l'énergie, cette qualité maî-

---

[1] Le plus réputé des généraux en chef aujourd'hui survivants et ayant commandé depuis 1870.

Ses *Souvenirs de Crimée et d'Italie,* tout récemment parus, jettent un jour nouveau sur bien des points essentiels. Comme colonel, il fut chef d'état-major divisionnaire (division Mayrac) en Crimée, devint chef d'état-major de Mac-Mahon (1re division du 2e corps), et a mieux raconté que personne l'assaut de Malakoff, qu'il prépara en détail sous l'autorité de Mac-Mahon.

tresse avec laquelle on peut suppléer à tant d'autres, et que toutes les autres réunies ne peuvent jamais suppléer, que l'effet instantané, profond produit par cette nomination. En Russie, ce fut de l'inquiétude; en Autriche et en Prusse, puissances spectatrices et juges des coups, une grave approbation; en Angleterre, de véritables hourras; en France, une large expression de satisfaction et de confiance. Tel est l'ascendant d'un caractère bien établi. *La confiance!* Ce fut le mot d'ordre subit et non commandé de toute l'armée.

Le printemps, généralement beau en Crimée, achevait de s'épanouir. Sous le double renouveau de son bien-être physique et du vigoureux élan donné aux énergies chancelantes par l'entrée en fonction du nouveau général en chef, le soldat se redressait virilement, prêt aux nouveaux sacrifices qui allaient lui être demandés au nom de la patrie.

Quand on voit, en étudiant les faits, de quelles minutes la sage disposition de la Providence a permis, pour nous prémunir contre les enivrements de l'orgueil, que soit formée toute gloire humaine, on se sent moins porté à l'envier et plus disposé à la décerner à qui l'a vraiment méritée. Pélissier, en prenant le commandement en chef, dont il n'ignorait point les terribles difficultés, avait deux guerres également rudes à mener : l'une contre l'ennemi, il s'y entendait; l'autre contre son gouvernement. Celle-là, il ne la craignit point, il l'aborda corps à corps, bien résolu à y laisser son renom, ses épaulettes et ses quarante années de glorieux services, plutôt que de reculer d'un pouce. Il y entra comme le marin entre dans l'ouragan, dût-il y périr.

Cette lutte, nous ne l'inventons pas, elle est connue; nous ne l'exagérons pas, les documents écrits : lettres, plans, télégrammes, ordres, le racontent jour par jour. Le second empire, qui jouait une bonne part de son existence dans l'issue même de la guerre d'Orient, avait certes autant et plus que la France elle-même besoin de son Souwarow. Dès qu'il l'eut, il s'en irrita, l'ingratitude des amours-propres froissés étant trop souvent le moteur définitif des gouvernements. Mais ces obstacles, qui avaient usé le dévouement connu du précédent général en chef, et devant lesquels nos plus audacieux généraux sentaient s'évanouir leurs résolutions, n'arrêtèrent même pas une minute Pélissier; il passa au travers, laissant ses contradicteurs à leurs hésitations, et le cabinet de l'empereur lui-même à ses stupéfactions. Ceci vaut la peine d'un court exposé, dans lequel nous saurons ménager les justes susceptibilités et les dévouements honorables au devoir.

L'*ordre général* par lequel il annonça son entrée en fonctions fut un noble tribut d'éloges à l'abnégation de Canrobert :

« ..... Je suis certain, disait-il, d'être l'interprète de tous en proclamant que le général Canrobert emporte tous nos regrets et toute notre reconnaissance. Il a voulu rester dans nos rangs. Il n'a voulu qu'une chose, se remettre à la tête de sa vieille division. J'ai déféré aux instances et aux inflexibles désirs de celui qui était naguère notre chef et sera toujours mon ami. »

Le modeste et vaillant Canrobert venait, en effet, de reprendre volontairement le commandement de la 1re division du 2e corps (Bosquet), que le général Bouat s'empressa de lui céder, sur sa demande, pour passer lui-même à la tête d'une division de réserve.

Le lendemain, 20 mai, Pélissier traçait son programme dans une admirable lettre adressée au général Bosquet, puis il alla se concerter avec lord Raglan. Le rappel de l'expédition de Kertch avait été l'occasion de la rupture des bons rapports entre les deux armées. Pélissier écrivit le plus tranquillement du monde, le 22, au ministre de la guerre qu'il venait d'ordonner la reprise de l'opération sur Kertch et la mer d'Azoff, « parce qu'elle était bonne. » Et pendant qu'aux Tuileries on tombait dans la stupeur, l'expédition partait, enlevait Kertch et Iéni-Kalé, dont elle chassait la division russe Wrangel, et envoyait au camp un vaste butin, des canons, des munitions, d'énormes réserves d'approvisionnements en blé et avoine. Puis, nos flottes détachaient une grande escadre légère qui, passant avec irrévérence le détroit au-dessus d'une ligne de cent vingt torpilles, qui n'éclatèrent pas, fit le tour complet de la mer d'Azof, bombardant et rasant le retranchement d'Arabat, faisant sauter une escadrille russe devant Berdiansk, enlevant ou détruisant tous les approvisionnements de réserve destinés à l'armée russe de Crimée, dans les ports de Berdiansk, Ghénitschek, Marioupol, Ghéisk et Taganrog, coupant militairement toute communication par mer entre la Russie et la presqu'île, et réduisant l'armée de Gortschakoff et Sébastopol à s'approvisionner désormais, s'ils y parvenaient, par la voie lente et unique de Pérékop, que nous pouvions, quand besoin serait, couper d'un seul coup en partant d'Eupatoria. Comme le disait Pélissier, l'opération avait été *bonne*; les matelots étaient heureux, les soldats revenaient fiers et enchantés, le 27, après avoir pourvu à l'occupation de leur conquête[1]; enfin les Anglais rayonnaient, et l'entente la plus cordiale se trouvait rétablie entre les deux généraux en chef.

Ce n'était pas tout à fait la même chose à Paris. On voulait bien de la *Tête de fer,* mais il demeurait sous-entendu qu'elle serait de fer pour l'action, et de cire pour l'obéissance aux plans concertés, à travers les mers et les continents, entre le chef de l'État et son aide de camp de confiance. Pélissier, qui savait à quoi s'en tenir, n'hésita pas cependant une seconde à entamer les hostilités nécessaires. Avec sa brève rudesse de parole, il argua tout net de son titre de commandant en chef pour imposer silence, en plein conseil, au confident de l'empereur, qui se

---

[1] Le 9e de ligne et le 1er étranger occupèrent Kertch, sous le commandement du général Bazaine.

préparait à développer tout au long les plans dont il a été parlé, Niel, qui avait du reste l'esprit très élevé et le cœur excellent, en fut atterré; ses plaintes éclatèrent sans ménagement dans ses lettres particulières au maréchal Vaillant; mais il avouait lui-même que Pélissier, au sortir du conseil, l'avait comblé d'amabilités. Le général en chef, en effet, combattait les plans, n'admettait pas de substitution d'autorité quelle qu'elle fût, et ménageait l'homme. C'est ce que Niel, blessé par les allures brusques et bien connues pourtant de Pélissier, ne parvenait pas à admettre. Fort de ses intentions patriotiques et de la confiance impériale, il bondissait malgré lui devant l'indépendance avec laquelle le général en chef revendiquait la plénitude de son autorité. Nous lisons, dans une lettre de Niel à Vaillant, « qu'il vient d'être traité comme il n'est pas permis de traiter, non seulement un général de division, mais un homme quelconque » (sic). Puis, quelques lignes plus bas, l'homme de guerre reparaît et avoue qu'il n'ose pas juger ce qui se passe, et que Pélissier pourrait bien finir par enlever la place et triompher partout.

Un peu plus tard, Niel critique, loue, examine, puis subitement s'inquiète et se plaint. Pélissier lui a encore *personnellement* manqué d'égards. C'était vrai. Le commandant en chef du génie, le troisième, avec celui de l'artillerie, en dignité dans l'armée[1], était le second, presque le premier en importance au point de vue du siège; dans une visite aux travaux, Pélissier laissa Niel à cinquante pas en arrière, et affecta de se séparer de lui. S'il y avait là un tort de formes, il venait d'un juste grief : l'exaspération que devait produire sur un général en chef ce contrôle incessant dont il se savait l'objet de la part d'un de ses subordonnés, et contrairement à tout ce qu'exigeait la dignité du commandement suprême. On écrivait à Pélissier : « Nous avons *toute confiance* en vous. » Et l'on continuait, presque sous ses yeux, de demander compte de chacun de ses actes à un autre général placé sous ses ordres; bien plus, de combiner sur cette correspondance des plans absolument contraires à celui que Pélissier avait arrêté et communiqué! Le maréchal Vaillant grondait tour à tour et apaisait Niel, sermonnait doucement Pélissier, et cherchait à empêcher un conflit direct entre l'amour-propre impérial souvent surexcité et la ténacité bien arrêtée du chef de l'armée d'Orient. Tâche qui avait peut-être son mérite à raison de ses difficultés.

A la nouvelle de l'expédition de Kertch, l'empereur s'était fâché tout rouge; Vaillant, usant du télégraphe, s'empresse de gronder Pélissier,

---

[1] Il prenait rang, avec le commandant en chef de l'artillerie, après les deux généraux en chef des corps. Niel se plaint souvent que Pélissier tienne des petits conseils à sa guise avec Trochu et autres généraux en sous-ordre, dont il faisait cas. C'était le droit de Pélissier, et Niel oubliait que lui-même tenait de loin conseil avec l'empereur en dehors de Pélissier.

et de lui démontrer qu'il a eu tort à plusieurs points de vue. La terrible *tête de fer* lui répondit par la même voie : « Une discussion stratégique par le télégraphe, à cette distance, me semble impossible. Si je n'ai pas appliqué le plan de Sa Majesté, c'est qu'il ne m'a pas paru sans dangers. » (24 mai.) Napoléon III, suffoqué de cette audace, se chargea de la réplique, qui était de taille à désarçonner à la fois tous les généraux de l'armée : « Il ne s'agit pas entre nous de *discussions*, mais d'*ordres* à donner ou à recevoir. Je vous ordonne d'investir au plus tôt la place. » La réponse ne vint pas, et pour cause : Pélissier n'avait pas le droit d'envoyer promener tout haut le chef de l'État, et encore moins la volonté d'obéir à ses plans. Il continua, avec un sang-froid complet, de diriger les choses selon qu'il les avait réglées et, laissant s'évaporer la colère impériale, se contenta, quatre jours après, de terminer un laconique rapport au ministre par cette phrase à l'adresse de l'empereur : « Je ne puis préciser les opérations futures sans m'exposer à un démenti des événements. Soyez confiant. Que Sa Majesté daigne l'être aussi. »

A Paris, on était nerveux, agité, tour à tour aimable et irrité; il n'y avait qu'un point sur lequel on ne variait pas : amener Pélissier à l'adoption du fameux *plan*[1], ou tout au moins de la partie que Niel regardait comme essentielle : l'investissement complet de la place par le nord. Et c'était précisément sur la question du *plan* que Pélissier, sûr de lui-même, avait résolu de ne pas céder. Le maréchal Vaillant, qui ne paraît pas toujours bien persuadé de l'excellence du plan des Tuileries, tout en le prêchant dans ses lettres, en vient à supplier Pélissier de montrer « un peu plus de liant »; il l'assure que l'empereur est très bon, très disposé à la conciliation... Dans cette lutte étrange, c'est le gouvernement qui capitule peu à peu. Pélissier note le renseignement et continue son chemin. La prise du Mamelon Vert (7 juin), applaudie par l'opinion, lui donne raison; le voilà tranquille pour quelque temps. Mais alors on le harcèle d'autre manière. On ne lui parle plus d'opposition à sa façon de guider la guerre; le général Niel lui-même a écrit une lettre enthousiaste au ministre. On entre subitement dans la pensée des deux généraux en chef, et on les presse de donner l'assaut. Ils ne sont pas assez rapprochés des remparts, ils hésitent. On fait entendre à Pélissier qu'il faudrait *absolument* pouvoir faire quelque chose qui effaçât, pour le second empire, les souvenirs douloureux de Waterloo; ce serait le gage d'une indissoluble union, d'une réciproque confiance entre Pélissier et l'empereur[2]. Le général

---

[1] Napoléon III, qui avait servi dans l'artillerie fédérale suisse, et qui fut plus tard l'un des inventeurs du *canon rayé*, tenait fort à ses idées militaires.

[2] L'idée était d'autant plus étrange que les Russes n'ont été pour rien dans Waterloo. Ce sont les Anglais et les Prussiens qui ont tout fait. Or nous étions en guerre avec les Russes et *alliés des Anglais*... Bien plus, le feld-maréchal Raglan, commandant des troupes anglaises en Crimée, avait été *premier aide de camp* du duc de Wellington à la bataille de Waterloo.

se laissa prendre par son faible, car il répétait souvent qu'il avait eu la *patriotique douleur* d'entrer dans la carrière militaire au moment de

Canrobert (1854).

Waterloo ; sans s'arrêter à la crainte de froisser Raglan, ancien et très brave combattant de Waterloo (contre nous), il s'abouche avec lui, et ils décident en commun l'assaut trop célèbre du 18 juin, assaut très possible quoique un peu hasardeux, et préparé avec soin, mais qui demandait à être parfaitement conduit dans tous ses détails, et que les fautes commises par le général Mayran transformèrent en un complet insuccès.

Pélissier ne montra rien des sentiments qui, à la suite de cet échec, l'affectaient intérieurement; c'est à peine si une boutade irritée contre les morts en décela quelque chose pour ses intimes. Il était fort, et savait se commander. Mais à Paris, après quelques jours de simple chagrin, tous les griefs contre lui se redressèrent formidables; on le traqua de plans à adopter coûte que coûte. Il tint bon. Lord Raglan meurt : on en profite pour faire imposer à son remplaçant, le général Simpson, par un accord avec le ministère anglais, l'adoption éventuelle du *plan d'investissement* et de campagne au dehors, et on l'écrit à Pélissier. Celui-ci, dès la fin de juin, avait tout à fait regagné l'amitié de l'empereur par une longue et très remarquable lettre, chef-d'œuvre de convenance et de fermeté, où il discutait posément avec lui les plans proposés de Paris, et démontrait qu'il fallait au moins les ajourner un peu [1]. Il ne se sentait plus cette fois en terrain solide, parce que ses troupes avaient subi un échec sérieux, quoique évidemment passager : il céda lentement, en vrai stratégiste; il employa davantage sa réserve ; il satisfit aux désirs impériaux par des démonstrations extérieures... Un instant, tout cela ne suffit point, parce qu'il a continué de mener avec sa rudesse parfois blessante certains généraux sous ses ordres. Un soir, le général Niel est nommé *commandant en chef* par l'empereur exaspéré. Il faut l'intervention de Vaillant et du grand écuyer Fleury, également épouvantés des conséquences qu'aurait dans l'armée la disgrâce de Pélissier, le *vieux chef d'Afrique*, qu'elle suit partout sans crainte, pour arracher à Napoléon le retrait de cette nomination, qui finalement ne fut pas envoyée. L'inflexible général poursuit son but, et la brillante victoire de *la Tchernaïa* (16 août) vient encore une fois relever le crédit de Pélissier et lui assurer un dernier répit. Cette fois il est sûr de la fin, il touche au but, il le tient. L'assaut du 8 septembre emporte tous les plans et fait taire tous les griefs. Le maréchal Pélissier, duc de Malakoff, monte au rang des grands capitaines, et l'empire voit en lui désormais, en même temps que la plus éclatante gloire militaire du pays, l'un de ses soutiens nécessaires. Le reste est oublié.

Dans cette continuelle et pénible lutte, qu'il était de notre devoir de rappeler ici, sinon de raconter dans ses détails, le jugement qu'en ont porté les plus autorisés témoins, les officiers de l'armée d'Orient, se trouve ainsi résumé par le plus éminent de ceux qui ont livré au public

[1] Voir la *lettre du 2 juin* à l'empereur, très justement qualifiée par M. Rousset de « chef-d'œuvre d'habileté autant que de raisonnement ».

leurs impressions sur cette guerre, par le général Lebrun, avec toute
l'autorité qui s'attache à son caractère :

« Il (Pélissier), dit-il, donna connaissance de son plan au ministre de
la guerre, et l'on peut dire que, cela fait, il ne dévia plus d'une seule
ligne de la voie qu'il s'était tracée. Plusieurs fois, ses plans rencontrèrent à Paris une vive opposition ; *mais sa fermeté inébranlable sut
toujours en triompher, et cela fut très heureux, car les événements se
chargèrent toujours de démontrer qu'entre ses contradicteurs de Paris
et lui, les conceptions intelligentes et les combinaisons sagement étudiées
furent véritablement de son côté.* »

Nous livrons cette appréciation au lecteur.

Toute figure a ses ombres, et si l'histoire, même anecdotique, juge
peu digne de son objet de s'arrêter aux blessures personnelles que
causa souvent la brusque rudesse de Pélissier, elle doit, en passant,
constater avec tristesse et regret la persévérance des préventions
secrètes qu'il laissa percer, en plusieurs occasions, contre un homme
placé par ses grandes vertus civiques, ses vastes talents militaires et
la noblesse bien attestée de son caractère, à côté des Lamoricière et des
Canrobert, à l'illustre et si sympathique Bosquet. Si cordiales qu'aient
été antérieurement les relations de Pélissier avec le célèbre chef du
2e corps, — et les lettres de service en font foi, — il y eut une heure
où il se montra non seulement susceptible à l'excès et brusque de
forme, mais injustement violent et publiquement blessant. Il n'y avait
plus là un simple emportement de caractère, mais une prévention établie de longue date. Bosquet, qui en souffrit, sut en supporter l'effet
avec calme et dignité, et n'y attacha, dans ses habitudes d'abnégation
personnelle, qu'une importance secondaire, moindre assurément que
celle qu'on a cherché à exploiter contre la mémoire de Pélissier. La
franchise nous faisait un devoir de citer au passage ce fait regret-
table [1], qui empêcha l'union intime des cœurs et des volontés de ces
deux hommes de guerre éminents pour le meilleur bien futur du pays.

Les échos de ces rudes soucis du commandement n'arrivaient guère
jusqu'aux troupes. Fier de son général en chef et convaincu que le
succès suivrait ses labeurs là comme ailleurs, le soldat avait repris toute
la vive élasticité du caractère français ; il envisageait gaiement tous les
sacrifices nécessaires, y compris celui de sa vie. La plus cuisante souf-

---

[1] Le général Lebrun rapporte à ce sujet qu'il chercha un jour à obtenir du général
Pélissier (frère du maréchal) un éclaircissement à ce sujet, et n'en put savoir qu'une
chose de précise : c'est que la prévention de Pélissier contre Bosquet était ancienne,
qu'elle remontait au temps où, commandant à Mostaganem, il avait eu Bosquet sous
ses ordres comme chef du bureau arabe, et qu'il avait cru pouvoir lui imputer un acte
peu loyal à son égard (le général disait : *une félonie*)... Or, si la bonne foi de Pélissier
était évidente en cela, la loyauté de Bosquet ne l'est pas moins pour quiconque l'a
connu. Il y eut donc, à cette époque, un malentendu qui, ainsi qu'il arrive trop souvent, ne fut jamais éclairci dans la suite.

france, celle du froid, n'était déjà plus qu'un souvenir; les tentes, déplacées et retirées des *creux* tutélaires où nos troupiers s'étaient longtemps abrités contre les frimas en s'*encavant* ingénieusement, pouvaient désormais sans danger s'ouvrir largement à l'air doux et pur de l'été qui approchait. Les mesures hygiéniques prises tant bien que mal pour débarrasser en partie les pentes de la Tchernaïa de l'infection cadavérique produite par le prodigieux entassement de milliers de morts mal enterrés, ou même non enterrés, et d'une masse d'animaux et de détritus pourris, avaient suffi sinon à prévenir, du moins à arrêter dans son développement un retour du choléra, qui après les premiers jours d'alarme demeura stationnaire et ne fit qu'un nombre relativement faible de victimes. L'élévation momentanée de la solde de campagne et les *journées de travail* régulièrement allouées aux nombreux piocheurs volontaires des tranchées, — de quarante à soixante centimes par homme, avec une ration de cognac, — permettaient au troupier d'améliorer l'ordinaire, en se pourvoyant de légumes frais et de fruits auprès des nombreux *mercantis* attirés par l'espoir du gain. Il se vengeait de leur absence de scrupules commerciaux en imposant aux groupes de cantines et guinguettes, parfois véritables villages, qui s'allongeaient autour de la baie de Kamiesch et de la route du quartier général, les noms significatifs de *Chenapanville, Filouville, Flibustopol, Coquinopolis,* etc. Des jardinets savamment tracés dans l'enceinte des camps et plantés de légumes rapportés de la vallée de Baïdar, égayaient l'œil et augmentaient les ressources culinaires des escouades. Parmi les distractions écloses avec le printemps, aucune ne fut mieux accueillie ni aussi suivie que le *Théâtre du 2ᵉ zouaves,* installé par eux dans leur campement, en arrière des *coldstream* anglais, que commandait lord Rokeby. Depuis Inkermann, une grande intimité régnait entre les Anglais et nos zouaves; les officiers surtout ne ménageaient pas leur sympathie et jusqu'à leurs témoignages d'admiration pour l'industrie sans rivale de ces vétérans des batailles, également prompts à la charge, au coup de feu, et à tous les *débrouillages* dont le soldat anglais, lent et compassé, n'avait aucune idée. Le *théâtre des zouaves,* gratuit pour les soldats, payant pour les officiers (*ad libitum*), avait été *creusé* en une série de gradins circulaires entourant l'espace qui formait le *parterre* (jamais mot ne fut plus justement appliqué); tout le régiment s'y était employé. Les tentures, toiles, boiseries, charpentes, étaient arrivées, morceau par morceau, des quais de Kamiesch et de Balaklava, les zouaves seuls auraient pu dire comment; puis leur flair, toujours en éveil et toujours sûr, avait su découvrir un directeur entendu, et leur bonne grâce le conquérir; ce n'était pas moins qu'un capitaine d'état-major nommé Bresson. Il fallait un bon dessinateur pour les décors et les programmes; on l'eut dans la personne d'un autre officier d'état-major, le lieutenant Corbin. Aux pochades toutes faites des théâtres de genre, plusieurs auteurs inédits, mais non dépourvus d'esprit, ajoutaient spontanément les improvisations que leur suggérait leur verve gauloise, parfois griffonnées le fusil au dos, dans la tranchée où pleuvaient les boulets. Nos alliés, accourus en masse de tous les points de leur camp, qui était le plus rapproché de celui du 2e zouaves, applaudissaient avec enthousiasme les *Exploits de M. Gringalet* et les *Tribulations d'une Hollandaise en Crimée*. Les généraux eux-mêmes se plaisaient à y venir quand ils en avaient le temps. Parfois il y avait changement de spectacle « par suite de la mort » ou de la « mise hors combat » d'une partie des acteurs [1]. Les boulets russes envoyés des hauteurs de Mackensie, de l'autre côté de la rivière, venaient aussi de temps à autre troubler la représentation. Mais c'étaient là maux prévus et acceptés d'avance. Ce théâtre fut le succès du siège.

Un rapprochement s'était définitivement opéré, depuis la promotion de Pélissier, entre les deux armées; il se scellait tous les jours par les innombrables *fraternisations* de nos soldats dans les guinguettes de *Coquinopolis* et de *Filouville*, aves les grands et raides *Gardes de la Reine*, les highlanders aux jambes nues, et les rubiconds matelots de l'escadre britannique [2]; le colonel Cler a tracé le plus amusant tableau de ces échanges de bons procédés, dans lesquels on voyait aux petits verres succéder les grands verres, puis les bouteilles, jusqu'à épuisement de gousset, et trop souvent d'équilibre. On se reconduisait alors mutuellement, en décrivant des zigzags aussi compliqués que le tracé des tranchées et parallèles du siège, et se racontant, dans un langage inventé pour les besoins de l'*entente cordiale*, des choses prodigieuses. Les exploits d'Afrique et les vastes mérites de la *Tête de fer-blanc*, de Canrobert, de Bosquet et de Mac-Mahon en faisaient les principaux frais et arrachaient des *indeed!* de surprise aux flegmatiques soldats de la reine.

A côté des distractions qui écartent le danger de l'affaiblissement moral, la rude vie en campagne et, il faut le dire à l'éloge de l'ennemi, l'exemple même des Russes avaient ranimé le sentiment religieux dans les rangs. Toujours vivace dans notre marine, où il fait partie intime de la vie de bord et est publiquement avoué et professé par une majorité d'officiers doublement respectés du matelot à cause de leur science et de leur ferme énergie, il se perd facilement pour l'armée dans

---

[1] Nous avons sous les yeux le fac-similé d'un de ces programmes (dans le livre du général Fay); il est illustré d'une masse de pochades à la plume. Une partie des titres est biffée, et cette mention a été rapidement écrite en intercalation, en dessous de l'intitulé : « Deux de nos amateurs ayant été tués et plusieurs blessés, nous sommes forcés, à la dernière heure, de remplacer le vaudeville..., etc. etc. » Rien n'était plus réel.

[2] L'amiral Dundas, parvenu au terme réglementaire de son commandement, l'avait remis à l'amiral Lyons; l'amiral Hamelin, rentré en France, avait eu pour successeur le vice-amiral Bruat.

les tentations faciles et les fastidieuses minuties de la vie de garnison. Mais le spectacle de la marine, où la prière du soir et les offices dominicaux étaient réglementaires et suivis par tous avec un profond respect, l'attitude même des populations turques, pour qui les Français représentaient le catholicisme militant, enfin le double stimulant du péril et de l'exemple des chefs les plus aimés et les plus haut placés, eurent bientôt chassé les malsaines influences du passé[1].

Le maréchal de Saint-Arnaud, avant de partir de Paris, avait étudié avec soin l'organisation, alors très complète, de l'aumônerie de la flotte, avec l'aide de Mgr Coquereau, aumônier en chef. Il organisa celle de l'armée d'Orient sur le pied suivant : un aumônier supérieur au grand quartier général (le P. Parabère) avec un aumônier adjoint ; un aumônier en chef par corps d'armée, un aumônier titulaire par division. La flotte possédait les siens, un sur chaque vaisseau, depuis quatre ans. Habitués à la vie de bord et aux règlements militaires, ils pouvaient servir de modèles à leurs confrères de l'armée ; le dévouement catholique aidant, ils furent bientôt tous à la même hauteur. Dans les hôpitaux d'évacuation, outre les aumôniers titulaires, les religieux français installés en Turquie s'étaient mis à l'entière disposition de nos soldats. C'est là, dans l'accomplissement de leur ministère, que périrent, sur le champ de bataille sacré, l'abbé Ferrari, terrassé par le choléra ; le P. Gleriot, jésuite, aumônier en chef des hôpitaux d'évacuation, au moment de s'embarquer pour la Crimée ; l'abbé de Geslin, d'une noble et pieuse famille de Metz, dont les frères survivants ont marqué, dans le sacerdoce et l'armée, au premier rang sous tous les rapports. Là moururent de fatigue, au chevet des malades et des blessés, les sœurs de Saint-Vincent-de-Paul, et à leur tête la sœur Marie-Thérèse, pleurée de toute l'armée.

L'un des aumôniers de Crimée, le R. P. de Damas [2], de la Compagnie de Jésus, nous a laissé dans ses *Souvenirs* religieux et militaires de Crimée une mine féconde de nobles exemples fournis par tous les rangs de l'armée, — depuis ce soldat obscur, « fils d'une mendiante, » qui faisait écrire par l'aumônier, en mourant, une *belle, très belle lettre, la plus belle lettre qu'on pourra*, à sa mère, et le sergent-major de Chabannes-Curton de la Palice, âgé de dix-huit ans, dont le R. P. de

---

[1] L'année précédente, le maréchal de Saint-Arnaud s'était spontanément *converti*, ou plutôt avait commencé à pratiquer avec soin sa religion. Des généraux tels que Mac-Mahon, Bosquet, de Pontevès, Trochu, etc., en donnaient l'exemple public aux soldats. Le dévouement des aumôniers militaires, des missionnaires lazaristes de Constantinople, des sœurs de Saint-Vincent-de-Paul, portait ses fruits. On appelait les prêtres dans les lignes d'attaque pour se confesser en marchant ; des officiers, à genoux sur les marches d'escalier des hôpitaux de Constantinople, se confessaient brièvement au passage de l'aumônier, recevaient l'absolution et partaient contents. La plupart des testaments trouvés sur les mourants ou indiqués par eux sont chrétiens de profession.

[2] Fils du général baron de Damas, ancien ministre plénipotentiaire.

Damas, qui assistait cet excellent chrétien, ne sut le nom que par hasard,—jusqu'aux chefs les plus brillants : le colonel de Brancion, qui avait rempli tous ses devoirs religieux la veille du jour où il tomba mort en enlevant les parapets du Mamelon Vert; le général de Sabran-Pontevès, type du vrai croisé sous l'uniforme moderne, entraînant, chevaleresque et révéré dans l'armée; le général Bizot, l'homme de la science modeste et de l'intrépidité sans faste. Nous ne pouvons tout nommer.

Chaque dimanche, le général Canrobert, lorsqu'il commandait en chef, assistait avec tout son état-major à la messe dite par le P. Parabère ou son adjoint, sur un petit autel qu'abritait une pauvre baraque en planches. Le général Pélissier, bon chrétien, ne pouvait faire moins; on sait quels étaient ses sentiments[1]. Après l'échec du 18 juin, il n'hésita pas à dire à un de ses aides de camp qu'il valait mieux « mettre Dieu que des anniversaires historiques » dans la partie. On sut plus tard, sans étonnement, que lorsqu'il y eut à fixer dans les premiers jours de septembre la date précise de l'assaut qui devait nous livrer Malakoff, Pélissier avait incliné à celle du 8, non seulement parce qu'elle convenait militairement, mais parce qu'elle était celle de la Nativité de la sainte Vierge, dont le général portait, comme beaucoup de nos soldats, la médaille dite *de l'Immaculée Conception*. Plus d'une fois l'on a cité la lettre qu'il écrivit, au lendemain du triomphe, à la pieuse religieuse de l'hospice du Puy qui lui avait donné la médaille :

« Je ratifie bien volontiers les vœux que vous avez faits pour moi. Ces vœux ont été exaucés. C'est le lendemain de l'Assomption que

---

[1] Un des actes les plus remarqués du général Bosquet est raconté à la fois par plusieurs des acteurs de la guerre (le général Lebrun, le général Fay, le R. P. de Damas, etc.) Il avait produit dès le début de la campagne une immense impression.

En passant à Andrinople, le général remarqua que dans cette seconde capitale de la Turquie toutes les communions avaient de belles églises et que leurs prêtres y étaient fort considérés. Seuls, les Latins ne possédaient qu'une très pauvre chapelle desservie par un petit prêtre italien. Le général s'en convainquit en y assistant à l'office divin avec tout son état-major et un grand nombre d'officiers, dont la plupart furent obligés de rester dans la rue.

Le dimanche suivant, toutes les troupes étant arrivées, Bosquet fit célébrer dans un site fort beau, sur les bords de la Toundja, une *messe de camp* par le prêtre italien assisté de tous les aumôniers présents. Il y déploya une grande solennité; le canon tonna, les honneurs furent rendus.

A partir de ce jour, les Latins d'Andrinople furent considérés partout. Quelques semaines après, le sultan Abd-ul-Medjid, dérogeant à tous les usages turcs, recevait en audience les sœurs de charité, venues pour solliciter la grâce d'un condamné à mort, la leur accordait et leur déclarait « qu'il ne refuserait aucune de leurs demandes, quelles qu'elles fussent ».

Nous ne mentionnerons pas ici les exploits personnels des aumôniers, marchant au combat et absolvant les mourants sous le feu de l'ennemi. A l'Alma, le P. Parabère, à cheval à côté de Canrobert, fut démonté par un boulet qui tua le cheval. Il n'y en avait plus d'autre de libre. Le Père, courant à une section d'artillerie qui allait prendre position, sauta à cheval sur une des pièces et arriva ainsi au milieu de la bataille pour y remplir son ministère.

j'ai battu les Russes à Traktir. C'est le jour de la Nativité de Notre-Dame que fut pris Malakoff. Ainsi, ce sont les bonnes prières de la Vierge et la foi que nous y avons qui, plus que le vulgaire ne le pense, nous ont été d'un si grand service dans ces glorieuses journées. ».

Sous l'excitation du dévouement des aumôniers et de l'exemple des chefs, combien n'a-t-on pas à citer de nobles traits de courage dus à la foi! Combien de morts touchantes ou héroïques! Louis Veuillot a redit dans une belle page celle du capitaine de Saint-Priest; il faut lire dans les récits de Lefort celles du commandant de la Contrie, du général d'Elchingen, du capitaine de Crécy, du lieutenant de vaisseau Boch. Puis ce sont des traits de dévouement héroïque, quelquefois consacrés par *l'ordre du jour,* le plus souvent obscurs comme ceux qui les accomplissent sans façon. Ici, c'est un aspirant de marine de vingt ans qui soigne trois cents cholériques et les fait administrer *un par un;* tous meurent dans ses bras: il survit, et ignore absolument qu'il a accompli une merveilleuse action; là, c'est un autre qui sauve ses matelots dans une batterie; dix fois l'on voit des officiers et des soldats éteindre de leurs mains les mèches de bombes près d'éclater, ou bien saisir le lourd projectile et le lancer hors des tranchées pour qu'il éclate sans tuer; un officier de marine, pour aguerrir de nouveaux arrivés, allume son cigare à la fusée d'une bombe russe et reste debout, sans blessures, après le fracas de l'explosion; il se tourne vers les soldats et leur dit en souriant: « Voilà tout, ce n'est pas plus terrible que ça. »

Mais l'espace nous manque, et nous ne pouvons qu'effleurer le terrain anecdotique. Il nous faut revenir aux grands faits.

XIII

Nous avons fait, plus haut, allusion à la lettre-programme écrite
dès l'abord par le général Pélissier au général Bosquet. Elle débute
ainsi :

« En prenant le commandement, je me trouve en présence de deux
systèmes. » Il exposait le premier : battre l'ennemi à l'extérieur et sur
ses communications, pour venir reprendre et achever le siège de la
place en employant l'investissement complet. » Il en indiquait les
défauts et les difficultés. Puis il passait au second : « S'attaquer directement au corps de place et en conquérir pièce à pièce la partie sud
à tout prix. » Il annonçait l'expédition décidée sur Kertch, de concert
avec Raglan, indiquait en gros la nouvelle répartition des forces
alliées avec le *corps de réserve* et son usage (tenir en arrêt, avec l'aide
des Piémontais, l'armée russe de l'extérieur); puis il ajoutait :

« Tout cela n'est que le prélude d'une opération bien plus importante et plus décisive à mes yeux : l'ENLÈVEMENT et l'OCCUPATION [1] du
Mamelon Vert et du mont Sapoune [2], préface obligée de nos efforts
contre le corps de place. » Il résumait ses motifs en quatre points :

1º Resserrer ainsi les Russes jusqu'à rendre les sorties impossibles;

2º Soutenir et pousser l'attaque anglaise vers le grand Redan;

3º Prendre des vues [3] sur le grand Redan et les casernes;

4º Compléter l'investissement sans avoir à se développer au nord
de la baie, en établissant au Carénage une puissante batterie pour
battre toute la baie en écharpe.

En conséquence, il donnait ses prescriptions conformes, en détail,
tant pour les travaux préparatoires à l'attaque du Mamelon Vert que
pour l'attaque elle-même, et terminait ainsi :

« Sébastopol enlevé, ses ressources transportées dans nos ports de

---

[1] Les mots sont à dessein soulignés dans l'original.
[2] Ou hauteurs du Carénage.
[3] C'est-à-dire, en termes de siège, pouvoir canonner directement.

Kamiesch et de Balaklava..., nous laisserons sur la Chersonèse de quinze à vingt mille hommes, et avec cent trente mille, nous ferons une campagne d'automne en toute liberté et, s'il plaît à Dieu, avec quelque gloire. Tout à vous. »

Cette fin répondait nettement aux plans de Niel, en les insérant à *la suite* et non *en tête* des opérations du siège. Elle mettait chaque chose à son rang et conciliait tout; on s'étonne que Niel ait pu la combattre.

Cependant l'armée avait été constituée par un *ordre général* du 20 mai[1]. Elle formait trois corps, dont un de réserve. Le 1er corps était chargé des attaques de gauche, comme auparavant; le 2e des attaques de droite, avec les Anglais; le 3e, avec les Piémontais et une division turque, de l'observation de l'armée russe d'opérations; celle-ci était campée au nord-est, sur les revers sud du Tchâtyr-Dagh, — plateau de Mackensie; — elle se reliait par les ports de la mer d'Azof à ses magasins, et par sa droite, à l'ouest, au fort du Nord, vaste ouvrage étendu en face de la ligne des vaisseaux coulés dont les mâtures dépassaient le niveau de l'eau.

Voici, au reste, la composition en gros de nos corps :

1er *corps : commandant en chef :* de Salles; quatre divisions : d'Autemarre, Levaillant, Pâté, Bouat;

2e *corps : commandant en chef :* Bosquet; cinq divisions : Canrobert, Camou, Mayran, Dulac, Brunet;

3e *corps,* dit *de réserve : commandant en chef :* Regnault de Saint-Jean-d'Angely; trois divisions : Herbillon, d'Aurelles de Paladine, et la garde (général Mellinet).

Au 1er corps ressortissait la division de cavalerie Morris (quatre régiments de chasseurs d'Afrique); au 2e, la division de cavalerie d'Allonville (hussards et dragons); au 3e, la brigade de cavalerie de Forton (cuirassiers).

Le 2e corps maintenait trois divisions aux attaques de droite et en portait deux en arrière pour soutenir les opérations du 3e corps, auquel se joignaient les dix-sept mille Piémontais du général de la Marmora[2] et les dix mille Turcs de Séfer-Pacha.

Le général de Martimprey était *chef d'état-major général;* le général Théry *directeur de l'artillerie* de l'armée, et le général Niel *directeur du génie;* ce dernier avait sous ses ordres, comme directeurs du génie des corps, le général Dalesme au 1er corps, le général Frossard au 2e, le colonel Forgeot au 3e.

Cependant, sous le coup de fouet donné par cette menaçante reconstitution du commandement et des forces françaises, les Russes redou-

---

[1] Nous renvoyons pour le détail à la *Collection des ordres généraux de l'armée d'Orient.* 1 vol. in-4°. Bibl. nat. Lh², n° 403.

[2] Qui venait d'arriver en Crimée, par suite d'une convention financière avec l'Angleterre.

blèrent d'énergie. Todleben, prévoyant la prochaine attaque du Mamelon Vert et voulant gagner du temps par une diversion utile, renforça puissamment le bastion central et la redoute Schwartz, au sud-ouest de la place; puis, dans la nuit du 20 mai, il fit ouvrir, en dehors de la place et couvrant le cimetière russe de l'ouest, un immense tracé d'ouvrages de contre-approche, par quatre mille travailleurs, pendant que notre 1er corps poussait ses cheminements vers le même point. Dès l'aube du 22, à cette vue, ce fut un orage d'artillerie qui tonna des deux côtés pour attaquer et soutenir les « nouvelles audaces » de Todleben. Mais il avait à affaire à terrible partie. Pendant qu'il réglait l'achèvement de son ouvrage[1], s'attendant à le voir attaquer par les Français dans trois ou quatre jours, Pélissier en réglait sur-le-champ, avec le général de Salles, l'enlèvement immédiat par la division Pâté.

Dès le même jour, à neuf heures du soir, huit bataillons de quatre cents hommes (légion étrangère, 9e chasseurs à pied, 48e, 28e et 98e de ligne), formés en deux colonnes sous les généraux de la Motterouge et Beuret, sortirent silencieusement des tranchées et s'élancèrent, à la sonnerie de la charge, sur le nouveau retranchement russe, gardé par six bataillons des régiments *Podolie*, *Jitomir* et *Varsovie*, sous les ordres de Khroulef. Une lutte corps à corps, la plus terrible de tout le siège, s'engage partout; nos soldats triomphent de l'acharnement des Russes. Mais la place jette aussitôt un renfort de six bataillons, qui refoule les trois bataillons de la droite française; les nôtres, furieux, reviennent à la charge; on se bat jusqu'au jour, un Français contre deux Russes; *cinq fois* la gabionnade russe est prise et reprise. Au jour, la retraite sonne des deux côtés et le canon reprend son roulement continu. La journée du 23 se passe à ce duel d'artillerie. Puis, le soir venu, l'ennemi réoccupe ses tranchées. Cette fois, nos soldats jurent d'en finir. Pélissier leur a fait dire, « que depuis quarante ans, il n'a jamais su terminer un combat que par la victoire. »

« Tu veux l'ouvrage russe, tu l'auras, entêté[2]! » s'écrient les soldats de la division Levaillant, chargée de la nouvelle attaque. A la nuit close, un détachement s'empare, par une fusillade nourrie, des hauteurs de la Quarantaine; pendant ce temps, six bataillons lancés au pas de course sautent dans la tranchée russe, passent le régiment de Jitomir à la baïonnette et, aidés d'un détachement du génie, retournent en un clin d'œil la gabionnade supérieure et la relient à nos ouvrages par un tracé en crémaillère qui défie le canon du fort de la Quarantaine.

Les Russes avaient, cette fois, travaillé pour nous; leur ouvrage devenait notre cinquième parallèle. Ils cédèrent à cette énergie et arborèrent, le 24, le drapeau parlementaire pour faire enlever leurs

[1] Qui avait un kilomètre de front offensif.
[2] Textuel.

morts. Ils avaient perdu plus de trois mille hommes; notre succès nous en coûtait deux mille deux cents. Mais il était énorme comme influence même, et le soir du 24, Todleben disait à Khroulef et à l'amiral Nakhimoff : « Il pourrait bien s'agir désormais de mourir glorieusement, tout autant et plus que de vaincre... Il y a là-bas (montrant le grand quartier général français) un terrible gaillard ! »

Le « terrible gaillard », ce jour-là même, réglait et lançait deux autres opérations graves : la première avait pour objet de dégager notre front de réserve de la situation menaçante prise sur la Tchernaïa par l'avant-garde du prince Gortschakoff, qui avait chassé les Turcs de la position de *Tchorgoun*, village situé sur la rive droite, à proximité du pont et des gués de la rivière. Le général Canrobert, avec deux divisions d'infanterie, toute la cavalerie du 3e corps et cinq batteries à cheval, descendit, le 25 mai, sur la Tchernaïa, s'empara du pont de Traktir, balaya les deux rives et, par une vigoureuse attaque, chassa les Russes de Tchorgoun. Puis le corps de réserve s'établit sur les deux monts Fédioukine, gardant à vue l'aqueduc et la rivière, relié vers sa droite aux Piémontais qui occupaient le pont Hasford, et soutenu en arrière par sa cavalerie.

Aucune surprise de l'armée russe n'était désormais à craindre de ce côté.

La seconde opération fut l'embarquement des divisions d'Autemarre (française) et Brown (anglaise) pour l'expédition de Kertch et la mer d'Azof, dont nous avons parlé au chapitre XI. On sait qu'elle fut des plus brillantes, malgré les colères impériales; le 3 juin, les flottes alliées complétaient ces vastes résultats en détruisant et rasant les défenses et les magasins ennemis du versant caucasien de la mer Noire : Anapa et Soudjouk-Kalé. Les soldats revenus, lord Raglan, enchanté, écrivit à Pélissier qu'il était prêt à entreprendre aussitôt *une action de vigueur* avec nous; cette action, c'était celle que Pélissier avait désignée à Bosquet, dans sa lettre du 20 mai, comme « la plus importante et décisive » avant l'assaut de la place elle-même : l'attaque du Mamelon Vert.

Dès le 26 mai, Bosquet, avec sa merveilleuse facilité d'exposition, avait répondu aux vues du général en chef par un exposé complet des mesures qu'il jugeait nécessaires [1]. Il demandait surtout que, dans les travaux préparatoires à l'action que l'on projetait, les Anglais voulussent bien agir *réellement* de leurs batteries; car, s'ils étaient braves au feu et très bons pointeurs au siège, ils avaient le talent d'arriver toujours en retard; et, dans le fait, les Français faisaient à eux seuls, en ce moment, les quatre cinquièmes, sinon les neuf dixièmes du siège, sans compter le reste.

---

[1] Voir sa lettre au général en chef, n° 395, vrai modèle de précision et de clarté, et appréciée par tous les militaires comme un chef-d'œuvre de stratégie.

C'est dans une des explorations de terrain préliminaires aux derniers travaux de batteries que le commandant Boissonnet, du génie,
découvrit le long du Carénage, à fleur du sol, un chapelet explosif de
vingt-quatre boîtes chargées de poudre et pourvues d'amorces fulmi-
nantes, évidemment placées là par les Russes pour faire sauter un de
nos régiments.

Comme il ne fallait rien risquer du côté de l'armée d'observation,
Pélissier ordonna, le 3 juin, une grande reconnaissance de ce côté.
Elle fut poussée par deux divisions aux ordres de Canrobert, avec l'appui de toute la cavalerie Morris (dix escadrons) et de trois batteries
légères. Pour la première fois, les Piémontais joignirent leurs troupes
aux nôtres à cette occasion. On constata l'immobilité certaine de
Gortschakoff à grande distance. Dès lors, les approches furent vivement poussées contre le Mamelon Vert.

Ce vaste ouvrage se composait : 1º de l'ouvrage central ou Mamelon
Vert, appelé par les Russes *redoute Kamtchatka;* 2º des Ouvrages
Blancs qui la couvraient, appelés par les Russes *redoutes Sélenghinsk*
et de *Wolhynie.* Les divisions chargées de l'attaque étaient celle du
général Mayran, pour les Ouvrages Blancs, et celle du général Camou
pour le Mamelon Vert.

Le 5, Pélissier annonçait au ministre, par télégramme, qu'il allait
voir Raglan et arrêter avec lui les dernières dispositions pour l'attaque
du 7, bien résolu « à la conduire sans désemparer avec la dernière
vigueur ». Il reçut presque en même temps une dépêche télégraphique
d'un style fort pompeux, qui lui disait que la conduite du siège regardait le directeur du génie plutôt que le général en chef (*sic*) et qu'on
lui *donnait l'ordre* de s'attacher d'abord et uniquement à l'investissement de la place [1].

Sans répondre, Pélissier prit ses mesures d'attaque.

Le 6 juin, après midi, un feu terrible partit des lignes anglo-fran-
çaises contre tous les fronts de l'est, qu'il bombarda sans discontinuer
jusqu'au 7 au soir. A ce moment, les ouvrages russes étaient dans le

---

[1] Cette boutade théorique avait été un jour alléguée par Canrobert au maréchal
Vaillant, par modestie et dans un accès de fatigue. Vaillant s'était empressé de la
réfuter de point en point avec vigueur, *et sa lettre était encore aux archives du quartier général,* où Pélissier l'avait lue... On comprendra son attitude en tel cas.

Le général Lebrun rapporte ceci : « Pendant une inspection de Pélissier aux attaques
de droite, le général Niel, tirant à part le colonel Lebrun, lui fit remarquer avec quelle
incroyable négligence le général en chef dédaignait de faire enlever un pont voisin,
duquel on couperait à coups de canon le pont volant qui faisait communiquer la ville
avec le fort du Nord et l'armée de secours : « Cette batterie, dit-il, sera *la clef* qui nous
ouvrira la porte de Sébastopol. »

Quelques semaines après, le pont désigné étant tombé sans coup férir en notre pouvoir par la prise du Mamelon Vert, le directeur du génie s'empressa d'y faire installer
des pièces à longue portée. Mais les boulets n'arrivèrent qu'aux deux tiers du
chemin... Pélissier l'avait calculé dès l'abord.

plus affreux état. Les troupes françaises désignées prirent position : Pélissier, placé en un point culminant (redoute Victoria), examinait de loin ; Bosquet, plus rapproché, fit donner le signal au déclin du jour. Il avait exalté les troupes par un ordre du jour plein de vigueur, et donné aux chefs de colonne et de corps les instructions les plus précises.

Au signal donné (un bouquet de fusées), la brigade de Lavarande s'élança sur la redoute Wolhynie, la brigade de Failly sur la redoute Sélenghinsk, la brigade de Wimpfen sur la redoute Kamtschatka. Les deux premières attaques réussirent en moins d'une demi-heure, grâce à l'élan des troupes ; les Français restèrent maîtres des deux redoutes. Mais, au Mamelon Vert, ils rencontrèrent un terrible adversaire, le vice-amiral Nakhimoff, qui y arrivait pour inspecter les hommes ; en un clin d'œil, obligé de céder sous la fureur de l'attaque et la supériorité du nombre, il concentre ses hommes dans une position solide à la gorge de l'ouvrage et prévient la place. A cet instant, les vainqueurs commirent une grave imprudence, qui valut ensuite au général Mayran l'un des plus rudes coups de boutoirs de Pélissier : ils se lancèrent à la poursuite de quelques fuyards et arrivèrent sous Malakoff, peut-être avec l'espoir insensé d'y entrer. Aussitôt un déluge d'obus, de boulets, de mitraille, les accable de tous les points du rempart ; et le général Khroulef, à la tête de six bataillons, les charge brusquement, les rejette en désordre et rentre triomphant dans l'ouvrage Kamtschatka. Mais Bosquet avait tout prévu ; il fait un signe : la brigade Vergé, ralliant les restes épars des combattants, les ramène avec elle à la charge ; un combat terrible et court rechasse les Russes de l'ouvrage, nous en demeurons maîtres et nous y restons.

De leur côté, les Anglais avaient enlevé en même temps, avec une colonne de mille hommes, l'ouvrage des *Carrières*. Le succès était complet. Il se doubla, le lendemain, des derniers rapports de la mer d'Azof, relatant les beaux résultats de notre flotte. Le 12 juin, Pélissier put écrire au gouvernement que les rôles étaient changés désormais ; que les Russes n'attaquaient plus ; et, le 15, il annonça son intention de tâter Malakoff en ces termes : « Pour tous les vrais gens de guerre, la tour Malakoff est le *petit Gibraltar* de cet autre Toulon. »

La prise du Mamelon Vert nous avait coûté, en tués et blessés, plus de cinq mille hommes (dont les deux tiers dans la folle poursuite sous Malakoff) ; les Anglais en avaient perdu plus de sept cents, les Russes plus de six mille, parmi lesquels le général Timofeïeff. Au premier rang des morts, il faut compter le vaillant et pieux colonel de Brancion [1], tué dans l'assaut même. Le lendemain, le général de Lavarande, qui s'était si brillamment comporté quelques heures plus tôt,

---

[1] Du 50e de ligne, qui formait, avec le 3e zouaves et les tirailleurs algériens, la colonne d'attaque du Mamelon Vert (brigade Wimpfen).

entendait, debout dans la tranchée de Wolhynie, le rapport de son officier d'ordonnance; ce dernier, s'interrompant, lui dit : « Mais, mon général, reculez-vous donc un peu; l'ennemi vous voit par l'embrasure, et l'on tire sur vous! » Le général sourit : « Bah! fit-il, voilà vingt-cinq ans que je fais campagne, et j'attends encore ma première blessure... Continuez. » Le lieutenant reprit son carnet; au même instant le général tombait, la tête traversée par une balle [1].

Quant au général en chef, complimenté par un vote unanime du parlement anglais et les félicitations publiques de la reine, il recevait, comme prix du grand coup par lequel venaient de tomber les espérances de succès de l'ennemi dans sa résistance ultérieure, des observations très aigres sur le chiffre de nos pertes (dont plus de la moitié étaient dues, on l'a vu, à l'imprudence de la division Mayran, mal conduite ou mal retenue par son chef), et la conclusion étrange : « qu'une bataille rangée, sans coûter davantage, aurait eu de meilleurs résultats; et qu'en conséquence on lui renouvelait l'ordre d'entrer en campagne. »

Profondément blessé, mais résolu à prendre Sébastopol malgré le gouvernement, Pélissier répondit net qu'un tel ordre le plaçait « entre l'indiscipline et la déconsidération... Jamais je n'ai connu l'une; je ne voudrais pas subir l'autre ». Il déclarait avec raison « paralysante l'extrémité du fil électrique » qui apportait de telles entraves à son commandement et à l'entente avec l'armée anglaise. Et, à ce dernier point de vue, il écrivait au ministre qu'il n'avait plus, s'il voulait suivre ces instructions réitérées, qu'à résigner le commandement, ou à « ne pas déférer complètement aux instructions impériales, quand l'obéissance la plus stricte avait été la règle de toute sa carrière ».

C'est sous le coup de ces procédés mesquins et décourageants qu'il se montra soupçonneux et irrité contre Bosquet, au sujet d'un détail de service dans lequel il regarda un manquement sans intention à la règle ordinairement suivie comme un manquement volontaire aux convenances, et répondit très durement aux observations de Bosquet. Le général Niel s'empressa malheureusement d'écrire pour représenter les procédés du général en chef comme *incroyables!*... Ils n'étaient que sévères. C'était le 16 juin; à ce moment, Bosquet reçoit l'ordre d'échanger pour quelques jours son commandement avec celui de la réserve, et de remettre le sien au chef de la réserve, général Regnault de Saint-Jean-d'Angely. Ce dernier, moins connu et moins aimé du 2ᵉ corps,

---

[1] Le 7, pendant l'attaque des Ouvrages Blancs, le général Mayran et son état-major, fatigués, s'étaient assis dans les tranchées enlevées à l'ennemi, et, le dos tourné à la place, abrités par une grosse gabionnade, ils commençaient, armés d'assiettes en ferblanc, un frugal repas, quand un boulet d'énorme taille traversa la gabionnade et les couvrit de débris. Le soldat qui les servait reçut le boulet *mort* en pleine poitrine; il tomba étouffé, les poumons broyés, *sans la moindre lésion apparente;* nous citons cette blessure pour sa singularité.

moins familiarisé avec le terrain des attaques, était ainsi appelé, trente-six heures à l'avance, à diriger les troupes d'assaut. On s'est beaucoup récrié, dans les livres, sur cette « grave faute » de Pélissier.

Sans nous attarder à une discussion qui regarde les seuls militaires de profession, nous ferons remarquer que Pélissier avait à tenir compte de deux difficultés : une de règlement et une de situation.

Celle de règlement provenait de ce que la division Brunet, amenée aux tranchées pour remplacer la division Camou, trop affaiblie (par l'affaire du 7) et passée en réserve, avait pour chef le général qui avait d'abord *commandé en chef* le corps de réserve primitif; aux termes des règlements, le général Brunet avait le droit de ne pas se laisser, — à moins de disgrâce, — mettre sous les ordres d'un général beaucoup moins ancien que lui dans le grade, ce qui était le cas du général Bosquet.

Le général Regnault de Saint-Jean-d'Angely était supérieur en ancienneté à tous ceux dont il s'agit; et il avait le rang de commandant en chef de corps.

Le général Saint-Jean-d'Angely, officier d'une solidité connue, très réputé par ses services d'Afrique, pouvait tout aussi bien lancer *ses soldats à lui* à l'attaque, avec ceux de Bosquet, que Bosquet eût lancé *ses soldats à lui* avec une partie de ceux de la réserve. En ces affaires, la sentimentalité à propos d'un nom est une pure niaiserie, ce nom fût-il Bosquet. Le mérite d'avoir très bien préparé l'action reste tout acquis à la gloire de Bosquet; le malheur qui la fit manquer, on va le voir, tient à plusieurs causes, mais *surtout* à l'insuffisance du général Mayran, officier plus fait pour s'illustrer à la tête d'un peloton que pour guider avec sagacité l'emploi des forces d'une division [1].

La *difficulté de situation* venait, pour Pélissier, de l'engagement qu'il avait pris avec les Anglais de donner l'assaut, quoiqu'il n'en considérât pas les chances de réussite comme aussi certaines qu'elles le furent plus tard; dans les observations injustes et les exigences impératives qui, de Paris, pleuvaient sur lui, suggérées par un général dont le devoir était *au moins* de ne pas créer à son chef de pareilles contradictions, Pélissier, poussé à bout, y trouvait peut-être un motif : 1° pour hâter la tentative d'assaut, afin d'en finir avec cette intolérable situation; 2° pour laisser entrevoir comme prochaine une campagne sur Simféropol, en mettant l'actif et habile Bosquet ostensiblement à la tête de la réserve remaniée... Quoi qu'il en soit de ces vraisemblances, tout cela est bien loin des suppositions presque basses qui ont été imprimées à l'encontre du franc et loyal général en chef.

Le 17 au matin, le bombardement préliminaire éclata de tous les

[1] De là, après l'échec, le mot cruel sans doute, mais plutôt sévère qu'injuste de Pélissier sur Mayran : « S'il n'était pas mort, je l'eusse déféré à un conseil de guerre. »

points du siège, mais particulièrement aux attaques de droite, avec
une intensité terrible; la mer étant trop grosse et le vent trop contraire
pour que la flotte pût se tenir à portée, les dix frégates à vapeur des
alliés, seules, concouraient de ce côté au bombardement. Il ne discon-

Bosquet (1854).

tinua pas même la nuit : énormes fusées, bombes et obus tombaient de
tous côtés dans la place; les parapets s'écroulaient, les merlons tombaient,
les terres s'effondraient; mille huit cents Russes gisaient, tués par le feu
de l'extérieur, sur les cinquante-quatre mille que renfermait la place,
vingt-cinq mille travaillaient avec ardeur, sous le feu, à réparer les dé-

gâts et à construire la seconde enceinte (intérieure); neuf mille ripostaient aux pièces; la rade tonnait de tous les vaisseaux qui lui restaient.

Pendant ce temps, nos divisions se rendaient aux postes assignés; mais l'ennemi, prévenu par le bombardement, put se rendre compte des mouvements en éclairant au loin le siège par des pots à feu et des fusées en pluie; trente-six bataillons furent disposés pour résister, dont neuf dans Malakoff seulement. C'était une armée entière contre des colonnes d'assaut et non plus une place qui se défend. Les généraux Khroulef et Pavlof commandaient ces masses.

Par suite de manque de prévoyance, il y eut de la confusion et des retards dans la marche de quelques brigades. Le signal devait être un bouquet de *six fusées*, lancées de la redoute Victoria; on comptait le donner vers trois heures du matin.

Le général en chef, surchargé de besogne, se mit en route un peu tard, à deux heures; il rencontra en chemin une brigade retardataire; lui-même, très souffrant du trot, fut obligé de prendre le pas; il était encore en route, et se hâtait malgré ses incommodités, pour ne pas faire attendre trop longtemps le signal... Tout à coup, on vit au loin, puis on entendit se dessiner une lutte ardente de canon et de fusillade. Le général étonné se hâta encore et fit enfin lancer le signal.

Ici nous laissons la parole au chef d'état-major de la division Mayran, dont le commandant venait, par une nouvelle faute, de compromettre irrémissiblement le succès d'un assaut devenu déjà difficile par suite des belles dispositions des Russes.

Le général Mayran, fiévreux, agité, l'œil fixé sur la direction de la redoute Victoria, avait remarqué plusieurs fois avec impatience qu'*il était trois heures sonnées* et que le signal n'arrivait pas. Tout à coup il s'écrie : « Le voici! En avant! » et ordonne aux têtes de colonne de sortir. Stupéfaction de son état-major. Le colonel Lebrun s'élance vers lui et lui crie : « Mais non, mon général; c'est *six fusées* que nous « devons voir, et ce qui vient de paraître n'est qu'une bombe fusante! » Le général irrité riposte, puis cède; les soldats, qui s'étaient arrêtés aux premiers mots du chef d'état-major, rentrent dans la tranchée en se regardant. Cinq minutes après, nouvelle bombe (on en tirait de plusieurs côtés sur la ville). Cette fois, Mayran s'élance en criant encore : « En avant! » Le colonel, les aides de camp, se récrient de nouveau; mais le général n'écoute rien; il réitère ses ordres, la *charge* éclate bruyamment, les deux colonnes partent en courant [1].

---

[1] Cette relation du plus autorisé de tous les témoins supprime d'un coup toutes les hypothèses et dissertations éditées depuis lors par divers écrivains à propos des *responsabilités* de l'échec du 18 juin. Rien n'est plus clair que ce récit du chef d'état-major, le premier à blâmer l'espèce de folie qui s'était emparée de son général, et que l'on a bénévolement qualifiée de « petite erreur ». Le général Mayran, fier de sa bravoure et de sa rudesse de vie, était d'une exigence sans bornes et n'ademettait jamais d'observations.

« Mais, dit le chef d'état-major, à peine eurent-elles franchi une centaine de mètres, qu'elles furent accueillies par une fusillade si vive, et par des feux d'artillerie si écrasants, partant des ouvrages russes qui se trouvaient en face d'elles (batterie de la pointe et petit Redan), qu'on les vit s'arrêter sur place et tourbillonner sur elles-mêmes. En ce moment critique, le général Mayran jeta hors des tranchées, pour appuyer ses troupes arrêtées, le 2e régiment des voltigeurs de la garde, qui avait été mis à sa disposition pour servir de réserve à sa division. Ce régiment marcha avec intrépidité, mais il n'arriva *pas même jusqu'à la colonne*. Il fut écrasé. Le jour grandissait, les Russes couvraient nos malheureux soldats de mitraille, de balles et d'obus, en terrain découvert. En quelques minutes, *la moitié* de la division gisait à terre. »

Continuons de citer.

« La tentative de la division Mayran avait *complètement échoué. On en était là, lorsque la gerbe de fusées, — le signal convenu, — partit de la redoute Victoria.* Les colonnes des divisions Brunet et d'Aute-marre d'Ervillé franchirent alors, à leur tour, le parapet des tranchées et se précipitèrent vers la place ; mais à leur tour également, elles furent écrasées sous les feux d'infanterie et d'artillerie qui partaient des retranchements russes. » Cinquante mille hommes et neuf cents canons nous y attendaient. La colonne d'Autemarre occupa un instant, par un de ses détachements, le bastion Saint-Gervais ; malgré des prodiges de courage, il fallut faire retraite sous le feu de l'ennemi [1].

De leur côté, les Anglais avaient attaqué le grand Redan, défendu par l'amiral Panfilof, et avaient dû, après des efforts inouïs, se replier, jonchant tout le terrain d'habits rouges. Seul d'Autemarre tenait au coin de Malakoff, à Saint-Gervais, avec l'héroïque 5e chasseurs à pied. Mais ses quatre cents hommes ne pouvaient rien contre dix mille Russes. A huit heures du matin, Pélissier, voyant l'échec des attaques, lui fit ordonner de se replier.

Le général Brunet avait été tué en tête de sa division. Le général Mayran *s'était fait tuer* à côté de la sienne [2].

Le chiffre exact des pertes françaises du 2e corps était de deux généraux, trois cent trois officiers et trois mille deux cent cinquante soldats tués. Sur ce chiffre, appartenant à trois divisions avec leurs réserves, la division Mayran à elle seule figurait pour deux mille cinq cents ; soit très exactement *la moitié* de son effectif, perdu en dix minutes.

[1] Ce bastion flanquait de près la face droite (gauche pour nous) de l'ouvrage Malakoff.

[2] Deux fois déjà il avait été blessé légèrement ; voyant l'horrible état de ses colonnes (et comprenant peut-être enfin son erreur), il sortit de la tranchée et, debout sur le terrain, n'écoutant pas ou ne voulant pas entendre les observations de son état-major, il tomba, l'épaule et la poitrine fracassés par la mitraille. Il vécut encore deux jours sans reprendre connaissance.

Le général Faucheux, nouveau divisionnaire, en fut chargé et l'emmena au corps de réserve, car elle ne pouvait plus figurer aux attaques, *tous les officiers supérieurs de la division étant morts ou blessés*, sauf deux (le général de Failly et le colonel Lebrun, les deux plus exposés). Provisoirement, les régiments et les bataillons furent commandés par des capitaines; la brigade de marine (de Monet) vit revenir à elle le chef de bataillon Reybaud qui, deux fois blessé, ne daigna pas se faire panser et prit le commandement vacant.

A la place de la 3e division, ce fut la 1re (Canrobert) qui fut rappelée de la réserve pour reprendre rang aux attaques de droite.

Une lettre du 19 juin, écrite au maréchal Vaillant par le général Niel, accusait le général en chef d'avoir encouru ce désastre en écartant, au conseil, les propositions des directeurs de l'artillerie et du génie. Pélissier, de plus en plus froissé du rôle d'observation qu'on donnait à un général placé sous ses ordres, lui parla avec sécheresse et hauteur, le 26, quand il le vit se préparer à développer devant les autres généraux un plan personnel. A Paris, on n'osa pas faire trop de reproches d'abord, les fautes des subordonnés étant évidentes et celles du chef très problématiques [1]. C'est alors que Pélissier écrivit à l'empereur la remarquable lettre dont nous avons parlé (chapitre XI).

Le moral des troupes ne fut pas affecté par cet échec; leur confiance en Pélissier restait la même. Le général de la Motterouge, nommé divisionnaire, remplaça le général Brunet à la tête de la 5e division du 2e corps. Sa brigade fut donnée au général Trochu, nouvellement promu.

Les chaleurs étaient arrivées; le choléra, rapporté de Turquie par les renforts, prit de nouveau de l'extension, et il fallut procéder à de vastes mesures d'assainissement. D'autre part, l'échec du 18 juin avait fortement affecté lord Raglan, qui se considérait comme l'un des promoteurs de cette tentative; et le peu de progrès de ses travaux devant le grand Redan [2], joint à des rivalités et à des désaccords entre les généraux anglais et avec le génie français, avaient, autant que l'âge et la fatigue de cette campagne, achevé d'épuiser sa constitution. Il succomba à une attaque de choléra le 28 juin. Les armées des alliés (Anglais, Français, Piémontais, Turcs) lui firent des funérailles solen-

---

[1] Le 18, quand nos soldats de la 3e division rentraient par groupes, furieux et sombres, un zouave s'écria, en passant à côté de l'état-major : « Non, il n'est pas permis de faire tuer des hommes de cette façon-là, c'est ignoble! » Un officier se précipita vers lui en disant qu'il n'y avait pas moyen de tolérer de semblables paroles; mais le chef d'état-major lui dit à demi-voix : « Laissez cet homme, ce qui se passe est horrible; demain, les soldats seront plus calmes... Il y a des minutes où l'on doit laisser tout se taire, même la discipline. »

[2] Les officiers du génie, avec leur chef le général Harry Jones, voulaient à toute force qu'on renonçât à cette attaque. Il fallut huit jours au général Niel pour les amener à composition.

nelles, et son corps fut renvoyé en Angleterre. L'ami de lord Panmure, le général Simpson, le plus ancien de tous ceux de sa nation, reçut aussitôt le commandement en chef ; c'était un officier savant, mais peu sympathique. Il s'en remettait à son directeur du génie, le général Jones ; celui-ci, à la fin de juillet, s'entendit en dehors des généraux en chef avec le commandant du génie français (général Niel) pour essayer un accord d'où résultait l'hypothèse d'une entrée en campagne extérieure. Aussitôt grand émoi à Londres, puis à Paris : le gouvernement anglais, prenant au sérieux des plans *non approuvés* par le chef suprême de l'armée française, se récrie, s'épouvante, entraîne Paris dans ses alarmes. Les explications échangées furent le triomphe implicite de Pélissier et de son plan si précis ; le maréchal Vaillant, l'empereur, le cabinet militaire anglais, venant lui reprocher comme un crime d'*avoir peut-être changé de plan*, alors qu'eux-mêmes n'avaient cessé de le vouloir, et tremblant à la seule pensée qu'on pût s'aviser de le faire !... Pélissier ne répondit pas à ces alarmes. Il était justifié d'avance.

Cependant l'empereur persistait dans l'idée d'une diversion en arrière des Russes ; il fallut que le ministre de la guerre lui déclarât enfin qu' « il était absolument de l'avis de Pélissier » et lui montrât qu'une bataille perdue par les Russes ne livrait pas Sébastopol, tandis que, perdue par nous, elle délivrait la ville et nous mettait, avec nos tranchées et nos canons, à la merci d'une attaque combinée de front et de flanc, par l'armée et par la ville, sur nos lignes de Kamiesch. L'empereur se rendit à demi, *sans être persuadé*, déclara-t-il.

A côté de cette défiance, ou, si l'on veut, de cette confiance extraordinaire en ses propres idées, malgré l'avis contraire des militaires, Pélissier avait encore à lutter contre des procédés de critique secrète de la part de plusieurs généraux, procédés tellement indignes que le conciliant ministre de la guerre, qui arrangeait toujours tout par lettres, ne trouva pas moyen cette fois de mieux faire que de se fâcher, et de *savonner* rudement les auteurs de ces *factums*.

Bientôt on forma des plans en vue d'un second hivernage possible sous la place. Après s'être irrités, puis débattus dans mille combinaisons, les esprits ne trouvaient pas d'autre conclusion que la résignation nécessaire, avec la volonté bien arrêtée de ne plus se retirer avant la prise de la terrible place. Pélissier, évitant ces questions et sûr à l'avance du succès, mais ne pouvant encore en fixer le jour et l'heure, se contenta de resserrer activement le corps de place, qui bientôt allait se trouver tellement près de nos ouvrages, que l'assaut deviendrait inévitable.

Mais, pour cet assaut même, il rencontrait d'énormes contradictions. Le génie prétendait faire attaquer *partout à la fois*; Pélissier répondait que le premier principe d'un général en chef est de frapper

avec le plus de vigueur qu'il peut sur le point où un succès doit entraîner la suite des autres; qu'en l'état, c'était Malakoff d'où dépendait toute la réussite; qu'il fallait donc, même en attaquant partout, ne considérer tout le reste que comme *diversion*, et frapper sur
Malakoff; que tout le reste, sans Malakoff, ne concluait à rien; que
Malakoff seul faisait aussitôt tomber tout le reste. Telle est la supériorité du grand capitaine sur l'officier d'école simplement savant.

De même il repoussa avec énergie une dernière proposition impériale d'attaquer l'armée extérieure, et formula ainsi son axiome : *Celle
des deux armées qui attaquera l'autre sera battue, quoi qu'il arrive.*

Les faits allaient donner à ces deux assertions d'un homme de
guerre supérieur à son entourage la plus éclatante confirmation qu'il
soit possible d'imaginer. Mais, en attendant, il y avait dans la garnison
russe, — disons plutôt dans l'armée russe qui occupait les formidables
défenses de Sébastopol, — deux hommes hors de pair, infiniment
supérieurs à tous les autres, Todleben et Nakhimoff; et ces deux
hommes se trouvaient en ce moment livrés aux mêmes discussions
avec les généraux russes, et concluant entre eux de la même façon
que Pélissier contre ses détracteurs et ses contradicteurs. Ces trois
hommes étaient de vrais capitaines; les autres n'étaient que de bons
officiers généraux.

Le 20 juin, le général de Todleben fut grièvement blessé sur les remparts, et les soixante mille hommes qui gardaient Sébastopol (il restait
environ six mille civils sur la population primitive de quarante-sept
mille) tremblèrent pour la vie de leur illustre défenseur. On le transporta au nord de la rade, aux ambulances de Belbek. Là, il recevait
chaque matin, du vainqueur de Sinope, l'amiral Nakhimoff, son égal
en talents et en énergie, un bouquet de fleurs champêtres, symbole de
touchante amitié entre ces deux grands hommes. Le 11 juillet, les
fleurs cessèrent : Nakhimoff avait eu la tête brisée par une balle, sur le
saillant de Malakoff, à l'endroit où son vieux camarade Korniloff était
tombé au début du siège. La fortune de Sébastopol baissait, il ne lui
restait plus qu'un de ses *deux piliers*, et celui-ci était cloué sur un lit
d'hôpital, et en désaccord avec l'état-major russe.

C'est que l'armée russe avait, elle aussi, son Niel et son Simpson, en
la personne de l'aide de camp général impérial Vrevski, envoyé de
Saint-Pétersbourg et gourmandant tous les généraux au nom du czar.
Vrevski voulait absolument que l'on attaquât les alliés en campagne,
sur la Tchernaïa; le prince Gortschakoff en montrait les dangers. Dans
un grand conseil tenu à ce sujet, il n'eut d'appui que dans les généraux inférieurs; les chefs de corps furent contre lui : Khroulef réclama
une attaque *directe* contre les positions franco-turco-sardes, et offrit
de la diriger; le gouverneur de la place, Osten-Saken, opposé à une
double action celle du siège et celle du dehors, finit par opter pour

l'*abandon complet* de la ville, et une grande action en campagne avec des forces supérieures; on alla consulter Todleben, il répéta simplement : *N'abandonnez pas Malakoff, celui qui attaquera en rase campagne sera battu,* sans savoir que Pélissier avait écrit la même phrase à Vaillant. Vrevski s'emporta et exigea la bataille. Gortschakoff céda et vint perdre celle *de la Tchernaïa,* appelée par les Sardes *bataille du Traktir* (du nom d'un pont où ils se distinguèrent[1]).

A partir du 12, les reconnaissances régulières de notre cavalerie (division d'Allonville), constatèrent les mouvements de troupes qui s'opéraient au nord-est de la Tchernaïa, et Pélissier s'attendit, sans émotion, à être attaqué sur sa réserve. Il se contenta d'assurer la position défensive et continua froidement le siège. Dans la nuit du 15 au 16, l'armée russe commença silencieusement son mouvement et descendit dans la vallée de la Tchernaïa, pour attaquer avant le jour. Pélissier en fut aussitôt averti par nos excellents éclaireurs de cavalerie.

Notre réserve occupait sur la rive gauche de la Tchernaïa de très fortes hauteurs, les deux monts Fédioukine, entre lesquels il y avait une gorge remontante : à droite, la division Faucheux; à gauche, la division Camou; en arrière la division Herbillon. Cette dernière seule était forte (sept mille hommes); les deux autres, éprouvées si cruellement au 7 juin et au 18 juin, n'avaient pas rempli encore tous leurs vides. A droite et en avant de la division Faucheux, les Sardes occupaient un fort et raide mamelon, le mont Hasfort; ils avaient un pont sur la Tchernaïa et leurs grands-gardes tenaient la plaine encaissée de la rive droite, ainsi que le village central nommé Tchorgoune. Nos divisions de gauche et de droite, séparées par la gorge que nous avons mentionnée, étaient séparées aussi de l'armée sarde par un profond sillon dans lequel s'élève, venant de la Tchernaïa, la grande route de Mackenzie à Balaklava. Cette route passe sur la rivière au pont du Traktir[2], en face des monts Fédioukine. C'était par là et par les gués nombreux de la Tchernaïa, que soixante-dix mille Russes allaient se jeter sur neuf mille Piémontais et dix-huit mille Français, en remontant les deux gorges. Devant nos divisions, un canal-aqueduc, donnant l'eau à Sébastopol, longeait la rive gauche de la Tchernaïa et nous couvrait de tout près. Il avait un mètre cinquante de creux sur deux mètres de large. Les sapeurs russes, marchant en tête des colonnes, portaient des petits

---

[1] Gortschakoff écrivait, le 15 au soir, au ministre de la guerre : « Il n'y a pas à s'abuser. J'aborde l'ennemi dans des conditions détestables, sa position est très forte... si les choses tournent mal, *il n'y aura pas de ma faute.* »

Pélissier, lui, en pareil cas, eût simplement refusé de marcher, au nom de son droit de général en chef, et réclamé sa propre destitution plutôt que de faire battre son armée.

[2] *Traktir* veut dire hôtellerie. Il y avait une auberge à côté du pont.

ponts de bois tout faits, de trois mètres de long sur deux mètres de large, pour les jeter en un clin d'œil aux points de passage du canal...
Ce qu'ils firent en effet sans s'arrêter, dès le début de l'attaque. L'armée russe formait deux corps : celui de Liprandi contre les Piémontais, celui de Read, — le plus fort, — contre la réserve française. Le général Read avait la direction générale des attaques. Gortschakoff se tenait sur les pentes de Mackenzie avec une réserve.

Le 16 avant le jour, profitant d'un épais brouillard, des masses russes très compactes se portaient sur la Tchernaïa par la vallée qui se prolongeait en face des positions franco-sardes vers le nord-est, jusqu'à la rivière. Elles enlèvent rapidement le poste français du pont, franchissent la rivière, puis le canal, et se divisent en deux vastes portions dont l'une refoule les Piémontais sur le mont Hasfort (où ils tinrent bon jusqu'à la fin), dont l'autre attaque en deux colonnes les positions de la réserve française. Mais là elles sont accueillies par un feu plein des deux batteries Baudouin et de Sailly, et nos boulets leur font subir d'énormes pertes. Elles avancent toujours et se portent dans l'intervalle des deux divisions françaises, qui était creux. La brigade de Failly (division Camou), formée de zouaves et de turcos, écrase sous des feux d'écharpe la 7ᵉ division russe, qui s'enfuit en désordre. Au centre, la 12ᵉ russe, sans répondre au feu de la division Faucheux, monte à l'assaut du mont en masse compacte, tandis que sa gauche se glisse au sud de la position et la tourne. Cette manœuvre est aperçue au dernier moment; les divisions Camou et Herbillon envoient soutenir le centre par le 2ᵉ zouaves et le 19ᵉ chasseurs à pied; en arrivant à hauteur de la batterie française, l'ennemi reçoit subitement la charge furieuse de ces douze compagnies d'élite, qui se jettent sur lui à coups de baïonnette, le poussent, le bousculent, le renversent sur le canal. Ses masses confuses s'agglomèrent derrière la rivière; les batteries françaises, tirant rapidement, y tracent d'énormes sillons. Il est six heures du matin. Les Russes ont échoué; les Français prennent un peu de respiration.

Tout à coup on voit les Russes se reformer et repasser la Tchernaïa; de nouveau ils couvrent le canal de leurs ponts volants et tentent l'assaut. Cette fois, ils se sont lancés si rapidement par la gorge de la route de Balaklava que, sans la présence d'esprit d'un demi-bataillon du 19ᵉ chasseurs (capitaine Campion), ils tournaient notre droite. Une batterie de la réserve accourt au galop et les foudroie, tandis que les canons piémontais leur envoient de loin des volées en flanc. La brigade Cler (62ᵉ et 73ᵉ de ligne) arrive au pas de course et, combinant son tir avec celui des zouaves, des chasseurs et de la batterie, finit par rejeter la courageuse colonne russe en arrière ; elle la poursuit à coups de baïonnettes et la jette dans le canal. Cette fois, il n'y a plus moyen de rétablir l'attaque. Les feux rapides et superbes de notre petite artillerie abattent de tous côtés des rangs entiers dans les masses en retraite.

Le général Pélissier avait d'abord pris toutes ses dispositions contre une sortie possible de la place (comme à Inkermann); mais il n'y en eut point. Il se transporta ensuite sur le terrain de la lutte. La bataille était gagnée, chacun s'étant admirablement conduit, généraux et soldats; mais elle l'était avant tout grâce aux excellentes dispositions prises à l'avance par le commandant en chef. Dix-huit mille Français, avec quarante-huit pièces légères attelées, soutenus par neuf mille Sardes à droite, venaient d'infliger une sanglante défaite à soixante-douze mille Russes soutenus par dix régiments de cavalerie, cent soixante pièces de campagne, quatre grosses batteries de position et quarante-cinq mille hommes de réserve. L'armée russe, amassée dans la plaine, mit sept heures à s'écouler. Notre division de cavalerie d'Afrique gardait, en amont du Traktir, un passage à gué; elle pouvait, de là, charger à toute course, couper l'armée battue et en rejeter la moitié sous nos baïonnettes. Elle ne le fit pas, malgré les supplications de plusieurs officiers de l'état-major général; son chef, le général Morris, objecta à Pélissier qu'il devrait passer sous le feu des batteries de position de Mackenzie. Péril court et peu grave en somme, vu l'éloignement. D'après l'avis de plusieurs écrivains militaires, témoins de la bataille, notre cavalerie, si supérieure comme hardiesse et élan, perdit là peut-être l'occasion d'une gloire unique : — l'anéantissement de l'armée battue.[1]

Quoi qu'il en soit, la victoire était grande pour nous; elle nous coûtait cent quatre-vingt et un tués (dont neuf officiers) et mille cinq cent treize blessés ou disparus; aux Piémontais, deux cent soixante-seize tués ou blessés (dont le général de Montevecchio, *tué*); la division turque de Séfer-Pacha, accourue en soutien et placée en arrière de la route de Balaklava, avait eu quelques blessés. Du côté des Russes, les pertes, au contraire, étaient énormes; ils avaient trois généraux tués, dont deux ayant rang de commandants en chef : le général Vrevski, inspirateur de la bataille, et le général Read qui la commandait sur le terrain; huit généraux gravement blessés, trois mille cinq cents hommes tués, huit mille blessés, deux mille trois cents prisonniers.

Ainsi s'était vérifiée la prédiction de Pélissier et de Todleben : *L'armée qui attaquera l'autre est l'armée qui sera battue.*

---

[1] Nous ne faisons, bien entendu, que mentionner sous réserves cette opinion, qui est émise par de trop graves auteurs pour que nous ayons pu la passer sous silence.

On explique le refus de Morris par la crainte qu'avaient, depuis Balaklava, les généraux de cavalerie de faire détruire leurs escadrons en les mettant sous le feu des batteries; mais la situation était bien différente; nous avions à charger une masse vaincue, qui ne pouvait plus se mouvoir dans une plaine trop étroite.

Pélissier ne voulut pas forcer Morris à tenter ce coup, dès qu'il le vit refuser. La bataille était bien gagnée. Peut-être jugea-t-il plus sage de ne pas en recommencer une seconde avec la réserve russe, qui fût, en ce cas, descendue de Mackenzie et nous eût forcés de dégarnir nos corps de siège.

XIV

Les Piémontais[1] que nous avons vu figurer au Traktir étaient arrivés au mois de mai et juin, par suite d'une audacieuse finesse du ministre de Victor-Emmanuel, le comte Benzo de Cavour, qui voulait ainsi s'assurer une place au prochain congrès de paix, afin d'y faire accepter par les puissances ses prétendues « revendications » de la maison de Savoie sur l'Italie du Nord. Une autre alliance nous donna, à ce moment, quelques soucis. Omer-Pacha, ce généralissime turc (ancien renégat autrichien) qui ne faisait plus rien depuis que nos armées avaient quitté Varna pour la Crimée, avait fini par y venir, lui aussi, faire acte de présence; mais il suscitait des embarras, et son amour-propre était souvent froissé dans le conseil par la supériorité scientifique des généraux alliés. Il demandait que les flottes le transportassent en Arménie avec toute son armée, afin d'y porter secours aux villes turques, fort malmenées par le général russe Mourawief. On ne put le lui accorder. Il s'ensuivit une brouille aux incidents pénibles et nombreux. Le public remarqua alors que les Piémontais étaient intervenus sans aucun motif, et en se faisant donner par l'Angleterre un subside qui ressemblait fort à une paye très mal déguisée; que les Turcs, pour lesquels on se battait, en apparence au moins, se donnaient fort peu de mal et nous gênaient souvent; et que ni Piémontais ni Turcs ne faisaient le service réel de la guerre, celui des tranchées. Il fallut que les généraux, comme l'opinion, s'accommodassent de ce *statu quo*, afin de n'être pas distraits de la plus pressante affaire : l'assaut de Sébastopol qui devenait imminent. Il n'y avait plus moyen de

---

[1] Commandés par Alphonse de la Marmora, très bon général, et répartie en trois petites divisions composées avec soin. Parmi elles figurait la célèbre *brigade de Savoie*.

Leur effectif total ne dépassa jamais dix-sept mille hommes, sur lesquels quatorze à quinze mille combattants. A l'ordinaire, ils mettaient de neuf à dix mille hommes en ligne.

Le Piémont marchait ostensiblement après l'Angleterre, *qui avait fourni les frais*. Aussi disait-on qu'elle avait « levé » le Piémont à son compte pour s'épargner la difficulté d'envoyer de nouvelles troupes de chez elle. En fait, les Piémontais avaient soin de se tenir le plus près possible des Français, pour dissimuler leur espèce de dépendance de la direction anglaise.

serrer davantage la place ; et, si on laissait trop de temps s'écouler, l'ennemi aurait le loisir d'achever la *seconde enceinte* qu'il avait commencé à établir derrière la première, avec les démolitions des maisons.

Il restait, à ce moment, *quatorze* maisons intactes dans toute la ville ; le reste n'était qu'un amas de ruines ou une dentelle de pierre découpée à jour par les projectiles. La population civile était tombée de quarante-sept mille à six mille, puis à quelques centaines de cantiniers ; elle ne comptait plus. L'armée (on ne peut pas dire *garnison* en pareil cas) était de cinquante mille hommes. Sur les dix-neuf mille marins d'élite, principale force et véritable cause de la terrible résistance du début, il en restait quatre mille à peine ; quinze mille étaient tombés au champ d'honneur, avec onze officiers généraux, dont les amiraux historiques Kornilof, Istomine et Nakhimoff. Les Russes avaient retiré le pont jeté sur les mâtures des vaisseaux coulés pour communiquer avec le nord ; mais ils en jetaient un autre très ingénieux, posé sur des troncs d'arbres flottants et ancrés, afin de se ménager une retraite.

De notre côté, nous comptions, la veille du Traktir, sur le plateau de Crimée, cent quinze mille sept cent quatre-vingt-seize soldats, dont quatre-vingt-sept mille cinq cent soixante-dix-huit disponibles (les autres blessés, malades, ou affectés à des services autres que le combat), et quatre mille trois cent quatre-vingt-douze officiers, dont trois mille neuf cent cinquante-trois disponibles ; soit, en écartant les états-majors et l'administration, quatre-vingt-huit mille combattants, chiffre rond. Avec les Anglais, les Piémontais et les deux corps turcs (pour mémoire) d'Eupatoria et de Baïdar, nous étions cent quatre-vingt mille alliés en Crimée, dont cent trente mille réellement combattants.

Chaque jour désormais est marqué par un progrès dans l'attaque : à partir du 17, nos grosses pièces, au nombre de huit cent trois (savoir : cent quatre-vingt-quatorze anglaises et cinq cent neuf françaises), achèvent d'effondrer les remparts de la ville sous un feu prodigieux ; les Russes y ripostent par mille trois cent quatre-vingts pièces en batterie. Selon l'ordre donné, notre feu s'allongeait, augmentait, diminuait, s'arrêtait, reprenait, de façon à tenir l'ennemi en suspens sur l'heure et la minute possibles d'un assaut. Il avait aussitôt organisé sa défense pour ce cas suprême. Le commandant en chef était le comte Osten-Sacken ; le général Khroutschef était chargé de la défense du nord-ouest ; le général Schültz de celle du sud (bastion du Mât) ; le général Khroulef, avec quatre divisions et une réserve, de celle de Karabelnaïa ; le général Lisenko était spécialement chargé de Malakoff et ses annexes.

Dans les vingt jours qui s'écoulèrent, du 17 août au 5 septembre, les Russes perdirent quatorze mille hommes, tués, écrasés ou ensevelis par notre artillerie, soit sept cent cinquante par jour ; ils ne pouvaient plus refaire leurs parapets, et consacrèrent bientôt leurs forces à la préparation de la seconde enceinte et au maintien de Malakoff en bon état.

Ils se vengèrent par un feu continu sur les tranchées; plus disséminé, il ne coûta aux alliés que quatre mille hommes.

Pélissier avait déclaré que *seul* Malakoff était à prendre. Il fut contraint, néanmoins, par l'insistance des Anglais, à ordonner un assaut général sur tous les points. Les rôles furent ainsi répartis :

A gauche (ouest), le 1er corps, général de Salles, devait assaillir les bastions de la Quarantaine et Central, le bastion du Mât [1], et se rallier aux Anglais qui marchaient sur le grand Redan.

Au sud, les Anglais, soutenus par une réserve piémontaise, devaient assaillir le grand Redan.

En arrière de ces deux attaques, l'infanterie turque vint pour garder les tranchées et aider selon le besoin (les soldats turcs furent employés après l'action comme brancardiers).

Le 2me corps (Bosquet) était chargé de l'attaque de Malakoff et du petit Redan, avec leurs dépendances : le bastion Saint-Gervais, la courtine allant de Malakoff au grand Redan, la batterie de la Pointe et la longue courtine qui reliait le petit Redan à Malakoff.

Au fond les Français prenaient, comme toujours, à peu près toute la besogne.

Mais Pélissier avait expressément stipulé :

1° Que l'attaque de Malakoff aurait *seule* lieu, isolément, la première, et qu'il n'en serait pas fait d'autre avant qu'elle eût réussi ;

2° Que la réussite étant signalée (par deux drapeaux, un français et un anglais, hissés ensemble sur la redoute Brancion, *ex-Mamelon Vert*), les Anglais et le 1er corps s'élanceraient en même temps;

3° Que les plus minutieuses précautions seraient observées pour que l'ennemi ne vît pas les mouvements des troupes dans les tranchées;

4° Qu'aucun signal ne serait donné pour l'assaut de Malakoff; il devait avoir lieu à midi *précis*, sans autre avis. Les montres des généraux devaient être envoyées (et le furent), la veille au soir, au grand quartier général, pour y être mises d'accord sur *la même seconde*.

Parmi les incidents les plus marquants de ces jours célèbres, nous citerons l'explosion du magasin à poudre de la redoute Brancion, qui tua ou blessa deux cents hommes [2], mais fut réparée en quarante-huit heures; l'incendie successif de trois grands vaisseaux russes, dont un chargé d'alcool, qui éclairèrent le siège et la rade comme des torches gigantesques; l'explosion d'une chaloupe russe chargée de poudre, sur

---

[1] On l'avait ainsi nommé parce qu'au début du siège les Russes y avaient élevé un mât de navire avec une plate-forme d'observations.

Nos francs-tireurs, en abattant tous les observateurs, avaient forcé l'ennemi d'abattre le mât, qui ne servait plus à rien, mais le nom était demeuré.

[2] Deux canonniers, au milieu des débris qui obscurcissaient l'air à un kilomètre, restèrent à leur poste et tirèrent *toutes les pièces* non écroulées sur les Russes stupéfaits.

laquelle nos artilleurs abattirent leurs fusées incendiaires ; elle envoya les membres des matelots qui la montaient jusqu'au delà des tranchées anglaises, à quatre kilomètres, et acheva de renverser les magasins et casernes de Karabelnaïa. Dans l'énorme développement pris par la lutte, ces faits considérables n'étaient plus que des incidents secondaires.

Le 3 septembre, le conseil, sur la volonté de Pélissier, fixa l'assaut pour le 8. Chaque commandant de corps reçut ordre de présenter le détail de son plan d'attaque. On cite comme admirable celui de Bosquet, ainsi que la clarté avec laquelle il l'expliqua aux généraux sous ses ordres.

Les Français avaient reçu de grands approvisionnements en projectiles. Le 5 commença le fameux « bombardement infernal[1] ». Il était capricieux, réglé selon des notes secrètes convenues entre les chefs des batteries ; en sorte que les Russes accouraient sur le rempart, croyant à un assaut, et y étaient aussitôt mitraillés, sans oser quitter la place, dans l'incertitude où cette cruelle manœuvre les tenait. La nuit, nos feux courbes (bombes, obus, grenades, fusées) tombaient à telle profusion dans la ville, qu'on dut loger les garnisons sous les bastions, et qu'il faisait clair comme en plein jour. Jamais il n'a été lancé, dans les plus rudes actions de guerre, une pareille somme de projectiles. Quinze cents pièces tonnaient sans relâche (non compris les feux des vaisseaux).

L'heure de *midi* fut indiquée, la veille de l'assaut, comme la plus propice : c'était la plus inattendue pour les Russes, et celle de leur repas ordinaire du jour. L'attaque du 2me corps fut ainsi répartie :

Contre Malakoff. La 1re division (Mac-Mahon), composée du 1er zouaves (colonel Collineau), du 7me bataillon de chasseurs (commandant Gambier) et du 7me de ligne (colonel Decaen, chef de la 1re brigade) ; du 2me de ligne (colonel Adam) et du 27me de ligne (colonel Orianne), formant la 2me brigade, sous le général Vinoy.

Comme réserve et soutien : la brigade Wimpfen et les zouaves de la garde (colonel Jannin) ;

Contre le flanc gauche et la courtine du nord. Toute la division de la Motterouge, appuyée en réserve par le général Regnault de Saint-Jean-d'Angely, à la tête de deux brigades de la garde (voltigeurs et grenadiers) ;

Contre le petit Redan. Toute la division Dulac, appuyée en réserve par la division Bisson.

La 1re division se glorifiait d'avance de son rôle et de son chef.

Le 4 août, Canrobert, appelé par l'empereur (il avait le titre d'aide

---

[1] Le mot est du prince Michel Gortschakoff, dans ses dépêches au ministère russe. C'est le plus vaste bombardement dont il soit fait mention dans l'histoire. On n'avait pas de population civile à ménager.

de camp impérial), avait quitté la Crimée, recevant de Pélissier tous les honneurs réglementaires dus aux généraux en chef ; le 20, Mac-Mahon était arrivé pour le remplacer à la tête de la 1re division, et ce nom avait rempli l'armée de joie et d'espoir. Il était alors le plus heureux, le plus soigneux et le plus solide de tous les officiers de guerre de l'armée, de l'aveu unanime. En arrivant, il avait appelé à lui son ancien chef d'état-major d'Afrique, Lebrun, et lui avait rendu son poste de jadis à ses côtés. Cette superbe division exultait d'impatience d'en finir [1].

Dans la matinée du 8 septembre, Pélissier vint s'établir dans la redoute Brancion, avec tout son état-major, et les troupes se mirent silencieusement en mouvement de tous côtés, en *se défilant* dans les ravins et les tranchées.

Dans le ravin de Karabelnaïa, vers 11 heures, la 1re division croisa la division anglaise Pennefather. Ce dernier dit à Mac-Mahon : « Eh bien ! vous allez donc prendre Malakoff ? — Oui, oui, dit tranquillement le général français, j'y serai à midi. — Diable ! mais est-ce bien sûr ? — Comptez-y, mon cher collègue ; *à midi précis je serai maître de Malakoff, c'est certain.* — Allons, tant mieux, et merci ! » cria l'Anglais décontenancé.

L'heure approchait. Dans la première parallèle, la tête de colonne du 1er zouaves, massée sous les ordres du capitaine Sée, le fusil serré dans les doigts, la main gauche accrochée à la gabionnade pour aider à franchir le parapet, tient ses regards rivés sur le chef d'état-major Lebrun, qui, debout à côté de Mac-Mahon, suit sur sa montre la marche des aiguilles. Le vieux colonel de la Tour du Pin, guerrier amateur bien connu[2], et complètement sourd, se penche vers Lebrun et murmure à demi-voix : « Est-ce qu'on tire ? — Certes, fait le chef-d'état-major de la même manière, c'est un vacarme abominable... » Quinze cents pièces tiraient à la fois. Le vieux guerrier, qui a *lu* la phrase sur les lèvres du colonel, secoue la tête et dit : « C'est étonnant ! Je n'entends absolument rien (*sic*). » Attentif en tout, Mac-Mahon avait fait distribuer soixante-quinze *pics à roc*, à manche court, à sa 1re compagnie d'attaque, en prévision de la hauteur des murs et du manque de moyens de passage sur les fossés ; d'autre part, une série d'échelles avec planches avaient été préparées par le commandant

---

[1] Le général Lebrun, qui régla et dirigea l'assaut de Malakoff avec Mac-Mahon, en a raconté tout au long le détail. Nous le suivons donc en cela, de préférence à tout autre.

[2] L'un des plus extraordinaires types d'officier d'Afrique ; devenu absolument sourd et obligé de quitter le service, il suivait toutes les guerres en amateur et connaisseur, avec l'autorisation du ministre. En Kabylie, il était monté seul avec sa lunette sur un piton occupé par l'ennemi, que la surprise avait empêché de tirer sur lui. En Crimée, il s'imposait à Mac-Mahon, son vieil ami. Les Russes, après l'avoir longtemps pris pour cible, avaient fini par le connaître et l'épargnaient volontairement. Cependant il fut blessé grièvement peu après et mourut, selon son désir, *du feu de l'ennemi.*

Ragon, du génie, pour être jetées en travers et au-dessus. Utiles précautions, car les talus de la place, que l'on croyait écroulés, étaient réparés en ce point et hauts de sept à huit mètres (vingt à vingt-cinq pieds). De plus Ragon, pour lancer les échelles, avait inventé et fait exécuter rapidement des chevalets portant au centre un rouleau, sur lequel on poussait l'échelle vers le talus ennemi, en soutenant son extrémité inférieure pour qu'elle formât pont.

Mais l'encombrement avait retardé leur arrivée; Lebrun s'élance à leur recherche et apprend du capitaine de Marcilly, accouru tout essoufflé, qu'on ne les aura peut-être pas avant un quart d'heure. Il est midi moins cinq quand le chef d'état-major en rend compte au général, qui ne répond que par un léger mouvement d'impatience... Sur un signe, le caporal Gihaut [1], qui a obtenu l'honneur de porter le grand fanion tricolore du général, vient se placer au milieu de l'état-major. Le tir se ralentit un peu du côté des alliés. Les Russes tirent très peu; c'est l'*heure de la soupe* pour eux.

Subitement, à la même seconde, un formidable silence se fait, toutes les pièces se taisent; la seconde suivante, on entend seule la voix du chef d'état-major qui prononce le grand mot : *Midi!* Mac-Mahon, levant son épée, s'élance sur la gabionnade, et crie d'une voix vibrante : *En avant! Vive l'empereur!* Un flot rouge et bleu bondit par-dessus les parapets et roule vers Malakoff, puis disparaît dans le fossé de la place, à soixante-quinze mètres des tranchées. Mac-Mahon, violemment retenu et ramené en arrière par ses officiers, qui lui crient d'attendre qu'on sache à quoi s'en tenir, se contient difficilement; deux, trois minutes s'écoulent encore. Il regarde Lebrun et lui dit : « Ça ne mord pas!... — Mais si, mon général; le talus est peut-être très élevé... » Et, en effet, on voit apparaître des zouaves sur le rempart, se faisant la courte échelle et plantant leurs pics à roc pour s'aider à grimper. En même temps arrive dans la tranchée la première échelle du génie; les sapeurs qui l'amenaient la lancent sur son rouleau; sa tête va toucher le bord opposé du fossé, dans lequel gisent plusieurs zouaves tués ou blessés par la hauteur de la chute qu'ils ont intrépidement risquée. Mac-Mahon n'attend pas qu'on ait posé les planches; il s'élance sur les montants horizontaux, suivi de ses officiers; à midi cinq le fanion tricolore s'agite en haut du saillant. Mais en même temps les Russes, sortant de leurs réduits, se sont jetés sur cette petite troupe de vingt-cinq à trente hommes; à coups de crosses, de refouloirs, de sabres, de baïonnettes, on se tue sur la crête du bastion. Soudain le reste du régiment débouche, partout les échelles horizontales vomissent des files d'assaillants; la charge sonne; l'ennemi se forme par masses, en répétant involontairement : *Zouaves! zouaves!* En un instant, toute la

---

[1] C'est le zouave dont on voit le portrait au sommet du rempart, élevant le drapeau tricolore, dans le superbe tableau d'Yvon.

ligne de Karabelnaïa est couverte de bataillons russes, appuyés à la seconde enceinte et exécutant un feu roulant sur les assaillants, qui grimpent de tous côtés depuis Malakoff jusqu'au petit Redan, et de là à la Pointe, qui surplombe la rade.

Malakoff, à l'intérieur, s'offrait comme un long rectangle élargi vers le dehors jusqu'au saillant, pourvu à sa gorge de retranchements, bordé sur les flancs intérieurs, longs de trois cent cinquante mètres, d'un tracé en crémaillère, et coupé transversalement par trois vastes tumulus en forme de remparts, avec casemates ; il portait de plus, en arrière du saillant et en contrebas, l'ouvrage primitif, la *tour Malakoff,* arrondie et à double casemate avec réduit blindé. C'est là qu'on se battait furieusement. Le 7me bataillon de chasseurs, par un à-gauche, s'est jeté sur le bastion Saint-Gervais et s'y maintient contre des milliers de Russes; il se prolonge sur le flanc de Malakoff, pendant que le 7me de ligne, tuant tous les défenseurs de l'autre flanc, fait ensuite tête aux bataillons massés dans les intervalles des traverses, et que notre artillerie divisionnaire (deux batteries), ayant perdu en cinq minutes tous ses moyens de tir sous le feu des remparts, lance ses hommes, avec les pelotons du génie, pour enclouer les pièces russes.

A ce moment, — midi un quart, — Mac-Mahon fait dire au général Vinoy, qui est arrivé en soutien, de venir prendre ses ordres; et il envoie ce billet à Pélissier : « Nous sommes dans Malakoff, et nous nous y maintiendrons, quoi qu'il arrive. » Un officier anglais l'aborde en même temps de la part du général Simpson : « Puis-je annoncer que vous resterez maîtres de Malakoff, général?... Trente bataillons russes marchent sur vous. » Mac-Mahon regarde l'officier et lui répond : « *Dites à votre général que j'y suis, et que j'y reste* [1]. »

Le signal convenu, les deux drapeaux s'élèvent alors sur la redoute Brancion, et l'attaque devient générale.

Dans Malakoff, à la lutte corps à corps ont succédé les combats à bout portant; pris en flanc, les bataillons de Lisenko reculent de traverse en traverse, avec de fréquents retours offensifs que nos soldats reçoivent et rendent à la pointe de la baïonnette. Ils se maintiennent à la gorge de l'ouvrage, la perdent et la reprennent deux fois. A mesure que les Russes ont cédé de quelques pas, le terrain, miné, saute aussitôt, engloutissant dans ses entonnoirs nos soldats, les couvrant de pierres énormes et de terre; sur toute la ligne des deux courtines, où nos troupes (Wimpfen et la Motterouge) se sont élancées, les fougasses éclatent par douzaines. Mac-Mahon voit arriver Vinoy et lui fait signe d'approcher : « Vous allez, général, amener ici votre brigade pour relever la première, que je vais envoyer se reformer et respirer un peu

---

[1] Tel est, exactement, le mot, devenu historique à juste titre, tel que le rapportent les auditeurs eux-mêmes.

dans notre tranchée. Vous voyez les explosions. Il est fort possible que

Prise de Malakoff.

tout l'ouvrage soit miné, et que tout à l'heure les Russes le fassent
sauter. Si cela arrivait, et si votre brigade venait à être anéantie, la

14

première brigade à portée s'élancerait de nouveau des tranchées, et nous n'en resterions pas moins maîtres de la position. »

Vinoy s'éloigne et rencontre Lebrun : « Comment trouvez-vous, lui dit-il, votre général, qui m'appelle ici en me prévenant que ma brigade pourrait y sauter tout entière? — Soyez certain, mon général, qu'il sautera avec elle, si cela arrive; vous connaissez l'homme. »

Vinoy se met à rire, va chercher sa brigade et la ramène en cinq minutes, pendant que Borel et Lebrun cherchent des renforts; aux turcos du colonel Rose, au 3me zouaves, au 50e de ligne, viennent se joindre les flots débordant de la courtine où les Russes les ont refoulés, les troupes de la Motterouge, puis les voltigeurs de la garde (colonel Douay) et les grenadiers (colonel de Bretteville). Malakoff regorge de monde; Mac-Mahon fait pointer les pièces restantes, qui ont leurs charges toutes prêtes, contre la gorge de l'ouvrage.

A l'intérieur, le colonel Lebrun, appelé vers le réduit de la tour où l'on dit que quatre cents hommes refusent de se rendre, fait mettre le feu à des gabions pour réduire les Russes par l'incendie. Mais des soldats lui crient : « Mon colonel, il y a là-dessous des amas de poudre! » Effrayé, il appelle des sapeurs; on creuse, on étouffe le feu avec de la terre, on découvre ainsi des fils de cuivre... Aussitôt tous les pics et toutes les baïonnettes dessinent un étroit fossé autour du réduit, et l'on rencontre d'autres fils que l'on coupe également. Il était temps. Les défenseurs du réduit sortent alors et se rendent; ils n'étaient que quarante. On trouva dans la tour le bout des fils tenant à des caisses à poudre placées dans le magasin central...

A trois heures, le retour offensif de Khroulef se dessine sur deux kilomètres; sans compter leurs morts, les Russes chargent avec rage, forcent la gorge de Malakoff, pénètrent dans l'enceinte; mais les tirailleurs algériens, se jetant dans les crémaillères des flancs, anéantissaient littéralement l'assaillant sous leur feu; les bataillons suivants montent par-dessus les morts, par-dessus les parapets, et rentrent encore; ils tombent sous les baïonnettes aiguës des Algériens, qui bondissent sur eux comme des tigres; le canon russe tire sur la gorge, les colonnes se reforment une troisième fois; artilleurs et fantassins sont écrasés par le feu des chasseurs à pied et du 50me de ligne, logés extérieurement à la gorge (bastion Saint-Gervais) et tirant d'écharpe. A cinq heures, après une heure et demie de combat sans succès, Khroulef désespère de reprendre Malakoff, et ramène ses colonnes derrière la seconde enceinte. Puis de là, instantanément, un feu prodigieux d'infanterie, d'artillerie, de fusées, de mitraille, pleut dans Malakoff; mais les Français ripostent sans céder, et se défilent derrière les abris russes construits dans un but opposé. A cinq heures et demie Khroulef fait cesser le feu.

Tel est, d'après les principaux témoins et acteurs, le récit exact de ce célèbre fait d'armes, unique en son genre par ses dimensions, et terminant un siège unique en son espèce, non d'une ville par une armée, mais d'une armée maîtresse, d'une immense place forte, d'une rade, d'une flotte, d'une grande forteresse de retraite, en communication et ravitaillement directs avec une armée extérieure d'opérations, — par une autre armée apportée là de neuf cents lieues par mer, longtemps inférieure en nombre, en ressources, en artillerie, à ceux qu'elle attaquait, et jamais supérieure ni même égale à ces points de vue; et cependant ayant su, malgré les dissentiments, les non-valeurs, les différences d'organisation, de ressources, de tempérament, de nationalités, gagner en outre trois grandes batailles (sans compter Balaklava et Eupatoria), et développer quatre-vingts kilomètres de tranchées, sous le feu de douze cents pièces ennemies, à travers un terrain de roc vif, sur un plateau souvent glacé et dépourvu de toutes ressources.

Sur tous les autres points, l'assaut, donné avec une égale énergie, n'avait pas réussi : à la Pointe (division Dulac), dès l'apparition du fanion tricolore sur Malakoff, le général Bourbaki[1], enlevant sa brigade, s'était élancé vers la place; mais le combat qui s'engageait à cette minute précise sur le bastion Malakoff avait subitement donné l'alarme à l'ennemi; des feux plongeants reçoivent nos soldats sur les glacis, et ils tombent dans des *trous à loup* creusés d'avance; les premiers pelotons sont renversés; les autres, passant par-dessus, se jettent dans les *chemins couverts*[2] de la place et entament un duel au fusil avec les canons des remparts; puis, renforcés, ils reprennent leur élan et parviennent à escalader la courtine; ils se massent, chassent les défenseurs, les poursuivent sur la seconde enceinte, et là sont arrêtés net par un déluge de mitraille; à droite et à gauche, l'ennemi reparaît par masses et les déborde; ils reculent lentement, mais la mitraille ennemie, qui les abat sans abri, les force à abandonner la partie. On emporte Bourbaki blessé. Au *petit Redan*, la brigade Saint-Pol, d'un seul élan, était parvenue sur le bastion même; c'est là que l'arrivée en masse des Russes la surprit; par ses charges, elle arrête d'abord l'ennemi; mais, là encore, le feu terrible de la deuxième enceinte la fait reculer; elle se masse sur le saillant; les vapeurs russes embossés au Carénage la couvrent aussitôt, par un tir d'écharpe d'une admirable justesse, d'obus et de boulets ramés qui coupent les hommes en deux par groupes, et de *shrapnels*, de nouvelle invention; un détachement de sapeurs se dévoue pour fermer la gorge du Redan, il tombe tout entier; Saint-Pol lance désespérément ses hommes à l'attaque, il les conduit lui-même; il tombe mort, ses soldats l'emportent;

---

[1] Colonel du 1er zouaves, nommé général pendant le siège.
[2] Sentiers sinueux qui longent le talus extérieur (ou contrescarpe) du fossé, et sont coupés de massifs d'abri et d'endroits de rassemblement appelés *places d'armes*.

c'est alors qu'un magasin à poudre fait explosion, et force nos hommes à la retraite.

La brigade Bisson, qui était en soutien, s'élance à son tour et réoccupe le Redan; le général Regnault de Saint-Jean-d'Angely jette la brigade de Marolles (réserve) et les chasseurs de la garde sur l'escarpe; ils enlèvent la face gauche de l'ouvrage; là, un feu roulant les empêche de se former: le général Bisson tombe grièvement atteint; le général de Marolles lève un bras, tourne sur lui-même et s'abat, tué. Les Russes, ouvrant leurs rangs, démasquent les pièces de l'enceinte intérieure, qui tirent à mitraille dans le tas des Français; ceux-ci essayent deux retours offensifs et n'arrivent pas à l'ennemi, tant son feu est intense; il faut se replier.

A droite du Redan, la brigade de Failly (voltigeurs de la garde), de la réserve, avait repris l'offensive, et son attaque impétueuse, en rejetant les Russes sur l'autre face, avait été en partie cause de l'insuccès même de la brigade Marolles, accablée par cette masse d'ennemis. Derrière elle, la brigade de Pontevès déblaye les remparts; elle perd son brave et chrétien général, tombé sous les balles russes; mais le commandant de la division de la garde, Mellinet, la rallie, la joint aux voltigeurs de de Failly, la relance sur les Russes; à ce moment, les batteries légères de la division la Motterouge, amenées à *la bricole*[1], prennent position sur la courtine, contre la seconde enceinte; leur tir ne dure guère: d'énormes volées de projectiles (obus de 22 centimètres), envoyés de flanc par les vaisseaux russes, culbutent les pièces et lancent en l'air les affûts brisés, pendant que l'ennemi fusille nos canonniers. Alors, poussant son mouvement d'extension de l'autre côté, la division la Motterouge se prolonge en reculant un peu vers Malakoff, et, tandis qu'elle se maintient sur la moitié de la courtine la moins exposée aux feux de la rade, elle prête l'appui de ses bataillons aux conquérants de Malakoff pour repousser la furieuse attaque de Khroulef. Là, le feu cessa à cinq heures et demie, comme nous l'avons dit.

A cette heure, l'entassement des cadavres dans Malakoff, et surtout sur la courtine du petit Redan, défiait toute description: il y en avait qui restaient debout, serrés entre l'amas des autres, sans pouvoir tomber; les attitudes étaient violentes, les figures convulsées, les expressions encore passionnées et comme figées dans les traits du visage. Il était impossible de circuler sans marcher sur les morts.

Au grand Redan, les Anglais avaient méthodiquement marché à l'assaut, sous un feu épouvantable; ils allaient lentement et n'avaient pas moins de deux cent cinquante mètres à parcourir; arrivés au glacis, ils tombent dans des *trous à loup*; la mitraille russe de la place les

---

[1] Traînées à bras.

décime à l'aise; au lieu de lancer immédiatement par-dessus eux les réserves, leurs officiers les rallient stoïquement au bord du fossé; mais pendant ce temps six bataillons russes, jetés sur les faces de l'ouvrage et la courtine adjacente, écrasaient à la fois colonne d'attaque et réserves sous le feu le plus intense. Les Anglais, forcés de reculer, regagnent leurs tranchées en marquant leur route d'une large traînée d'habits rouges; ils aiment mieux perdre du monde que de tourner le dos à l'ennemi, et reculent face aux remparts; cet amour-propre national double leurs pertes.

Au 1er corps. De son côté, le général de Salles, avisé du succès de Mac-Mahon et de l'attaque du grand Redan, avait donné le signal à ses colonnes d'assaut; la division Levaillant (brigades Trochu et Couston) s'était aussitôt portée en trois colonnes sur le bastion Central et avait attaqué les deux faces du bastion et la courtine au sud; mais on l'y attendait. Désormais prêts sur tous les points, les Russes avaient abattu nos sapeurs et nos têtes de colonne dès leur apparition; elles s'étaient instantanément réformées sur le glacis même et reprenaient leur élan, quand le général Trochu tomba grièvement blessé en avant de sa troupe; la brigade Couston grimpe à l'assaut de la face gauche et de la lunette qui la protégeait, elle s'y établit même; mais alors les fougasses éclatent sur toute la ligne; la mitraille russe, lancée des plates-formes des maisons voisines à demi ruinées, achève leur œuvre; deux fois nos colonnes remontent à l'assaut, deux fois elles reculent. Elles ne sont plus en nombre [1].

Alors la division d'Autemarre leur succède; les groupes en retraite, les blessés, les morts, les entonnoirs creusés par les explosions ralentissent et coupent son attaque; elle arrive néanmoins, et se lance avec une telle furie qu'elle occupe l'angle de la redoute Schwarz. Là elle se couche et répond au feu des Russes, qui concentrent toute leur artillerie sur ce point; résolus à y mourir sans céder, nos soldats se terrassent sans cesser le feu; mais c'est là risquer une mort inutile. Du Mamelon Vert, Pélissier les envoie féliciter et leur ordonne de se replier, *attendu que Malakoff étant pris, tout le reste va tomber sans combat* (billet au général de Salles).

Ainsi se vérifiait, à l'encontre de tous, les paroles prononcées obscurément une première fois, entre soldats, par un vieux zouave du 1er, et plus tard énoncées comme un axiome par Pélissier dans le camp français, par Todleben dans le camp russe : que pour vaincre les Russes il fallait leur prendre Sébastopol; que, pour prendre Sébastopol, il fallait *prendre Malakoff;* que, pour avoir Malakoff, il fallait avoir

---

[1] L'œuvre du génie russe fut grande jusque dans la défense active contre l'assaut. Les Français perdirent plus de douze cents hommes, enterrés et brûlés, sans qu'on pût les retrouver, sous les explosions qui faisaient du pourtour de la ville un vaste cratère toujours en éruption.

le Mamelon Vert. Tout s'était succédé selon cette théorie précise.
Une autre et dernière confirmation allait en être donnée par l'ennemi.

Quand nos colonnes mutilées purent enfin, avec l'aide des Turcs et
des Piémontais, ramasser leurs blessés et prendre quelque nourriture,
Pélissier les parcourut, en les encourageant et leur jetant ce grand mot:
« Restaurez-vous et soyez forts ! Demain nous entrons dans la place. »
Les Anglais, abattus par leur insuccès, le regardèrent avec étonnement;
nos soldats, plus élastiques de tempérament, poussèrent des acclamations, car la parole de la *Tête de fer* leur paraissait chose assurée...

La nuit abaissait lentement ses ombres sur ce plateau, ces golfes et
ces remparts silencieux, où gisaient tant de morts; le général de
Mac-Mahon fit prévenir le quartier général qu'un grand mouvement
s'opérait dans la ville du côté de la rade. Mais déjà, dès cinq heures,
le général en chef, dont la vue portait aussi sur la rade, avait remarqué un commencement d'encombrement sur le pont flottant qui, de
la place Saint-Nicolas, reliait la ville au fort du Nord. Une grande douleur était venue, à ce moment, interrompre ses observations : les dernières volées des Russes, envoyées sur l'état-major général, avaient
abattu mort aux côtés de son chef et ami le lieutenant-colonel Cassaigne, devenu premier aide de camp depuis la promotion de Trochu
comme officier général. A la même minute, le prince Gortschakoff II,
commandant en chef de toutes les forces russes de Crimée, debout au
pied de Malakoff, voyait tomber son plus cher officier d'état-major
sous les dernières balles françaises. Il continua d'examiner la position,
puis donna l'ordre d'évacuer la place. Les six régiments les moins
éprouvés par le feu vinrent occuper l'enceinte extérieure pour couvrir la retraite; le général de Kotzebüe et l'amiral Panfilof prirent la
direction du passage sur le grand pont; l'amiral Novasilsky se chargea
de celui par navires; successivement les troupes et munitions, puis
les blessés, les canons, les chariots, passèrent de l'autre côté; seules
les sourdes rumeurs de cette immense rade et l'agitation des
fanaux faisaient pressentir ce qui se passait dans l'ombre. Puis ce
fut le tour de l'arrière-garde... A peine le dernier soldat russe avait-il
posé le pied sur le pont mouvant, que la scène changea subitement.
Pour la dernière fois, Sébastopol s'embrasa sur toute la ligne; un feu
d'artifice gigantesque, de six kilomètres de tour, éclata avec un
fracas qui s'entendait à dix lieues, et dont les lueurs se voyaient de
Simféropol et d'Eupatoria. La ville s'ensevelissait sous ses ruines. Aux
premières explosions les alliés, reprenant les armes, bordèrent les
hauteurs, tandis qu'en face d'eux cent quinze mille Russes, massés
dans le fort du Nord, contemplaient en silence l'anéantissement de
leur célèbre arsenal. Pendant deux heures, magasins et casernes,
hôpitaux, bastions, redoutes, batteries, sautèrent sans relâche,
secouant au loin le sol comme un tremblement de terre continu. La

destruction fut reprise les jours suivants : le 9, le fort Paul sauta le dernier ; le 12, les vaisseaux non coulés furent incendiés par leurs équipages[1], pour ne pas avoir à sombrer sous les boulets de Sébastopol, devenue notre prise.

Pendant deux mois et demi, le feu couva encore sous les masses effondrées de la forteresse, produisant parfois de violentes explosions ; le 2 novembre, l'ancien front de mer de la Quarantaine sautait subitement à son tour.

Les pertes des alliés étaient, pour la journée du 8 septembre, de dix mille hommes, dont sept mille cinq cents pour les seuls Français ; celles des Russes de treize mille hommes[2].

Dès cinq heures du soir, Pélissier, sûr désormais de la prise de Malakoff, en avait informé Paris ; le 9, à trois heures du matin, il annonçait la destruction de la place par ses propres défenseurs et sa prochaine entrée (qui eut lieu le même jour). Le 11, la ville fut régulièrement occupée. Le 12, l'armée apprit par la voie de l'ordre la promotion de son glorieux chef à la dignité de maréchal de France et, peu après, son élévation au titre de *duc de Malakoff*, avec une dotation annuelle spéciale de cent mille francs.

Les hautes récompenses ne furent pas marchandées aux vainqueurs ; mais le gouvernement crut devoir attendre au printemps suivant pour la nomination des deux autres maréchaux désignés par leurs services et la voix publique : Canrobert et Bosquet. La naissance du prince impérial (16 mars 1856) allait bientôt en fournir l'occasion.

Chez nos alliés, l'orgueil national, blessé de l'échec du grand Redan, rendit injuste envers l'armée ; il y eut peu de récompenses, malgré la quantité de sang courageusement versé ; le général Simpson, chargé de transmettre les félicitations de la reine et du Parlement à l'armée française, ne reçut, pour la sienne et pour lui-même, qu'un froid remerciement.

Tandis qu'en France tout était à la joie, Pélissier reprenait avec Vaillant une discussion par correspondance sur les opérations ulté-

---

[1] Ces navires étaient : *Vladimir* (vaisseau amiral), *Gromonossetz, Odessa, Krim, Khersonèse, Dounaï, Grossni, Bessarabia, Elborouss,* et *Tourock.* Ils flambèrent comme des torches pendant deux jours entiers.

[2] Chiffres détaillés. *Français :* morts, cent quarante-cinq officiers, quatorze cent quatre-ving-neuf soldats ; blessés, deux cent cinquante-quatre officiers, quatre mille deux cent cinquante-neuf soldats ; disparus, environ quatorze cents. *Anglais :* morts, trois cent quatre-vingt-cinq ; blessés, dix-huit cent quatre-vingt-six ; disparus, cent soixante-seize. *Sardes :* morts, quatre ; blessés, trente-six.

Le chiffre énorme des *disparus* est dû aux explosions, et doit être réellement ajouté à celui des morts reconnus.

L'armée française avait eu cinq généraux tués : de Marolles, de Saint-Pol, de Sabran-Pontevès, Rivet et Breton, et neuf blessés, parmi lesquels les plus grièvement atteints étaient les généraux Bosquet (éclat d'obus à l'épaule), Trochu, Bourbaki et Mellinet.

Les Russes avaient perdu six généraux et près de treize mille hommes (douze mille neuf cent treize).

rieures; l'empereur, désespérant de faire manœuvrer à bout de télégraphe l'intraitable Tête de fer, développait ses plans d'opération par écrit à son ministre des affaires étrangères, qui les admirait beaucoup, et convoquait un grand conseil de guerre aux Tuileries (composé des principaux généraux qui avaient fait campagne) pour statuer sur une direction à suivre. Par suite du manque d'un plan général préalable, on en était réduit à en refaire de partiels après chaque grand événement; mais Pélissier estimait qu'en ce cas la chose le regardait, eu égard à son titre, et qu'il s'y connaissait autant que nul autre. L'idée d'une vaste opération de campagne contre l'armée russe redevenait la thèse du gouvernement, d'accord avec le général Niel. Pélissier, voyant l'automne accourir, son armée fatiguée, les Russes renforcés, répondait froidement : « Nous agirons, *mais à bonne enseigne...* Notre ténacité tuera les Russes plus que des attaques hasardées. »

Au fond, il n'avait confiance ni dans les Turcs, ni dans les Anglais pour une guerre de campagne, et il estimait que le plus sérieux besoin était d'occuper Eupatoria, comme prélude de toute action extérieure, et de retenir les réserves russes du sud au loin, en les menaçant d'un débarquement par une opération maritime sur les points fortifiés des côtes. Pour les grandes batailles en ligne, il rappelait *la leçon* (*sic*) du Traktir, perdu à forces supérieures par l'imprudence des Russes, et il préférait user l'ennemi sur place que d'entreprendre des copies de 1812 sans être sûr des résultats.

Pour la première opération, il détacha de l'armée un corps de dit-sept mille hommes d'infanterie, avec huit batteries et la belle division de cavalerie de ligne et de réserve du général d'Allonville; cet excellent stratégiste fut nommé commandant en chef du corps ainsi formé, et alla renforcer les dix-huit mille Turco-Égyptiens qui, sous Ahmed-Pacha, occupaient Eupatoria (18 septembre). Les autres corps turcs (Osman et Séfer-Pacha) furent autorisés à passer en Arménie, et nous débarrassèrent de leur inertie calculée et gênante. Dès le 25, le général d'Allonville, dans une reconnaissance allongée sur Pérékop, battait les renforts russes (combat d'Oraz-Elsas); le 29, informé que tout le corps de Korff (cavalerie) était en flèche à Kanghill, il vint l'y attaquer et lui livra une brillante bataille à cheval, dans laquelle l'artillerie légère des régiments cosaques fut enlevée au galop d'un seul coup de filet. Aussitôt il reçut des renforts de Chersonèse, dont une brigade de cavalerie anglaise, et fut à même, appuyé sur Eupatoria, de tenir tête à toute force russe quelle qu'elle fût. De leur côté, les généraux en chef décidaient une seconde opération sur Kinbourne, forteresse considérable bâtie sur l'extrémité d'une langue de terre étroite, pour défendre l'entrée du vaste estuaire (*liman*) où confluent, dans les eaux élargies du Dniepr, le Boug et l'Ingoul réunis. Sur le Boug s'élève Nikolaïef, arsenal maritime et amirauté; sur le bas Dniepr, Kherson; au nord-ouest, de l'autre côté de la passe et faisant face à Kinbourne, est le fort d'Otchakoff.

Avant de procéder à cette opération, les escadres alliées renforcèrent la garnison de Kertch et enlevèrent, en face de la Crimée, de l'autre côté du détroit d'Iénikalé, les petites places fortifiées de Tasman et Fanagoria (1er octobre). Puis elles revinrent en Chersonèse embarquer

Le général de Mac-Mahon (1855).

la division anglo-française d'opérations; elle se composait de la brigade française de Wimpfen, quatre mille cent hommes, avec des sections de cavalerie, de génie et d'artillerie, et de la brigade anglaise Spencer, quatre mille trois cents hommes; en tout huit mille cinq cents combattants, sous les ordres du général Bazaine, récemment promu divisionnaire.

Les deux escadres, après avoir successivement inquiété et menacé divers points, afin de porter l'attention de l'armée russe de Bessarabie (général Lüders) vers Odessa, se présentèrent subitement, le 14, devant Kinbourne; l'état de la mer ne permit d'achever le débarquement que le 16. Mais dès le 15 une partie des troupes s'était déjà établie et retranchée en coupant l'étroite presqu'île à six cents mètres du fort. Il renfermait quinze cents hommes résolus et quatre-vingt-huit grosses pièces en batterie. Le 17 au matin, la place écrasa de son feu notre parallèle; mais tandis que les tirailleurs français, se portant en avant, abattaient les canonniers russes sur leurs pièces, les vapeurs et les frégates des deux nations alliées ouvrirent à leur tour un feu soutenu contre le fort. Bientôt on vit les gros vaisseaux s'approcher, autant que les sondages le permettaient, et soutenir de leurs pièces à longue portée la première ligne d'embossage. Mais le fort tenait bon et ripostait bien. Alors trois masses noires, se mouvant lentement à la vapeur, vinrent s'établir à demi-portée des remparts : c'étaient les trois premiers essais du navire blindé, les *batteries flottantes* françaises *Lave*, *Tonnante* et *Dévastation*. Insensibles sous leur carapace de fer forgé aux gros boulets de l'ennemi, elles ouvrirent l'une après l'autre un tir méthodique de leurs pièces de cinquante [1]; bientôt crêtes, parapets et merlons s'écroulèrent sous la puissance de ces gros projectiles; les casemates elles-mêmes étaient traversées. Le général Kohanowitch, qui commandait la place, capitula à deux heures; il eut les honneurs de la guerre.

Le lendemain, pour éviter les effets destructifs des *batteries flottantes*, le commandant d'Otchakoff n'attendit pas nos navires : il évacua la place et la fit sauter.

L'empereur Alexandre II était à Nikolaïef avec l'armée du général Lüders, quand il reçut ces tristes nouvelles. Après avoir rétabli les fortifications de Kinbourne et pourvu à sa garnison, les escadres revinrent, traînant avec elles les trois nouveaux engins dont la première épreuve avait été si décisive. La grande révolution dans les constructions navales de guerre, — le cuirassé succédant au vaisseau de bois, — venait de naître sous Kinbourne. Elle était due à la même nation qui, au xviiie siècle, avait changé l'art de la construction au point de vue de la vitesse, inventé le code complet des signaux de mer et modifié complètement le système de l'artillerie navale, — à la France; les plans des premiers navires *blindés* étaient de la même main qui avait dessiné les plans des premiers vaisseaux de ligne à vapeur et à hélice [2].

---

[1] Les calibres se désignaient alors, en général, par le poids du projectile rond dans la charge normale.

Une pièce de cinquante lançait des boulets pleins de cinquante kilogrammes.

[2] Colbert a créé un système d'inscription et d'encadrement de l'armée de mer dont l'Angleterre s'est approprié les principaux points.

L'aplanissement des formes navales est due aux ingénieurs français de Louis XV. La supériorité de notre artillerie de terre, déjà établie, a été suivie de celle de notre artillerie de mer par l'adaptation des platines aux pièces et la réforme des calibres, pendant la guerre d'Amérique. Le système des signaux modernes est dû tout entier au capitaine de vaisseau *du Pavillon*, il nous a été repris par les autres nations pendant la période républicaine.

L'Angleterre, qui au siècle dernier s'appropria pendant la révolution notre système d'artillerie de mer et nos signaux, allait s'approprier les inventions de Dupuy de Lôme.

De son côté Pélissier avait, à toute prévision, formé sur les monts Fédioukine et dans la vallée de Baïdar une armée d'opérations composée de trois corps : de Salles, Camou et Mac-Mahon, et disposée comme suit :

Le 1er corps (de Salles), sur la vallée de Baïdar et le cours du Choulieu, face à la gauche russe : trente et un mille hommes d'infanterie, cinquante-quatre canons ;

Le 2e (Camou), sur les monts Fédioukine, face au centre russe : trente-cinq mille hommes d'infanterie, quarante-huit canons et la division de cavalerie Morris ;

Le 3e (Mac-Mahon), sur la droite en arrière, faisant office de réserve : vingt et un mille hommes et quarante-huit canons, plus cinquante-quatre pièces de la *réserve générale*.

Une nouvelle division française, celle du général Chasseloup-Laubat, débarquée le 15 septembre, renforçait le 3e corps. Les Piémontais, également renforcés, étaient chargés d'occuper le mont Hasfort, avec dix-huit mille hommes et trente-six canons.

Il s'en fallait cependant de beaucoup que cette armée pût entrer en action. L'empereur ordonnait déjà une campagne d'automne (on pourrait dire d'hiver, vu la date) sur le Dniepr, *en prenant Kinbourne comme base d'opérations;* c'est-à-dire une petite place située dans l'eau, sans communications avec la terre, sans magasins ni approvisionnements. Pélissier répondait au ministre que perdre des milliers d'hommes pour conquérir des steppes, et y risquer des hivers à la mode de 1812, était folie ; qu'il fallait garder Sébastopol, se fortifier dans tous les points conquis, laisser une escadre de soutien dans la mer Noire et ramener le reste de nos forces chez nous, pour faire face, si besoin était, à une campagne de printemps avec l'aide de l'Autriche ; car l'Autriche, entraînée et craignant pour sa ligne du Danube, avait signifié un ultimatum à la Russie pour qu'elle acceptât une paix honorable. Au fond, il regardait la paix comme acquise, malgré les persuasions contraires des diplomates.

Alexandre II, après avoir inspecté les armées du sud, avait constaté qu'il ne pouvait que perdre à la prolongation de cette guerre, si les alliés s'obstinaient à se maintenir en Crimée. Pélissier le savait ; et il ne croyait pas, comme les diplomates, à la fécondité des ressources militaires de l'empire russe. La qualité même des nouvelles troupes du czar, constatée par l'aspect des prisonniers, décelait clairement au prix de quels violents efforts l'ennemi parvenait à arrondir ses effectifs.

Ce fut l'Angleterre qui, dans ces conflits d'avis, nous fit tirer les marrons du feu à son profit, comme elle le faisait depuis 1853, comme elle allait le faire pendant tout le règne de Napoléon III. Elle s'opposa à l'excessive étendue des plans chimériques bâtis aux Tuileries; mais elle se refusa également à rapatrier ses troupes avant d'avoir pris *ses sûretés* dans la mer Noire. Et ces sûretés consistèrent à achever par terre l'ennemi honorablement vaincu (il est vrai qu'elle avait eu bien faible part à la victoire). Elle exigea la destruction par la poudre des beaux docks de Sébastopol, chef-d'œuvre d'un ingénieur anglais; elle eût voulu le rasement de tous les hameaux de pêcheurs russes de la mer Noire. Pélissier, Vaillant, Niel, à la première proposition de ce vandalisme sans bravoure, refusèrent net. On s'adressa plus haut; et un ordre impérial enjoignit, « quoique à regret (*sic*) » cette concession aux haines de nos omnipotents alliés... Les cinq magnifiques bassins de Sébastopol sautèrent, *par ordre*.

Bientôt l'avancement de la saison calma les imaginations; les rapports du 1er et du 2e corps constataient l'impossibilité d'attaquer les cent trente mille Russes de Gortschakoff dans leurs excellentes positions. Un second hivernage commença. L'armée anglaise reçut un nouveau chef, le général Codrington, à la place de Simpson, coupable de n'avoir pas aussi bien réussi que nous à l'assaut du 8 septembre.

Nous éviterons de dire l'interminable lutte qui recommençait, à partir de novembre, entre le général victorieux et les deux gouvernements alliés[1], à tel point que, le 6 décembre, le vainqueur de Sébastopol en était venu à offrir sa démission, pour éviter de subir les *plans* du duc de Cambridge.

Par les renforts successifs, l'armée française comptait, au mois de novembre 1855, près de cent cinquante mille hommes. Comme il n'y avait plus à essayer de grandes opérations, Pélissier en forma trois corps, chacun de quatre divisions d'infanterie et d'une de cavalerie, et renvoya le reste en France. Quatre régiments et la garde défilèrent solennellement à Paris, le 29 décembre, devant l'empereur et la population, qui les couvrit de ses acclamations. Les troupes restantes prirent leurs quartiers d'hiver.

Le 15 novembre, à trois heures et demie du soir, subitement, une masse de feu comprimé s'éleva brusquement de la redoute du Moulin et en quelques secondes atteignit les nuages; de cette énorme colonne rouge et jaune sortaient des gerbes de feu blanc, obus, grenades, bombes, fusées, qui couvrirent la terre à douze cents mètres

---

[1] Le duc de Cambridge, chef de l'armée anglaise, était venu prendre gîte aux Tuileries, et passait son temps à ourdir des plans gigantesques avec l'empereur. Un matin, il fut convenu que les deux généraux en chef et les deux amiraux allaient être appelés à Paris, laissant là soldats et flottes au hasard pendant six semaines, pour discuter un *plan de printemps*. Vaillant, de plus en plus convaincu de la justesse de vues de Pélissier, se jeta heureusement en travers, avec une audace qui ne lui était pas ordinaire. Déjà Bosquet, Mellinet et Trochu étaient rentrés en France.

L'amiral Bruat mourut pendant le retour.

aux environs; sous la commotion, le sol s'ouvrit de divers points; sous la pluie de feu et de projectiles qui enveloppa les deux camps et la ville, les magasins à poudre des Anglais firent à leur tour explosion, les maisons prirent feu, des incendies éclatèrent dans les deux camps, trois cents hommes furent tués ou blessés instantanément.

C'était le parc dit du *Moulin* qui venait de sauter avec toute la capsulerie, toutes les grenades et fusées de l'armée, quatre mille bombes, six cent mille cartouches, cinquante mille kilogrammes de poudre en barils.

Au mois de janvier on reçut de nouveaux ordres de destruction; le fort Nicolas, épargné par les explosions, fut détruit par la poudre, pièce à pièce[1], puis les casernements. Enfin la furie anglaise s'arrêta. Il n'y avait plus rien à Sébastopol, sinon des ruines fumantes, et la Russie était entrée en pourparlers. Un succès brillant d'Omer-Pacha, qui enleva Koutaïs aux Russes (25 novembre), l'avait décidée.

Nous n'avons pas à nous occuper ici du congrès de Paris et du traité qui s'ensuivit; l'Angleterre y cueillit les meilleurs résultats d'une guerre arrosée du sang français; le Piémont y fit accueillir, par son habile audace, le thème de ses prétendues « revendications patriotiques » sur l'Italie du Nord; la France ayant marché pour l'Angleterre en Crimée, M. de Cavour songeait à la faire marcher pour lui en Italie. Assurément, Pélissier avait attendu une autre satisfaction de ses peines et du sang de nos soldats.

L'hiver fut dur, et le typhus exerça de cruels ravages parmi nos soldats; huit médecins, treize aumôniers y succombèrent au chevet des malades. Enfin le printemps reparut, et le maréchal Vaillant invita Pélissier à venir jouir de sa gloire. L'austère soldat reçut la nouvelle de la paix (30 mars) et présida à l'évacuation successive des troupes comme le commandant d'un navire de guerre qui fait désarmer son bord devant lui.

Le 4 juillet, il écrivit à Paris que tout serait terminé le lendemain. Le soir, il visita les cimetières et en remit la garde au général russe Lüders. Le 5, il s'embarqua le dernier de toute l'armée, à Kamiesch.

Nous passons sur les joies du retour. A Constantinople, le sultan dota Pélissier d'une rente de deux cent mille francs et le décora de tous les ordres de l'empire en diamants. Les journaux ont redit les ovations que reçut le héros de la Crimée, lorsqu'il arriva en France.

---

[1] Il avait cinq cents mètres de développement sur ses fronts et armait quatre-vingt-dix-sept grosses pièces en batterie; son granit résistait à tous les aciers. Il fallut cinquante et un mille kilos de poudre pour le détruire.

XV

Avant de quitter le sol de la Crimée, une réconciliation déjà prête dans tous les cœurs s'était opérée entre Russes et Français, tandis que les Anglais, tenaces dans leurs aversions, se tenaient à l'écart. Le 13 avril, le général Lüders, chargé du commandement en chef des armées russes du sud, avait courtoisement convié les généraux alliés à une grande revue sur le plateau de Mackenzie; le 17, les alliés, à leur tour, étaient passés en revue par l'état-major russe. Du côté des Français, cent bataillons d'infanterie, trente escadrons, cent quatre-vingt-dix-huit pièces de campagne se développaient sur le plateau de Chersonèse, dans le plus bel ordre, avec l'aspect rude et martial que donnent au vieux soldat éprouvé par le feu ses vêtements usés et sa face bronzée aux intempéries : « Beaux soldats et belle nation ! s'écria Lüders en s'arrêtant devant les divisions d'Afrique; nous voici donc amis ! Puisse l'amitié durer et croître !

— Ce n'est pas d'hier, mon cher général, que je le désire, » répondit brusquement Pélissier.

Nous sentons mieux encore aujourd'hui la valeur de ces paroles.

Cependant une plaie encore saignante venait parfois réveiller les douleurs intimes du glorieux maréchal. Ceux qui l'approchaient savaient qu'il pleurait tout bas son ami, le brave et bon Cassaigne, comme il l'avait pleuré tout haut, d'une voix tremblante, au lendemain de la victoire, par-devant ses compagnons d'armes profondément remués par cette douleur si intense et si vraie. La rudesse extérieure de Pélissier, que l'on exagérait à plaisir, pouvait froisser des amours-propres d'hommes susceptibles; mais elle ne cacha pas, aux yeux pénétrants d'une femme, les trésors d'affection et de bonté qui sommeillaient, souvent refoulés par la rigueur du règlement, dans cette grande âme militaire. L'impératrice entreprit, aux sourires de la cour, de marier le guerrier sexagénaire, toujours robuste et ferme. Il s'y prêta d'abord avec étonnement, puis avec abandon. Une très noble et distinguée fille d'un grand d'Espagne, la marquise de Paniéga, apparentée aux Montijo, se trouva fière d'unir sa jeunesse à la verdeur de l'illustre vieux soldat, et ceux qui furent admis à l'intimité de cette union tardive ne purent s'empêcher d'admirer, à côté de la franche affection de l'épouse, l'espèce de rajeunissement d'âme et d'allures que le bonheur du ménage, si longtemps inconnu à Pélissier, venait de produire en lui.

Il connut aussi la douce et troublante joie de l'amour paternel; ce cœur tout léonin était fait pour les attendrissements délicats et les naïves admirations de la paternité. Il eut une fille, et les gens de sa maison, surpris et souriants, s'arrêtaient de loin pour se montrer le terrible maréchal, oublieux de tout ce qui l'entourait, jouer seul à seul avec sa petite Louise, et se plier obéissamment à toutes les mutineries du bébé rose et blond qui lui refaisait une nouvelle vie.

De toutes les fêtes données au vainqueur de Crimée, nous ne rappellerons que deux. L'une fut pour l'armée qu'il avait conduite à la gloire: en la faisant défiler, au mois de juillet, sur les boulevards du nouveau Paris, Pélissier rayonnait de la voir si bien accueillie, si bien acclamée, et murmurait avec son sans-façon ordinaire: « Allez, criez plus fort, ils l'ont bien mérité, ces *lapins-là!* »

La seconde fut sa fête à lui; il vint, la médaille du Puy au cou, agenouiller tous ses titres et toutes ses gloires dans le sanctuaire bâti par Louis XIII, aux pieds de Notre-Dame des Victoires; et la Reine du ciel, qui aime les grands cœurs, dut certes agréer avec un plaisir particulier les remerciements et les vœux du vieux guerrier.

Il nous reste maintenant peu de chose à raconter, car la peine et le danger offrent toujours plus à dire que les honneurs et le calme.

Le 14 janvier 1858 eut lieu le plus célèbre des nombreux attentats commis par les partis révolutionnaires contre l'empereur, que l'on croyait sincèrement rallié à une politique catholique : l'attentat d'Orsini.

Sa première conséquence en France fut une réorganisation sévère de la sûreté générale; le ministère de l'intérieur fut provisoirement confié à un général connu pour son absolu dévouement à la dynastie, au général Espinasse[1], le Savary du second empire. De sévères lois de police furent édictées, et la France partagée en cinq grands gouvernements militaires dont les titulaires, maréchaux de l'empire, eurent surveillance et autorité sur les préfets de leurs gouvernements respectifs[2].

---

[1] C'est lui qui, colonel au 41e de ligne en 1851, avait, au 2 décembre, investi le Corps législatif et arrêté une partie des députés.

[2] Les cinq gouvernements militaires étaient : Paris, confié au maréchal Magnan; Nancy, à Canrobert; Lyon, à de Castellane; Toulouse, à Bosquet; Tours, à Baraguey-d'Hilliers.

En même temps, le ministre des affaires étrangères, comte Walewski, adressait aux États voisins des observations amicales sur les dangers de la tolérance dont plusieurs d'entre eux (Belgique, Suisse, Angleterre) usaient envers les comploteurs politiques. Dans sa dépêche à l'ambassadeur de France à Londres (M. de Persigny) à ce sujet, il le chargeait d'invoquer l'alliance encore vivante des deux pays pour obtenir du Parlement, en ce qui concernait les complots ourdis par les réfugiés politiques, « une garantie de sécurité qu'aucun État ne saurait refuser à un État voisin, » encore moins à un allié, et il déclarait s'en rapporter, quant aux mesures, à la sagesse du cabinet allié.

Lord Palmerston présenta alors un projet de loi (*bill*) répressif des complots dont la formation serait prouvée, même sans en être venue à l'exécution; les complices d'un meurtrier, en cas d'attentat, ne seraient plus poursuivis comme coupables de *délit*, mais bien de crime capital (*felony*).

A ce moment, les adresses départementales et municipales, publiques et privées, pleuvaient à Paris, pour féliciter l'empereur d'avoir échappé aux bombes d'Orsini. Le *Moniteur* les insérait toutes, par ordre. Il y en eut plusieurs qui qualifiaient en termes très vifs l'hospitalité accordée par l'Angleterre à des gens qui érigeaient « l'assassinat en doctrine ». L'opposition anglaise, saisissant ces faits comme attentatoires à la dignité du pays, fit échouer le *bill* Palmerston en seconde lecture; le cabinet tomba et fut remplacé par un cabinet *tory*, que dirigeait lord Derby et où figuraient, avec son fils lord Stanley, les lords Malmesbury et Ellenborough, MM. Gladstone et Disraéli (26 février).

Les explications échangées entre les deux pays rétablirent la concorde; mais l'opinion conservatrice, en France, blâma tout ensemble l'inadvertance du *Moniteur* et les empressements réparateurs de M. Walewski auprès de lord Derby. M. de Persigny dut résigner son ambassade, et l'empereur choisit Pélissier pour rétablir complètement la bonne harmonie, et du même coup relever le prestige de notre ambassade à Londres.

L'ex-commandant en chef de Crimée, l'ami de lord Raglan, le copartageant de ses plans militaires, décoré des plus hauts insignes militaires britanniques (grand cordon de l'ordre du Bain), et célèbre à tant de titres en Europe, fut reçu à bras ouverts par toutes les classes de la population. Enrichi par ses dotations, il sut se présenter aux Anglais avec le faste noble qu'il regardait comme une obligation des hauts emplois. Il débarqua le 14 avril à Douvres; il y trouva le duc de Richmond, les marquis de Donegal et de Londonderry, en grand costume de pairs et chevaliers de la Jarretière, venus exprès pour le recevoir avec la municipalité de Douvres, les corporations dans leurs insignes, et toutes les troupes du comté sous les armes. L'accueil ne fut pas moins brillant à Londres, où on loua des fenêtres sur son passage ; la reine lui accorda spontanément, à plusieurs reprises, les honneurs princiers, et la haute aristocratie politique et militaire, après s'être empressée dans les luxueuses réceptions qu'il lui offrit, se disputa comme un honneur sa présence dans les châteaux où se tenaient les réunions d'été, puis dans les salons à la reprise de l'hiver. On pourrait faire des volumes en relevant les seuls traits de courtoisie flatteuse et d'ingénieuse politesse dont sont remplis les journaux de cette année, à l'égard de l'illustre maréchal.

Pélissier les recevait avec sa bonne grâce tranquille, les rendait au double, et ne s'en laissait pas beaucoup émouvoir. Le fils du contrôleur des poudres de Maromme, parvenu par l'éclat de ses services, gardait avec une fière modestie son attitude de soldat, franche et courtoise, devant les descendants des compagnons de Guillaume le Bâtard. Il répondait un jour, avec sa caustique finesse, à l'un des parents de la reine [1] : « Je suis, en effet, un ambassadeur assez *extraordinaire* dans plusieurs sens, et je le sais, Altesse ; l'extraordinaire n'est pas fait pour durer, c'est pourquoi vous me comblez vraiment trop vite. »

Il connaissait les Anglais et leur impérissable orgueil. Au moment même de son arrivée à Londres, gage d'accord et de bonne entente entre les deux pays, le jury anglais acquittait Simon Bernard, l'un des complices avoués de l'attentat d'Orsini, traduit devant la justice britannique, et l'assistance applaudissait son avocat, l'orateur radical Edwin James, qui s'était livré à une apologie vigoureuse de l'assassinat politique, et avait attaqué le gouvernement français en termes d'une extrême violence. Peu après, un libraire nommé Truelove, poursuivi au nom du bill Palmerston, pour apologie des mêmes faits et insultes graves à l'empereur Napoléon, fut relaxé à composition par le coroner. Les magistrats anglais éludaient les premiers l'application du *bill ;* si bien que la France, qui avait donné pour un fait puéril des satisfactions à l'orgueil britannique, n'en recevait aucune pour des faits d'une portée sérieuse.

Comme contre-partie de ces désagréments, inhérents à la constitution et aux mœurs de ce pays, mais sur lesquels le maréchal, sans insister diplomatiquement, s'exprima avec une rudesse militaire en plusieurs occasions, les lords et l'armée lui offrirent une fête dite « Ovation [2] » dans les salons de l'*United service Club,* espèce de cercle des officiers généraux et des pairs d'Angleterre ; puis vinrent les banquets successifs de l'armée, de la flotte, du commerce ; les fêtes de châteaux. Et le cabinet laissa tout doucement tomber le *bill* en déchéance, en « oubliant » de le présenter à la seconde lecture.

[1] Le duc de Cambridge, commandant en chef de l'armée anglaise.
[2] Prononcez : *Ovétcheune.*

Peu après, les deux cabinets de Paris et de Londres se trouvèrent d'accord contre la pauvre cour de Naples pour appuyer les réclamations (mal fondées) du Piémont, au sujet de la saisie d'un navire, *le Cagliari*, qui avait débarqué des conspirateurs; il y avait deux matelots de nationalité anglaise dans l'équipage. Cela suffit au cabinet de Londres pour imposer brutalement, avec menaces de guerre, ses volontés à Naples. On préludait ainsi par des encouragements aux hardiesses piémontaises, à la guerre de 1859. Pélissier, dont la droiture s'indignait de ces hauteurs du fort contre le faible[1], ne se mêla pas de cette affaire, dont il laissa les détails aux bureaux de l'ambassade. En revanche il étudiait sur place les progrès du catholicisme anglais, se montrait fièrement assidu aux offices divins, aux côtés de la duchesse de Malakoff, se liait de spéciale amitié avec les plus illustres lords catholiques, entre autres le duc de Norfolk, et comblait de ses dons les établissements catholiques du pays. Il put aussi assister aux vastes changements amenés par la terrible révolte des cipayes de l'Inde; il vit l'affolement de la Compagnie et fut consulté privément, attendu sa vieille expérience militaire et coloniale, sur la réorganisation qui suivit ce drame : la suppression de la Compagnie, le gouvernement direct de la couronne, la refonte de l'armée des Indes, etc. Les officiers anglais revenus de Crimée ne tarissaient pas d'éloges sur nos troupes d'Afrique. Pélissier, après s'être consulté avec l'empereur, se prêta de bonne grâce à faire autoriser l'enrôlement d'une quantité de zouaves et de chasseurs à pied congédiés, en qualité de sous-officiers instructeurs commissionnés, avec prime et larges appointements, pour l'armée britannique de l'Indoustan. C'est donc à nos vieux soldats d'Afrique qu'elle doit sa solide réorganisation de détail[2]. Mais le vieux saint-cyrien, fils de bourgeois, parvenu par son seul mérite au maréchalat, put se convaincre bientôt, à propos du *bill* de réorganisation de l'armée des Indes, avec quel *patriotisme* torys et whigs s'unissaient tout bas, en se querellant tout haut, pour continuer de faire, du corps des officiers anglais de l'armée, une institution de pure aristocratie.

D'autres affaires fort diverses : la visite de la reine à Cherbourg, suivie d'un grand brouhaha soulevé par la pressse anglaise à propos de ce nouveau port « dirigé contre l'Angleterre »; le différend de la France avec le Portugal, dans lequel on vit, — tout est croyable en politique,— le cabinet de Saint-James, dont chacun connaît les maximes, « regretter (*sic*) que la France se fût montrée si dure avec une puis-

---

[1] Il disait en causant à un des secrétaires de l'ambassade : « Militaire, je n'ai jamais commis de *lâcheté*, sachez cela, Monsieur; s'il en faut dans la diplomatie, on s'est trompé en me prenant. »

[2] Nous avons connu et interrogé plusieurs de ces hommes revenus des Indes. Ils avaient été admirablement traités par les officiers anglais.

sance aussi faible [1]; » l'organisation du *protectorat* des îles Ioniennes malgré les Grecs. Pélissier était souvent irrité, parfois surpris de la hardiesse avec laquelle les hommes d'État britanniques, tout en conservant le plus absolu décorum de formes, marchaient à leur but sans s'inquiéter outre mesure de ce qu'en penseraient les autres nations. Il ne s'accordait avec eux qu'en un point : la question d'Italie. Soulevée par la ruse persévérante du ministre piémontais, posée à la fois par les bombes du « patriote » Orsini et les deux cent soixante journaux français dans lesquels prédominait l'influence des sociétés secrètes, elle était déjà résolue en fait, sans que le public en sût rien, dans l'esprit de Napoléon III, à la suite de sa conversation avec M. de Cavour à Plombières. C'est en vain que le cabinet anglais déclarait hautement à la tribune « que l'Angleterre serait défavorable en principe à quiconque romprait la paix européenne par des visées personnelles ; que l'opinion publique en France était sérieusement opposée à toute guerre d'intervention dans la Péninsule ; qu'il en était de même, au fond, dans l'Italie du Nord ; enfin, que l'on ne pouvait, sans une erreur grossière et volontaire, incriminer l'administration autrichienne dans la Lombardo-Vénétie, ni celle du roi de Naples chez lui » ; l'accord secret de Plombières l'emporta sur tout le reste. Bientôt, les paroles presque menaçantes échappées à Napoléon III lors de la réception des ambassadeurs aux Tuileries, le 1er janvier 1859, décelèrent la situation vraie, telle que l'avait préparée le ministre italien. Le 25 février, les interpellations adressées par lord Palmerston au cabinet faisaient comprendre qu'il y avait un commencement d'entente entre l'ancien ministre « de l'alliance » et les Tuileries ; le vote montra que l'union des deux partis libéraux (Palmerston-Russell) était accomplie sur cette question, et fit prévoir la retraite prochaine du cabinet Derby.

En ces occurrences, Pélissier n'était ni d'humeur ni d'opinions à poursuivre son rôle d'ambassadeur. Membre du *conseil privé,* il avait nettement signalé les dangers de se prêter sans restrictions aux vues ambitieuses du Piémont, et stigmatisé en termes tout militaires les spoliations des couvents et les violences contre l'Église par lesquelles, depuis sept ans, ce petit État s'assurait le concours des sectes libérales de l'Europe, afin d'ameuter l'opinion et de grouper autour de lui les agitations italiennes. En voyant l'empereur s'engager dans cette voie, il fut le premier à demander son rappel, et l'obtint (fin mars) au moment où le triste prince Jérôme était publiquement fiancé à la plus pieuse des filles de la maison de Savoie, victime résignée d'une politique qu'elle abhorrait de toute son âme de vraie catholique. La cour des Tuileries, tout en se confiant à lui pour la sécurité de la *dynastie,*

---

[1] Les événements de 1890 se sont chargés d'éclairer l'opinion sur les mansuétudes de l'Angleterre envers les petits États, et particulièrement envers le Portugal.

ne trouvait pas toujours commode sa brusque franchise et la causticité trop justifiée de ses remarques sur la politique où l'on allait s'engager. Il avait pris, dans une occasion célèbre, la défense de l'enseignement populaire chrétien par les Frères, avec une énergie qui avait fait avorter les projets sectaires ; il venait, par deux fois, de prouver tout haut son respect et sa profonde estime pour son ami et ancien général Lamoricière, et de flétrir d'un mot très noble dans sa brutalité le marchandage (qu'on avait cru devoir essayer) des convictions de cet homme de cœur, avant de lui permettre de venir embrasser son enfant mourant en France [1] ; ce fut grâce à lui et à Bosquet que le gouvernement, rougissant devant l'opinion des chefs de l'armée, envoya au grand soldat exilé, mais trop tard pour la consolation du père et pour son propre honneur, l'autorisation pure et simple d'habiter la France.

La guerre avec l'Autriche était résolue quand le duc de Malakoff rentra en France. Comme s'il eût compris qu'il lui fallait enfin prendre devant l'Europe la responsabilité de ses décisions, l'empereur Napoléon s'était réservé le commandement de cette armée qui allait, docile instrument des ambitions de la maison de Savoie, sceller le premier degré de l'unité politique italienne accomplie aux dépens de l'Autriche, base et modèle de l'*unité germanique*, qui allait ensuite s'accomplir aux dépens de la grandeur française.

Le vertige entraînait tout. Les prédications intéressées des journaux populaires grisaient le peuple parisien ; et Napoléon III, satisfait de l'ovation que lui avaient ménagée les salles maçonniques et les lecteurs du *Siècle*, à son départ pour Gênes, allait avec confiance aliéner l'épée de la France et préparer la ruine de l'empire sur les champs de bataille piémontais et lombards. L'inflexible caractère et la haute personnalité du maréchal Pélissier auraient été souverainement embarrassants aux côtés de l'empereur, tant au point de vue politique qu'à celui des opérations militaires. On lui créa donc une situation en France, sous le titre de commandant en chef de l'armée de réserve qu'on formait dans l'est, pour observer les mouvements militaires de l'Allemagne ; il vint à Nancy présider à la concentration des troupes restant disponibles à tout événement ; et son grand nom, estimé et redouté tout ensemble, suffit à retarder les décisions de la Prusse et des États secondaires allemands jusqu'à l'heure de Villafranca. Mais, en réalité, il passait plus de temps à Paris qu'à Nancy. Le *conseil privé* était devenu, en vertu de sa loi constituante, *conseil de régence* pendant l'absence du souve-

---

[1] On a publié la belle lettre de Lamoricière à Pélissier à ce sujet :

« Mon cher Pélissier, pendant que mon fils était sur son lit de mort, on est venu me marchander mon droit au soleil et à la terre de la patrie !... La porte qu'on m'ouvrait à la frontière était si basse, qu'il fallait se mettre à genoux pour y passer. Mon cœur était brisé, je l'avoue, mais mon honneur de soldat s'est révolté. J'ai refusé. Vous, à qui je sais ce sentiment dans l'âme, vous comprendrez ce que j'ai fait. Dieu seul sait ce qu'il m'en a coûté ! »

rain; et là, deux influences étroitement unies pour le bien, secondant les bonnes volontés de l'impératrice, paralysèrent les tentatives de *libéralisme* à tout crin, que la situation semblait autoriser. Ces deux influences, on le devine, étaient celles du cardinal Morlot et du duc de Malakoff.

Quand il eut rendu ce dernier service au souverain qui lui avait confié le sort de ses intérêts dynastiques, le vieux guerrier, de plus en plus triste, ne chercha plus qu'un dernier séjour où il pût oublier, dans de graves pensées et de féconds travaux, les spectacles qui assombrissaient son cœur. L'Algérie, sa terre de prédilection, sa seconde patrie, plus fière de lui que la première et plus juste à son égard, était en proie à une véritable anarchie des pouvoirs. Le conflit entre les partisans du « régime militaire » et du « régime civil » y avait pris des proportions aiguës, et s'était envenimé de querelles violentes, de duels entre officiers et journalistes. La déplorable affaire du capitaine Doineau avait fait oublier en un clin d'œil les immenses services rendus par les *bureaux arabes* militaires, et provoqué les plus étranges accusations en bloc. Enfin le gouvernement général, changeant de mains et de constitution, avait été, en deux ans, trois fois bouleversé : 1° par le rappel du maréchal Randon et l'établissement d'un *ministère de l'Algérie et des Colonies*, confié au prince Jérôme Napoléon ; 2° par le voyage de l'empereur à Alger, en 1860, et une tentative de dualité dans le gouvernement de la colonie, après la démission du prince-ministre [1]; 3° par la reconstitution momentanée du gouvernement militaire. Un seul homme était de taille à dominer tous ces conflits par sa haute situation, qui le mettait fort au-dessus de tous les autres dignitaires de l'empire, comme aussi à se concilier toutes les confiances des Algériens. Yousouf le dit à l'empereur en déclinant toute proposition personnelle, et lui indiqua l'homme : « Sire, le maréchal duc de Malakoff réunit tous les motifs en sa faveur, et il n'y a que lui de possible. »

Pélissier accepta avec joie le gouvernement général, et revint à Alger comme le voyageur fatigué rentre à son foyer. Il y fut reçu par les acclamations des habitants.

C'est là qu'il vécut ses dernières années, au milieu de cette belle colonie qu'il avait, selon son expression, vu naître et aidée à grandir. Là, tout lui était familier, et il était connu et respecté de tous; sa jeune femme y fut accueillie par des affections toutes prêtes, et d'une naïveté qui la toucha; dans cet immense domaine de la France, acquis par les labeurs de tant de braves, elle se trouvait, de par le nom

---

[1] Qui ne parut en Algérie que pendant deux jours, et incognito.

A la nouvelle de sa démission, l'armée d'Afrique se livra à des démonstrations publiques de joie. Les officiers du 1er chasseurs d'Afrique illuminèrent et offrirent aux colons un punch au *café d'Apollon*.

qu'elle portait, « toujours et partout en famille, » comme le lui disait un vieux colon, ancien soldat de la conquête sous le général. Pour lui, heureux de se retremper entre ses meilleurs et plus vieux compagnons de guerre, les Yousouf[1] et les Martimprey[2], il revivait sous la chaude température de son pays d'adoption. Jamais sa vigueur d'allure et son ardeur au travail ne furent plus marquées. Toujours d'une régularité ponctuelle à l'heure, il servait d'exemple aux officiers de son cabinet, et ne tolérait pas plus les négligences de service que les allures fantaisistes, à quelque degré que ce fût. En revanche sa bonté proverbiale, en dépit de sa brusquerie bien connue, semait largement les bienfaits, comme s'il eût songé que ses jours étaient désormais comptés ; et le soir, lorsqu'il rentrait à son palais de Mustapha pour « y faire un peu le papa », en jouant bonnement à la Henri IV avec sa chère petite Louise, que les Algériens appelaient *notre Louise,* entre sa gracieuse femme et son aide de camp dévoué, le colonel Appert[3], il pouvait dire avec satisfaction qu'il avait largement gagné son repos.

Nous avons assez parlé de l'Algérie pour qu'on nous épargne la fastidieuse nomenclature des grandes et petites occupations du gouverneur général pendant les quatre années qu'il y consacra le restant de ses forces. Jamais la colonie ne fut plus vigoureusement administrée et ne brilla d'un tel éclat : la construction des premières voies ferrées, celle du beau boulevard sur arcades qui donne au port d'Alger un aspect monumental, le développement de la colonisation par le double moyen des concessions et des ventes par lots de l'excédent des terres domaniales, les progrès continus de la population européenne, le développement du bien-être dans les villes, un large essor donné à l'enseignement à tous les degrés, et enfin la réglementation et la mise en pratique du célèbre décret du 25 juillet 1863 sur le *cantonnement des Arabes,* suffisaient à absorber les heures du gouverneur, sans le détourner des soins qu'il devait à l'armée d'Afrique, dont il était la gloire par-devant l'Europe. Les réceptions et fêtes officielles, auxquelles il savait donner un charme et une ampleur sans pareils[4], attiraient de tous les points de l'Europe les voyageurs de marque et les touristes titrés, tous avides de voir dans « son royaume d'Alger », ainsi qu'il le nommait plaisamment, la plus célèbre illustration militaire des deux mondes. Mais, si fiers qu'en pussent être les Algériens, habitués à voir grandir chez eux les réputations, Pélissier était avant

---

[1] Commandant la province d'Alger, sénateur et grand-croix de la Légion d'honneur.

[2] Sous-gouverneur de l'Algérie, commandant en chef les forces de terre et de mer.

[3] Dont nous avons déjà parlé ; nous apprenons sa mort au moment même où nous traçons ces lignes.

[4] Par sa dignité militaire, ses croix, titres et dotations, joints à son traitement de gouverneur général, le maréchal Pélissier avait un revenu annuel évalué à plus de six cent mille francs, et les dépensait royalement.

tout, à leurs yeux, le vieux et robuste *Père de la patrie* africaine, dont le nom, depuis plus de vingt ans, était inscrit au coin de toutes les fondations utiles à la colonie, comme dans toutes les pages de ses rudes guerres ; cette indomptable énergie, devant laquelle avaient dû plier les exigences de deux gouvernements et les amours-propres d'une coalition de hauts personnages, comme le granit même de Sébastopol, elle était à eux, ils la considéraient comme leur bien propre, l'aimant et la redoutant tout ensemble ; l'aimant surtout, car elle était bienfaisante. Avec le puissant gouverneur d'Algérie, que les princes étrangers venaient curieusement visiter sous prétexte de manœuvres navales, les Algériens de toute race savaient que l'allure franche et droite du devoir était la seule admise ; mais ils savaient aussi, pour la plus mince question d'intérêt, dès qu'elle était légitimée par une raison suffisante, aborder sans embarras, presque familièrement, le cabinet du redouté maréchal et s'expliquer avec la certitude d'être écoutés et compris.

Qui n'a pas vécu quelques mois à Alger, à cette époque, ne peut se faire une idée exacte de ce qu'était cette popularité immense, à la fois pleine de respect et de simplicité, qui entourait Pélissier comme d'une atmosphère spéciale. Soit qu'il passât rapide, en simple tenue bourgeoise, dans sa grande calèche grise, soit qu'on le vît arriver en gala, précédé et suivi de ses pelotons de cavaliers arabes et français, le fusil haut, entouré d'un immense état-major où les célébrités de l'armée d'Afrique se coudoyaient avec les officiers envoyés de l'étranger et les aghas et khalifas resplendissants d'or depuis le col jusqu'aux étriers, partout on voyait l'habitant s'arrêter une seconde pour saluer avec un sourire *son ami la Tête de fer,* tandis que les nouveaux arrivés, et principalement les touristes anglais, toujours très nombreux en Algérie, se rassemblaient précipitamment par groupes pour acclamer le vainqueur de Sébastopol. C'était surtout au retour des grandes fêtes, et en particulier de l'anniversaire du 14 juin, que l'illustre soldat africain aimait à revoir tout son passé en se mettant à la tête de la solennité, avec cette pompe grandiose qui, sous le ciel éclatant de l'Orient, parle bien plus aux yeux que tout le faste correctement gourmé des souverains d'Europe. Là il revoyait à loisir et un par un ses vieux zouaves à trois chevrons et ses chasseurs d'Afrique à l'allure si pittoresquement hardie. Il reconnaissait et tutoyait ces vétérans des guerres de Kabylie, de Crimée, de Chine, pour lesquels il était lui-même le vétéran par excellence ou, selon l'expression du pays, « le grand chef qui n'a jamais eu froid aux yeux. » De plus hautes pensées encore annoblissaient cette âme simple et forte ; le christianisme pratique l'envahissait peu à peu tout entière, comme une préparation à la crise suprême et la juste récompense d'une vie pleine d'honneur et de puissant dévouement au devoir.

Nous ne redisons pas l'autorité et les graves splendeurs qu'il donnait à la pratique religieuse, devant tout le monde, par son assistance solennelle à la messe dominicale, que nous avons décrite ailleurs. A l'heure même où, en France, les compromis poltrons et les demi-abandons mal déguisés précédaient le reniement définitif de la papauté, Pélissier, en Algérie, exigeait partout l'assistance *officielle* des autorités à la messe militaire, la libre circulation du prêtre dans les camps et les hôpitaux, les marques réglementaires de respect à Dieu dans toutes les occasions que comportent les usages militaires. Admirateur et ami dévoué de l'éminent évêque d'Alger, Mgr Pavy, et du vieil abbé Suchet, ce doyen vénéré du clergé d'Afrique, cher à l'armée à tant de titres, il aimait à venir, sans respect humain, suivre les modestes solennités des fêtes de la sainte Vierge, au pèlerinage tout nouvellement construit de Notre-Dame d'Afrique. Il se faisait présenter les curés des paroisses, les directrices des maisons religieuses, s'informait de leurs œuvres, et souvent y subvenait avec sa largesse proverbiale, doublée de la plus discrète délicatesse de formes. Nous avons dit ailleurs qu'il avait établi, pendant son gouvernement intérimaire de 1852, la procession *officielle* de la Fête-Dieu, qui attirait un grand concours de curieux, même protestants. Rien ne peut donner une idée de la splendeur bien ordonnée qu'il déployait, au nom de l'État, dans ce noble témoignage annuel de la sujétion publique du chrétien à son Dieu.

Toutes les autorités et corps constitués officiels, dûment convoqués, y paraissaient en uniforme de gala. Le parcours, relativement court, afin que nul ne pût arguer d'un excès de longueur ou de fatigue, était brillamment décoré, et partout bordé d'une double haie de troupes; il avait lieu ordinairement par la rue de Chartres et la rue Bab-Azoun. Pendant deux heures, entre les lignes correctement alignées des soldats aux éclatants uniformes, les paroisses faisaient défiler, au son de la musique et des chants religieux, leurs bannières et leurs théories d'enfants : les fillettes tout de blanc vêtues, selon la coutume algérienne, les garçons proprement habillés et en pantalons blancs. Puis venaient les nombreux rangs des religieuses de divers ordres, les religieux, le lycée, les deux séminaires et, entouré d'honneurs princiers, enfermé entre une triple haie de troupes d'élite, le très saint Sacrement, précédé de longues files de prêtres en ornements dorés, et portés lentement, sous le dais, par l'évêque assisté de son chapitre, au son des musiques et des tambours sonnant et battant aux champs. Les confréries d'hommes fermaient la marche, derrière les hauts fonctionnaires. A mesure que Dieu passait, les troupes, après avoir rendu les honneurs, se massaient et suivaient. La vaste place du Gouvernement, entourée de trois côtés par de beaux hôtels et dominant, par toute l'étendue du quatrième côté, sur le port, le golfe et le large, était garnie de spectateurs, fidèles et curieux de tous les costumes, superposés

Le palais de Mustapha, où est mort Pélissier.

depuis le pavé jusqu'aux cheminées des maisons. Dans l'espace libre,
à côté de la statue équestre du duc d'Orléans, s'élevait, sur une quantité de marches, le reposoir central surmonté d'un dôme léger de
forme sarrasine, portant la croix. Peu à peu, la place vide, bordée par
les soldats, se remplissait de rangées toujours prolongées et toujours
s'augmentant de ces milliers d'enfants en blanc; puis on voyait arriver
par un des coins, avec les escortes de rigueur, la Cour aux robes
rouges, les tribunaux, les écoles supérieures, l'Académie dans ses toges
éclatantes et soyeuses, les fonctionnaires des administrations tous en
tenue, selon la rigueur du service africain, le nombreux et brillant
corps consulaire, les députations des officiers de terre et de mer, qui
prenaient rang et ordre, leurs chefs à leur tête, jusqu'à l'arrivée du
maréchal-gouverneur. Celui-ci, annoncé par les sonneries d'honneur,
se rendait directement, par la rue du Soudan, de l'église à la place,
à pied, précédé de ses escortes, entouré des officiers généraux et des
« officiers du cabinet », en pantalon carmin foncé, brodés d'or, et de
son vaste état-major. En face de lui, la *Ville* et l'administration générale civile, précédés de leurs chaouchs aux riches costumes orientaux.
C'était alors, sous l'intense lumière du ciel africain, un immense four-
millement de couleurs et de dorures, encadré par les rangs pressés
des enfants vêtus de blanc, dans un vaste carré que bordaient les uniformes de la garnison. Soudain, les marches guerrières et les chants
sacrés annoncent l'approche de Dieu; les commandements retentissent,
toutes les têtes se découvrent; les autorités se massent avec ordre des
deux côtés de la route laissée libre jusqu'à l'autel; le gouverneur se
dirige rapidement vers le débouché de la grande place avec son état-
major, fléchit le genou devant Dieu et, se plaçant en arrière du dais,
l'accompagne jusqu'aux degrés du reposoir. Un grand silence se fait;
dans l'air calme, saturé du parfum des fleurs semées et lancées à profusion, monte distinct le chant du *Tantum ergo*. Puis l'évêque gravit
pesamment les marches et apparaît enfin, seul, tenant Dieu dans ses
mains, comme suspendu dans l'immensité au-dessus de la foule qui
ondoie aussi loin que la vue peut s'étendre dans les rues; tout s'age-
nouille à la fois; dans ce grand silence, une petite clochette d'argent
résonne claire, le signe de la croix se dessine de l'autel à travers les
airs sur le peuple, croyants et non croyants. Les musiques, trompettes,
tambours éclatent en un bruyant accord pendant que l'évêque, descendant par l'escalier opposé, marche seul vers la balustrade de
marbre de la place et, gravissant deux marches, dessine de nouveau le
signe de la croix au-dessus du port et de la rade. A ce moment, de
tous les bâtiments de guerre jaillissent de larges éclairs; les énormes
pièces de marine tonnent à la fois de tous les côtés, couvrant de leurs
fracas les bruits de la ville; les matelots rangés sur les vergues dispa-
raissent dans des tourbillons de fumée blanche, que la brise réunit et

pousse à la côte de Mustapha ; les navires reparaissent pavoisés de haut en bas, et le canon achève ses bruyants saluts, mêlés aux sons des musiques de l'armée, pendant que le Dieu Rédempteur avec son cortège, coupant droit par la rue du Soudan, revient à la cathédrale, suivi des autorités, que le gouverneur salue ensuite et congédie tour à tour.

Cette belle cérémonie, sous l'inondation d'une lumière intense et l'éclat d'un ciel dont le bleu velouté, imprégné de scintillements, tranche net sur la blancheur éblouissante des maisons aux vives arêtes, avec l'azur profond, presque noir, de la haute mer et la longue chaîne de l'Atlas crûment découpée au loin pour borner l'horizon, formait un merveilleux tableau dont l'attrayante grandeur frappait également les chrétiens, heureux d'honorer Dieu dans un si beau cadre, et les simples curieux juifs, schismatiques, protestants, musulmans, accourus par milliers, et courbés au moment de la bénédiction sous la solennité grandiose de l'impression qui s'en dégageait.

Mais le temps court, entraînant avec lui chaque vie humaine vers sa fin nécessaire. Le 17 mai 1864, un *avis* du sous-gouverneur général fit savoir que le maréchal-gouverneur, après une crise assez forte de grippe, allait mieux et reprendrait bientôt ses occupations actives. Comme pour le dernier adieu de l'homme de guerre à la vie, les échos d'Oran avaient, quelques jours avant, apporté la nouvelle du massacre subit du célèbre colonel Beauprêtre par le fils de Si-Hamza, Si-Sliman, bach-agha des Ouled-Sidi-Cheikh ; c'était la grande insurrection du sud qui débutait, bientôt concentrée et vigoureusement réprimée par l'énergie des généraux Yousouf et Deligny, des colonels Lapasset et de Sonis. L'ambitieux et vindicatif chef des Cheikh avait choisi l'époque où les troupes aguerries de la colonie étaient en majorité employées au Mexique, à quinze cents lieues de leur séjour ordinaire, pour donner le signal de la *guerre sainte*. Pélissier, un peu souffrant, avait aussitôt prescrit toutes les mesures nécessaires et fait venir de France les renforts jugés indispensables. Mais il ne s'était pas ménagé pendant quelques nuits données au détail du travail. Il approchait de ses soixante-dix ans. L'échauffement d'un sang robuste était devenu, par suite de cet accès de grippe, une inflammation générale qui, tout à coup, le 20 mai, se porta sur les poumons. Le 22, il expirait dans les bras de sa femme et de l'évêque d'Alger. L'infatigable travailleur tombait en plein labeur, comme il avait vécu.

Il mourut surtout en vrai chrétien, et il n'est pas de page plus touchante que celle arrachée par l'éloquence de la douleur et de l'affection à Mgr Pavy, lorsque, le 7 juin, sur les quais d'Alger, il dut adresser un suprême adieu à la dépouille mortelle du plus grand des gouverneurs généraux de l'Afrique française. Il rappela sa foi simple et ferme, son intraitable vénération pour l'Église et son Chef visible, alors aux prises avec l'angoisse des persécutions [1], sa dévotion assurée, robuste à la sainte Vierge [2], la délicatesse de son amour pour la jeune femme qui avait associé l'illustration de sa vieille race à l'illustration des hauts services de Pélissier... Il le dépeignit à sa dernière heure, fermement soumis à l'appel de Dieu, courbé avec confiance et humilité sous l'absolution sacramentelle, rayonnant de joie après avoir reçu le saint Viatique, et, par un suprême effort, tendant docilement les mains, avec un sourire plein de remerciements et d'espoir, aux dernières onctions purificatrices. Ce cœur puissant et bon, cette large intelligence et ce caractère aussi droit que prodigieusement énergique se trouvèrent tout donnés à Dieu dès que le Maître les cita par devers Lui.

Est-il besoin de redire ici la douleur de la grande colonie? celle bien autrement amère de la veuve et de la fille de l'illustre maréchal? de son frère, de ses amis, de ses officiers, de l'armée entière? Et les pompeuses cérémonies qui en témoignèrent, à Alger comme à Paris? Nous n'avons pas à allonger encore par ces inutiles détails un récit déjà long, pour incomplet qu'il soit. Notre but est atteint : nous avons montré, dans la vie laborieuse du soldat moderne, les nobles qualités de la nature développées à l'abri d'une éducation chrétienne; ces exemples sont donnés exprès par Dieu pour fortifier par leur durable impression.

L'empire jugea, et c'était justice, qu'il devait les suprêmes honneurs de l'enterrement aux Invalides à son meilleur homme de guerre, au capitaine savant et expérimenté dont l'inexorable persévérance avait assuré, en dépit de tous et de l'empereur lui-même, la victoire à sa première grande guerre. Pélissier avait visé plus haut encore; il avait vu, sans pouvoir les séparer, son pays et son devoir à servir, et il y avait mis toute son âme, ainsi qu'il la mit à l'heure dernière aux mains de son miséricordieux Créateur. Il ne faisait rien à demi, et nul homme n'a mieux mérité d'avoir pour devise : « Fais résolument ce que tu fais. *Age quod agis!* »

Il mourut, après avoir applaudi et envié Lamoricière combattant pour le saint-siège, après avoir assisté de loin, le cœur assombri, laissant parfois des paroles de sévérité indignée monter jusqu'à ses lèvres, au début des grandes iniquités sous lesquelles gît aujourd'hui

---

[1] Nous avons cité plus haut les paroles de profond dévouement qu'il faisait porter au saint-siège par l'évêque d'Alger, à l'heure même où la France impériale commençait la série de ses défections avouées.

[2] Il avait gardé et il donna à Mgr Pavy, pour le sanctuaire de Notre-Dame d'Afrique, la magnifique croix de fer ciselé rapportée par lui de la principale église de Sébastopol.

La statue colossale de Notre-Dame du Puy, celle de Notre-Dame de Vienne (Isère) et plusieurs autres ont été fondues avec le bronze des canons russes pris en Crimée. C'est à Pélissier qu'on en avait fait la demande. Il les donnait avec une phrase qu'il aimait répéter : « Allez, prenez; il faut croire que comme ça ils feront plus d'effet qu'ils n'en ont fait là-bas. »

la société de son temps, renversée. Le vieux guerrier n'eut pas la douleur de voir se dérouler les suites de ces premiers attentats, ni de la misérable faiblesse qui en rendit complices, à divers degrés, toutes les puissances prétendues catholiques, en attendant que la main divine, à son tour, livrât à la révolution les têtes couronnées qui lui avaient livré le pape. Il mourut sans avoir vu la tragédie du Mexique, le honteux compromis du 15 septembre avec l'Italie, et l'abandon défi-nitif de Rome éclatant en même temps que nos premiers revers. La Providence ne jugea pas nécessaire de prolonger cette vie pour la défense d'un gouvernement qui se vouait de lui-même et par ses propres actes à une prompte chute. Mais qu'eût dit Pélissier s'il avait pu entrevoir l'hégémonie prussienne, la France vaincue, ses armées capitulées de tous les côtés, et l'empire germanique proclamé dans le palais de Versailles?...

Dieu le rappela donc à temps. Son énergique figure et ses actes, dans une carrière de cinquante ans tissue de glorieux services, domi-neront à travers l'histoire toutes les figures politiques et militaires du second empire.

Par ce temps de statues à tout propos et à tout venant, — sauf aux noms vraiment honnêtes, — Pélissier n'a pas eu la sienne. Cela vaut mieux pour le moment, et quand on envisage les affreuses promiscuités où se fût trouvé jeté ce noble nom. Pélissier aura son monument quand la France, tirée de ses bas-fonds actuels, aura repris la notion et le chemin du vrai, du juste, du bien. Il l'aura comme vainqueur glo-rieux et courtois de Sébastopol, sur les places de nos villes militaires; il l'aura surtout, haut et glorieux, sur la terre africaine, quand l'Al-gérie, arrachée à la tyrannie déshonorante de l'exploitation juive, pourra dresser à la hauteur où les a déjà mis l'histoire, avec son nom, les noms de Bourmont et de Lamoricière, qui ne peuvent être séparés de celui de Pélissier.

Il y a là pour la grande colonie trois justices qui attendent leur heure, et dont l'une ne doit pas aller sans les deux autres.

FIN

TABLE

—